BIBLIOTHÈQUE
DE PHILOSOPHIE CONTEMPORAINE

PHILOSOPHIE
DE L'ÉDUCATION

ESSAI DE PÉDAGOGIE GÉNÉRALE

PAR

ÉDOUARD RŒHRICH

Ouvrage récompensé par l'Académie des Sciences morales et politiques.

PARIS
FÉLIX ALCAN, ÉDITEUR
LIBRAIRIES FÉLIX ALCAN ET GUILLAUMIN RÉUNIES
108, BOULEVARD SAINT-GERMAIN, 108

PHILOSOPHIE DE L'ÉDUCATION

DU MÊME AUTEUR

L'Attention spontanée et volontaire. Son fonctionnement, ses lois, son emploi dans la vie pratique. 1907. *Ouvrage récompensé par l'Académie des Sciences morales et politiques.* 1 volume in-16 de la *Bibliothèque de philosophie contemporaine*, 2 fr. 50. Paris, Félix Alcan, éditeur.

Théorie de l'Éducation, *d'après les principes de Herbart.* 1884. 1 volume. Chez l'auteur à Saint-Aubin-Jouxte-Boulleng (Seine-Inférieure).

La Chanson de Roland, traduction nouvelle à l'usage des écoles, précédée d'une introduction sur l'importance de la Chanson de Roland pour l'éducation de la jeunesse. 1885. Paris, Fischbacher.

PHILOSOPHIE
DE L'ÉDUCATION

ESSAI DE PÉDAGOGIE GÉNÉRALE

PAR

ÉDOUARD RŒHRICH

Ouvrage récompensé par l'Académie des Sciences morales et politiques.

PARIS

FÉLIX ALCAN, ÉDITEUR

LIBRAIRIES FÉLIX ALCAN ET GUILLAUMIN RÉUNIES

108, BOULEVARD SAINT-GERMAIN, 108

1910

Tous droits de traduction et de reproduction réservés.

PHILOSOPHIE DE L'ÉDUCATION

ESSAI DE PÉDAGOGIE GÉNÉRALE

AVANT-PROPOS

L'Académie des Sciences morales et politiques ayant mis au concours le sujet suivant : *Les principes philosophiques de la pédagogie*, l'auteur de cet essai a pensé que les problèmes, nombreux et complexes, qui s'imposent à la réflexion philosophique appliquée à l'éducation, ne peuvent être traités dans toute leur ampleur que dans le cadre de la *Pédagogie générale*.

On pouvait en effet choisir entre deux alternatives :

1° Élaborer un système spéculatif particulier, et en faire l'application à l'éducation. C'est ainsi qu'ont procédé Platon, Kant, Hegel. Dans ces sortes de constructions, la métaphysique s'adjuge le rôle principal, et réduit la pédagogie à la portion congrue. De là, le caractère chimérique de ces théories.

2° On pouvait aussi prendre pour point de départ un système d'éducation donné, et en soumettre les données à la réflexion philosophique.

C'est ce dernier parti que nous avons adopté.

Seulement il fallait éliminer de notre théorie de l'éducation tous les éléments contingents et variables, pour nous en tenir aux éléments constants, permanents, immuables et universels de la science de l'éducation. La philosophie n'a pas à se préoccuper, par exemple, des procédés variés qu'on peut employer pour enseigner l'alphabet ou le calcul. Mais elle peut se rendre compte du but moral ou social qu'on poursuit en enseignant la lecture, le calcul, l'histoire, etc.

Cette pédagogie, débarrassée de tout l'appareil de l'art ou de la routine, de tout particularisme régional ou national, est essentiellement scientifique et théorique, analogue à la chimie, qui, en tant que science, est indépendante des procédés industriels usités dans les usines d'une région donnée, ou dans les laboratoires à un moment déterminé de l'histoire.

Nous l'appelons la *Pédagogie générale*, pour la distinguer de la pédagogie pratique.

*
* *

La pédagogie emprunte ses principes et une partie de son contenu à la *morale* et à la *psychologie*.

Comme elle dérive de la morale, elle se rattache à la famille des sciences morales : sociologie, politique, droit, etc.

D'autre part, elle fait, dans presque tous ses chapitres, de larges emprunts à la psychologie. Elle rentre donc dans le groupe des sciences qui ont pour objet l'étude des manifestations de la vie psychique : sentiment, intelligence, attention, mémoire, etc. Ceci est le cas de la théorie des Beaux-Arts, de la médecine en tant que psychiâtrie, de la théorie du langage, etc.

Toutes ces sciences, dites dérivées, ont besoin de principes philosophiques pour délimiter leur domaine, pour acquérir une forme systématique, pour les guider dans la voie du progrès. C'est la réflexion philosophique qui les préserve de la routine, qui signale leurs lacunes, et qui met le savant sur la trace de quelque découverte.

Il y a plus : les sciences dérivées, soit de la morale, soit de la psychologie, touchent parfois aux plus hauts problèmes de la métaphysique. La médecine, par exemple, a été de tous temps le champ clos où matérialistes et spiritualistes se sont livré bataille.

La pédagogie, elle aussi, touche à la métaphysique. Presque tous les grands courants d'idées, et aussi les systèmes spéculatifs éclos au cours des siècles, ont eu leur répercussion dans la pédagogie. Celle-ci a dû subir leur influence, bonne ou mauvaise, durable ou éphémère. Même ceux qui voudraient la mettre à l'abri des compétitions des écoles philosophiques, sont forcés d'élucider avec soin les relations entre la philosophie et la pédagogie, ne fût-ce que pour établir une ligne de démarcation.

Certains problèmes d'ordre métaphysique ne sauraient, sans de grands inconvénients, prendre place dans le corps même de la pédagogie, pas même à titre de digression. Cependant ces problèmes sont très importants. Nous sommes d'avis de les élucider à part, avec tous les développements qu'ils comportent.

Nous étudierons ces problèmes dans un ou plusieurs chapitres spéciaux, dont l'ensemble constituera une *Introduction à la Pédagogie générale*. Cette introduction comprendra la discussion de tous les problèmes d'ordre métaphysique que suscite la pédagogie.

Toutes les sciences dérivées que nous avons mentionnées plus haut auraient besoin d'une introduction de ce genre. On ne saurait exposer une théorie du droit ou des beaux-arts, sans aborder certains problèmes touchant à la métaphysique ou à la réflexion spéculative. Comment, par exemple, élaborer un système de droit, si l'on n'a pas des idées arrêtées sur la justice, la conscience, la responsabilité, la liberté, etc.?

L'introduction à la pédagogie générale devra donc d'abord fixer le but de l'éducation. Ensuite elle examinera les rapports entre l'éducation et les grands courants d'idées qui cherchent à l'accaparer, ou du moins à l'influencer : matérialisme, spiritualisme, fatalisme et théories de la liberté, etc.

Une fois le terrain déblayé, nous verrons surgir un nouveau problème, également d'ordre spéculatif : l'existence de la monade ou de l'individualité sur laquelle s'exerce précisément la pédagogie, et sans laquelle il n'y aurait pas d'éducation du tout.

Il faut nous expliquer sur ce dernier point, qui est d'une importance capitale :

Pour obtenir une moisson, le cultivateur ne se contente pas de choisir les meilleures graines et de travailler par les meilleurs procédés, au moyen des outils les plus perfectionnés; le choix des graines, l'effort musculaire, l'emploi des instruments risquent d'être inutiles, s'il n'a pas étudié préalablement la composition du sol, la configuration du terrain et son exposition.

L'architecte fait son plan et dirige la construction de l'édifice. Mais il n'est pas du tout indifférent qu'il emploie du bois, de l'argile, ou des pierres de taille.

L'éducateur sème et bâtit. S'il se contentait de demander à la pédagogie de lui indiquer des procédés d'éducation judicieux et efficaces, si même il avait conscience de la grandeur et la beauté de sa tâche, il serait encore loin du but. Car il lui resterait à connaître le terrain où il jette la semence, la matière qu'il façonne, c'est-à-dire le naturel de l'enfant, sa complexion physique et psychique, ses traits individuels, héréditaires ou acquis.

Tant que la réflexion philosophique ne s'est point pénétrée de cette nécessité, elle tourne dans le vide.

Sur ce sujet important, le philosophe Cournot s'exprime ainsi[1] :

« Tous les êtres doués de vie doivent le caractère et les aptitudes qui les distinguent individuellement d'abord à leur constitution native, puis aux influences qu'ils ont reçues des milieux et des agents extérieurs, surtout dans le jeune âge et à l'époque de leur développement. »

Cette observation de Cournot a du reste une portée plus générale, ainsi que l'explique M. Parodi dans un remarquable article sur ce penseur[2].

« Quelque phénomène que l'on étudie, il faut distinguer deux choses : la *loi* ou les lois selon lesquelles il se produit ; les *données* auxquelles elles s'appliquent. La loi de Newton ne suffit pas pour rendre compte des conditions de stabilité du système solaire : il faut encore que les masses du soleil et des planètes, leurs distances aux étoiles, leurs vitesses à une certaine époque, aient été proportionnées de manière que ces astres décrivissent périodiquement des orbites presque circulaires et invariables. »

Si nous appliquons cette observation à la pédagogie générale, ou plutôt à la philosophie appliquée à l'éducation, nous dirons que la pédagogie, sans doute, s'efforce de connaître les lois du développement intellectuel et moral des hommes et les règles auxquelles l'éducateur devra se conformer. Mais ces lois et ces règles supposent l'existence d'une donnée initiale, d'une réalité vivante,

---

1. M. Cournot, *Des institutions d'instruction publique en France*. Paris, 1864, page 1.
2. *Revue de métaphysique et de morale*, 13,8. Page 472.

d'un être humain pourvu d'une certaine complexion individuelle.

Nous pouvons même suivre Cournot jusqu'au bout et dire : Ces données sont absolument indépendantes de ces lois, puisqu'elles relèvent essentiellement du hasard, ou de causes inconnues. Il faut les prendre telles quelles. On est libre du reste d'attribuer leur diversité à des rencontres fortuites ou à une coordination préalable : ce sont des données historiques qui n'offrent rien de rationnel.

Nous concluons de ce qui précède, que l'introduction à la pédagogie générale devra contenir un chapitre sur l'*individualité*.

**

Le premier livre de la pédagogie générale, consacré à l'*introduction*, sera suivi de deux autres livres.

L'un aura pour objet l'*éducation indirecte*; l'autre traitera de l'*éducation directe*.

L'éducation indirecte est celle qui agit sur le caractère et la conduite de l'élève par l'intermédiaire des idées : c'est l'*éducation par l'instruction*.

Il ne faut pas confondre l'éducation par l'instruction avec l'éducation intellectuelle.

Ce sont deux choses fort différentes. La première a pour but la culture du caractère moral au moyen de l'instruction. La seconde se propose la culture de l'intelligence. Pour la première, l'instruction est un moyen; pour la seconde, elle est un but.

C'est encore Cournot qui s'est le mieux rendu compte de la vertu éducative de l'instruction (ouvrage cité, page 3):

« Quand il s'agit de l'homme et de la société, il y a, non pas identité, mais liaison intime entre l'idée d'éducation et celle d'instruction, entre les institutions d'instruction publique et celles d'éducation publique.

« Rien de plus facile que d'en donner la raison :

« 1º La véritable instruction, l'instruction méthodiquement donnée et reçue, et l'éducation intellectuelle ne sont qu'une même chose, quoique, dans la prodigieuse variété de choses qui peuvent être matière d'instruction utile, il y ait lieu de distinguer et de choisir de préférence pour en faire l'objet de l'instruction pédagogique, de l'instruction dogmatique et régulière, celles qui se prêtent mieux que d'autres au but pratique de l'éducation de facultés intellectuelles ;

« 2º S'il y a des matières d'enseignement comme la grammaire, la géométrie, la chimie, qui ne parlent qu'à l'intelligence..., il y en a d'autres comme la littérature, l'histoire, la philosophie, la jurisprudence, qui n'intéressent pas moins ses facultés morales, de sorte qu'en ce qui les concerne, l'éducation des facultés morales concourt nécessairement avec celle des facultés intellectuelles ;

« 3º La discipline scolaire... paraît être jusqu'ici le seul moyen pratique de réduire en art les observations des moralistes, des psychologues, des physiologistes, sur la nature morale et physique de l'homme. »

Sans doute nous n'adoptons ces vues que sous bénéfice d'inventaire. Mais Cournot n'en a pas moins le mérite d'avoir clairement discerné le caractère propre de l'instruction éducative.

C'est la psychologie et la logique qui nous guideront lorsque nous essaierons d'exposer la matière et la forme de l'instruction éducative.

Celle-ci comprendra trois chapitres :

L'intérêt et l'attention ;

Les matières de l'instruction éducative ;

L'analyse et la synthèse.

**

Après cela, nous passerons au troisième livre qui traitera de l'*éducation directe*, c'est-à-dire de l'action que l'éducateur exerce sur son élève, par le seul ascendant de sa personnalité, et indépendamment de l'instruction proprement dite.

Ce livre contiendra un premier chapitre sur la discipline et sur l'éducation physique.

A vrai dire, la discipline ne fait pas partie de la pédagogie proprement dite, puisqu'elle n'a d'autre raison d'être que de maintenir l'ordre dans la famille et dans l'école. Néanmoins elle joue un rôle assez important dans la vie de l'élève, ne fût-ce qu'à titre de police, et elle tient d'assez près à l'éducation proprement dite, pour qu'il y ait lieu, pour le moins, d'en définir exactement le caractère et la portée.

Dans ce même chapitre, nous traiterons aussi, incidemment, de l'éducation physique, bien qu'il ne soit nullement dans nos intentions d'en faire une étude spéciale.

Sans doute, l'éducation physique touche d'assez près à l'éducation morale. Pour exécuter un dessein et faire acte de volonté, il n'est pas indifférent de jouir ou non d'une bonne santé, d'avoir des muscles solides, d'éviter l'énervement qui résulte d'une vie trop molle. Rabelais et Rousseau ont écrit sur ce sujet des pages immortelles. Et cela était nécessaire en un temps où les éducateurs de profession dédaignaient de s'occuper de l'éducation physique.

Aujourd'hui, la bataille est gagnée. Tout le monde a compris, ou commence à comprendre l'importance de l'éducation physique. A l'exemple des Anglais, on est revenu à la saine tradition des Anciens. La parole est aux hygiénistes, qui, du reste, parlent assez haut pour se faire entendre.

Nous aurons néanmoins à formuler sur ce sujet quelques observations qui feront suite au paragraphe sur la discipline.

Les autres chapitres du troisième livre comprendront d'abord une étude, aussi complète que le permet la science, de la formation de la volonté et du caractère moral, — en second lieu, un exposé de ce que peut être l'éducation morale directe, et des moyens qu'elle emploie, en dehors de l'instruction.

**

Voici donc les lignes principales de la pédagogie générale :

I. Introduction à la pédagogie générale : Considérations philosophiques sur le but de l'éducation, et sur la possibilité de l'atteindre. Raison d'être et utilité de la science de l'éducation. Étude sur l'individualité humaine.

II. L'éducation par l'instruction. Du rôle de l'intérêt et de l'attention. La matière et la méthode de l'instruction éducative.

III. La culture du caractère moral par l'action directe de l'éducateur.

LIVRE PREMIER

INTRODUCTION A LA PÉDAGOGIE GÉNÉRALE

CHAPITRE PREMIER

DE LA PÉDAGOGIE GÉNÉRALE

§ 1. — La pédagogie comme art et comme science

Avant d'entreprendre l'étude des principes philosophiques de la pédagogie, il convient de prémunir nos lecteurs contre une confusion qui fut de tous temps la cause de beaucoup d'incertitudes et d'erreurs, et qui a eu souvent pour effet d'embrouiller l'étude des question pédagogiques :

Il faut distinguer entre l'art de l'éducation, et la science de l'éducation, entre la pratique et la théorie.

La confusion s'explique tout naturellement, car l'éducation est à la fois une science et un art.

Toute science tend à généraliser, car elle a pour but d'élaborer et de préciser les lois des choses.

La science de l'éducation devra donc aboutir à des conclusions générales dont l'ensemble forme un système ou une théorie. Elle se sert des matériaux amassés par l'empirisme pour formuler des principes au moyen d'une méthode rationnelle.

Quant à l'art de l'éducation, c'est l'ensemble des procédés auxquels l'éducateur aura recours pour élever ou instruire un individu donné, ou un groupe d'individus. La pratique de l'éducation est un art, dans la plus haute acception du mot, mais ce qui la rend difficile, c'est la variété infinie des cas où elle doit intervenir, ce sont les différences profondes entre les individus qu'il s'agit d'éduquer. On peut affirmer qu'aucune éducation particulière n'est l'exacte reproduction d'une autre.

Il en est tout autrement de la science de l'éducation. Il est en effet difficile de concevoir que les règles générales de la pédagogie diffèrent d'un pays à un autre, ou d'une catégorie d'enfants à une autre. La médecine se trouve dans le même cas. Comme science, elle est exactement la même pour les Français et les Chinois, pour les pauvres et les riches. De même certains principes tirés de l'*Émile* de Rousseau s'appliquent aussi bien aux écoles primaires qu'aux lycées, et les Anglais comme les Allemands en ont fait leur profit. C'est précisément l'ensemble de ces principes d'une valeur universelle qui constitue ce que nous appelons la *pédagogie générale*, ou la science de l'éducation.

Revenons à l'art de l'éducation ou à la pédagogie pratique. Chaque éducateur sérieux l'entend à sa manière, et il fait bien. Un artiste ne doit jamais en copier un autre. L'originalité est sa force et sa raison d'être. L'art d'un modeste maître d'école de village diffère complètement de celui d'un professeur qui dispose des trésors de la littérature et de la science. Je ne dis pas que cet art est inférieur, mais il est différent.

Le caractère contingent et variable de la pédagogie pratique a plusieurs causes. Tantôt il provient de l'état de la société, tantôt des besoins multiples et changeants des élèves. Autre chose est l'éducation d'un paresseux, autre chose est celle d'un élève d'esprit vif ou de complexion énergique. L'éducation des garçons diffère de celle des filles. Elle sera tout autre en France que celle qui se donne en Angleterre. L'art de l'éducation tient compte de la classe sociale, de la nationalité, de la race, de la religion, et d'une foule d'autres circonstances qui varient à l'infini.

L'art de l'éducation a donc son domaine bien à lui, et la science de l'éducation, qui se meut dans une sphère tout autre, serait mal venue d'empiéter sur la pédagogie pratique.

Notre essai de pédagogie générale n'a nulle prétention à remplacer les nombreux traités de pédagogie pratique qui ont cours parmi nous.

Sans doute, il peut s'en trouver dans le nombre de très médiocres. Mais il est certain qu'il y en a aussi d'excellents. La plupart des revues de pédagogie ne traitent avec compétence que les questions concernant l'éducation pratique.

Il est vrai que beaucoup de ces manuels et de ces revues mêlent des vues générales à des études et à des conseils d'ordre pratique. Il faut reconnaître aussi que ces vues générales sont souvent défectueuses, sinon erronées. Il suffit pour cela d'ouvrir tel manuel au chapitre généralement très maigre consacré à l'attention, ou de suivre dans telle revue tel débat fort embrouillé sur l'art à l'école.

Néanmoins, il serait injuste de railler le caractère superficiel ou l'insuffisance notoire de certains chapitres de ces estimables ouvrages : il faut le dire bien haut : La science de l'éducation n'existe pas encore, du moins dans notre pays. Même l'idée de la possibilité d'une pédagogie générale rencontre de la résistance. Les hommes les plus compétents, précisément parce qu'ils connaissent à fond la pratique et l'art de l'éducation, sont plutôt portés à nier la possibilité d'une telle science. Dans tous les cas ils ne consentiront pas volontiers à séparer nettement les données que leur a suggérées l'empirisme, d'avec les principes qui sont le fruit de la réflexion philosophique et de l'expérience rigoureusement scientifique.

En pédagogie, comme partout, il faut savoir distinguer entre l'empirisme et la méthode expérimentale. Les praticiens de l'éducation amassent des matériaux, c'est-à-dire des observations prises au jour le jour, au gré des circonstances. La pédagogie générale se sert de ces matériaux de valeur inégale pour construire un édifice. Elle se propose un but précis, et élabore un plan. But et méthode lui sont fournis par la réflexion philosophique.

Il est tout aussi important de savoir ce que la pédagogie n'est pas, que ce qu'elle doit être, de se rendre compte de ce qu'elle peut tenter, et de ce qui est en dehors de son domaine. La théorie de l'éducation n'empiétera pas sur la part de l'hygiéniste. L'éducateur ne doit pas non plus tenter l'impossible. Par exemple, il ne voudra pas imposer de force des instincts ou des goûts opposés à ceux qui se trouvent en germe chez son élève. Former un automate, ce n'est pas de l'éducation.

C'est à la morale et à la psychologie que la pédagogie empruntera surtout sa méthode et son but.

La morale lui dictera son but. La psychologie lui indiquera sa méthode. La logique aussi lui montrera maintes fois la voie à suivre.

Il n'est pas douteux que la métaphysique a de tout temps exercé, à tort ou à raison, une grande influence sur la pédagogie. Cela devra être étudié avec soin, dès le début.

En général, il faut se défier de tout système de pédagogie issu d'une métaphysique, quelle qu'elle soit.

Sans doute, on peut imaginer une pédagogie matérialiste ou spiritualiste. Herbert Spencer a tenté d'écrire une pédagogie positiviste. Fichte, le grand philosophe et patriote allemand, voulait régénérer son pays vaincu, au moyen d'une pédagogie basée sur la théorie du Moi!

Ces tentatives offrent du reste un très grand intérêt. Mais nous n'en tirerons pas autant de profit qu'on pourrait le croire. Et cela pour plusieurs raisons :

Tous ces illustres penseurs étendent la pédagogie sur le lit de Procuste de leur système. Ils insistent longuement sur des questions qui ne sont pas toujours de première importance, et ils oublient d'autres problèmes dont l'urgence leur échappe.

Lorsqu'on veut modeler une science aussi spéciale et un art aussi délicat que l'éducation sur le moule d'un système philosophique, il arrive souvent que les lacunes et les erreurs de ce système subissent un grossissement énorme. C'est dans les essais pédagogiques des philosophes qu'éclatent le fort et le faible de leur système.

En général, une théorie quelconque, fût-elle impeccable, ne saurait être transposée sans danger, telle quelle, en pédagogie. Il est impossible, par exemple, d'adopter pour programme d'études la classification des sciences d'A. Comte, car la pédagogie s'inspire, pour l'élaboration d'un programme d'études, des lois de la psychologie et des nécessités sociales, tandis que le penseur indépendant ne se préoccupe que de la logique inhérente aux choses, ou à sa propre complexion mentale.

Cette remarque s'applique tout aussi bien à la pédagogie générale qu'à la pédagogie pratique, à la science et à l'art de l'éducation. Il serait oiseux de démontrer que la pratique de l'éducation ne saurait gagner à s'assujettir à une doctrine toute faite. Quant à la pédagogie théorique, elle ne s'en accommoderait pas non plus, malgré les apparences contraires. Sans doute elle aspire à formuler un système, c'est-à-dire un ensemble de règles et de préceptes valables pour tous les hommes et pour tous les temps. Mais ce système aura un caractère particulier : ce ne sera pas une mosaïque composée de données toutes faites, empruntées soit aux autres sciences, soit à un ou plusieurs systèmes philosophiques. Car la pédagogie générale constitue une science distincte, une théorie autonome, ayant son contenu propre et ses règles bien à elle. Les éléments qu'elle empruntera à la morale, à la psychologie, à la logique, devront subir une mise au point, avant d'être transposés dans le cadre de la pédagogie. Et alors ces principes philosophiques, dûment remaniés et ajustés, deviendront des parties constitutives de la pédagogie générale.

***

Nous avons dit plus haut que la pédagogie pratique n'est pas du tout menacée d'être dépossédée ou anéantie par la pédagogie générale.

Bien au contraire : l'art de l'éducateur en recevra une impulsion nouvelle, et les manuels d'éducation gagneront, grâce à elle, en solidité et en intérêt.

Pour trouver les meilleures méthodes d'enseigner la grammaire, même dans ses plus humbles applications, il n'est pas du tout indifférent qu'on s'inspire ou non de principes solides et scientifiquement éprouvés.

Apercevoir une faute d'orthographe, est une opération courante dont le mécanisme mérite d'être étudié avec le plus grand soin. La correction d'une faute met en œuvre le raisonnement déductif. L'élève ne s'assimile bien les règles que grâce à une série d'inductions qui conditionnent tout l'entendement humain. Le maître qui ignorerait ce chapitre de la psychologie, et qui se contenterait d'inculquer les règles à la mémoire des enfants, perdrait une occasion précieuse de développer l'esprit de ses élèves.

L'art de l'éducation devra donc faire des principes généraux les applications les plus diverses, par exemple dans l'élaboration d'un plan d'études, dans l'emploi des punitions et des récompenses, dans l'organisation des écoles, dans la formation des maîtres.

L'éducation pratique tiendra compte de la part d'influence qui revient aux familles, à l'État, aux diverses institutions sociales qui concourent à former la jeunesse. Elle se conformera au génie national, aux caractères de la race, aux besoins de la société, aux mœurs publiques et privées.

Elle a surtout pour tâche d'étudier l'infinie diversité dans la complexion mentale, morale et physique des enfants et de rechercher les moyens de traiter chaque élève comme il convient.

Tout en s'inspirant, dans les grandes lignes, de la pédagogie générale, elle sait fort bien qu'elle ne réalisera pas l'éducation idéale. Mais elle aura un idéal, elle s'en rapprochera le plus possible, et tout en poursuivant modestement un but rapproché, elle ne perdra pas de vue le but supérieur qu'elle doit se proposer. Cette tâche exige de l'expérience, du savoir-faire, du bon sens, du tact, du jugement, toutes choses que ni la philosophie ni la science ne peuvent lui donner.

Ici nous sortons même du cadre des manuels de pédagogie pratique. Il reste en effet un champ immense ouvert à l'initiative personnelle de l'éducateur. Aucun système, aucun manuel, ne peut le dispenser d'être un homme habile. Car il s'agit d'étudier chaque élève, sa constitution physique, ses dispositions intimes, le plus ou moins de délicatesse de ses organes sensoriels, etc. Il faut tenir compte du milieu où il vit, de la famille qui l'a élevé, des carrières entre lesquelles il pourra choisir. Là, surtout, le maître a besoin d'être dirigé, ou plutôt inspiré, non seulement par des sentiments très nobles qui ne peuvent suppléer au talent, mais par des principes justes, des idées nettes, des jugements exacts, capables de l'éclairer dans la voie souvent obscure où il doit s'engager. Ces directions, loin d'entraver son essor, exciteront son zèle, et stimuleront son initiative personnelle. Les maîtres médiocres, esclaves de la routine, gémissent toujours sur la sottise et sur la méchanceté de leurs élèves. Mais le maître capable de s'élever à des idées générales, aime à descendre au niveau de ses élèves les plus faibles; cet effort, ingrat en apparence, ne le rebute pas.

Parfois le botaniste, dans la lande stérile, se penche sur une plante insignifiante, dont le vulgaire n'a cure. C'est la science qui lui a enseigné à ne pas dédaigner l'humble fleurette, tandis que le passant distrait et ignorant la foule aux pieds.

* *

Parmi les auteurs français qui ont écrit sur la pédagogie, il semble qu'un seul ait su distinguer entre l'art de l'éducation et la pédagogie générale. C'est Cournot, le célèbre mathématicien, le philosophe original, longtemps ignoré, qu'on a commencé tout récemment à apprécier à sa valeur.

Il a exposé ses idées sur l'éducation dans un volume intitulé : *Des institutions d'instruction publique en France* (Paris, 1864).

Voici ce que nous lisons à la première page :

« Quand on parle d'éducation, on entend parler surtout de l'éducation de l'homme : et déjà l'on comprend que le sujet aura deux faces, que le but change, et que l'art se transforme suivant que l'on aura plus particulièrement en vue l'éducation individuelle ou l'action que des institutions fondées par les lois... exercent sur l'éducation publique. Autre chose est l'*art* du médecin qui va donner successivement ses soins à tous les individus qui l'appellent, autre chose est la *science* qui traite de l'hygiène publique et des institutions sanitaires. »

Ainsi Cournot démontre avec sa pénétration habituelle qu'il faut distinguer entre l'art et la science de l'éducation. Mais l'exemple qu'il donne lui-même prouve qu'il n'a pas compris ce que doit être la pédagogie scientifique ou générale. Car les sciences qui forment le pendant de l'art médical, ne sont nullement celles qui traitent de l'hygiène ou des institutions sanitaires, mais la biologie, l'histologie, la chimie, la psychophysique, etc. C'est de celles-ci que l'art médical a besoin pour s'exercer et pour progresser.

De même aussi les sciences dont le faisceau correspond à l'art de l'éducation sont tout autre chose que celle des lois et des institutions scolaires, mais la psychologie, la morale et la logique.

Voilà pourquoi le livre de Cournot, si riche en aperçus féconds, n'est pas une véritable pédagogie générale. Cette dernière se trouverait plutôt dans l'*Émile* de Rousseau. Mais Cournot n'y fait pas la moindre allusion.

§ 2. — Le but de l'éducation

On s'attendra sans doute à trouver en tête de ce travail une définition de l'éducation.

Mais on comprendra qu'il serait téméraire d'en risquer une dès le début, puisque tout ce travail est précisément destiné à expliquer ce qu'est l'éducation, quels sont ses moyens d'action, son programme, sa portée. Une définition de l'éducation, fût-elle irréprochable, ne saurait donc pour le moment nous rendre de grands services, puisqu'elle n'aurait de valeur que si nous pouvions en démontrer le bien-fondé, ce qui est précisément l'objet de ce travail.

D'autre part, chacun sait en gros ce qu'il faut entendre par l'éducation. Nous pourrions donc prendre pour point de départ quelqu'une des définitions proposées par nos prédécesseurs, quitte à la corriger par la suite.

Voici par exemple comment s'exprime Cournot dans l'ouvrage cité (page 1) :

« Tous les êtres doués de vie doivent les caractères et les aptitudes qui les distinguent individuellement, d'abord à leur constitution native, puis aux influences qu'ils ont reçues des milieux et des agents extérieurs, surtout dans le jeune âge et à l'époque de leur développement. C'est ce qu'on énonce en disant qu'ils tiennent leurs qualités en partie de la nature, en partie de l'éducation; et alors ce mot d'*éducation* est pris dans l'acception la plus large qu'il puisse comporter. Le mot est bien fait : il exprime bien que toutes les qualités acquises existent en germe ou en puissance dans les qualités natives ou innées; mais ce germe pourrait rester stérile, cette puissance pourrait demeurer inerte, si les influences extérieures, si l'éducation ne venaient développer le germe, stimuler, exciter les forces latentes, et en tirer (*educere*) tout ce qu'elles contiennent virtuellement.

« L'action des causes extérieures peut être abandonnée au cours fatal ou providentiel des événements : au contraire, elle peut être dirigée par l'expérience, par le raisonnement et par l'art, quand il s'agit des êtres vivants qui sont l'objet des intérêts et des soins de l'homme. Le mot d'éducation s'applique surtout à l'art de diriger ainsi, dans un but déterminé et préconçu, l'influence des causes extérieures. »

Non seulement, continue Cournot, l'homme peut tirer, par l'éducation, le plus grand parti possible des espèces vivantes sur lesquelles s'étend sa domination, mais « il lui importe bien plus encore de se développer, de se perfectionner lui-même, d'instituer un art, des méthodes, des procédés à l'aide desquels on mette chaque homme individuellement à même de tirer le meilleur parti possible de ses instincts natifs, en développant les uns et réprimant les autres, et par l'action prolongée desquels les sociétés elles-mêmes aillent en se perfectionnant et en *s'élevant*, de manière que le perfectionnement du milieu social rende moins nécessaire ou plus facile l'action de l'éducation individuelle ».

Nous ferons remarquer que le mot allemand *erziehen* correspond exactement au latin *educere*.

Pour le moment, ce large et substantiel exposé du problème pédagogique peut nous suffire.

***

Ce qu'il importe de fixer avant tout, c'est le *but de l'éducation*. Tant que la pédagogie ne sera pas au clair là-dessus, elle risque de suivre une fausse piste et de s'engager dans des voies aventureuses, à moins qu'elle ne s'enlise tout simplement dans la routine.

On pourrait penser que l'éducation poursuit plusieurs fins à la fois. Et cela est vrai jusqu'à un certain point, puisqu'elle cultive le raisonnement et le sentiment, puisqu'elle répand l'instruction et encourage l'action. Mais toutes ces fins doivent se subordonner à une fin dernière et supérieure. Autrement, l'éducateur risquerait de diminuer son action en dispersant ses efforts, et oublierait sa tâche essentielle qui est de former des hommes.

On a dit que le but de l'éducation est de développer harmonieusement les facultés de l'enfant ou, plus exactement, ses aptitudes. Cournot se rapproche assez de cette manière de voir.

Mais il peut se présenter des cas où un homme jouissant de la plénitude de ses facultés, mettrait ses brillants talents au service de l'égoïsme, de l'ambition et du vice. Cela est arrivé. Cet homme sera d'autant plus dangereux que ses facultés auront été plus harmonieusement développées. Dans ce cas, l'éducation rendrait un fort mauvais service à l'homme et à la société. Celle-ci n'a aucun intérêt à former des hommes comme Alcibiade ou Don Juan. Il n'est pas du tout indifférent au cultivateur qu'une terre fertile rapporte du bon froment ou de mauvaises herbes.

Le développement harmonieux des facultés n'est donc qu'un but partiel ou provisoire, subordonné au seul but digne de nous, qui est la perfection morale. Celle-ci s'impose à tous les hommes et reste identique dans tous les temps.

Le but de l'éducation dépasse de beaucoup les fins particulières, même si ces dernières étaient parfaitement légitimes, comme l'est par exemple l'instruction. Car, après tout, l'immense majorité des enfants ne peut recevoir qu'une instruction élémentaire, et ceux qui ont le privilège de continuer leurs études ne peuvent acquérir avant l'âge mûr une instruction complète. Le plus ou moins d'instruction qu'on peut transmettre à la jeunesse devra servir à la rendre capable de s'instruire soi-même, de faire des efforts pour cela, et ces efforts n'auront porté tous leurs fruits que si l'enfant devient à l'âge mûr un homme de caractère qui saura et qui voudra remplir son devoir.

La *vertu* (*virtus*) est avant tout un déploiement d'énergie, une fermeté constante et inébranlable dans l'accomplissement du bien. L'éducation se propose donc de cultiver chez les enfants l'énergie de la volonté, et de la diriger dans le sens du bien.

Elle essaie pour cela d'agir *indirectement* sur le cœur et l'esprit de la jeunesse au moyen de l'instruction, ce qui ne l'empêche nullement d'exercer aussi une action *directe* sur l'enfant au moyen de la parole et de l'exemple du maître. Cette double action se propose de former un homme vertueux. Or la vertu ne diffère pas d'un homme à un autre. Sous toutes les latitudes, chez tous les peuples, la vertu est nécessaire à l'individu comme à la société. C'est donc elle qui est le but de l'éducation.

Sans doute, on peut imaginer la possibilité d'une éducation immorale ou vicieuse, ou du moins d'une éducation qui n'aurait pas en vue la culture du caractère moral. Une telle éducation pourrait avoir ses règles et sa méthode, et celles-ci pourraient être scientifiquement établies.

Pour nous, nous faisons purement et simplement abstraction d'une telle éventualité. Il serait tout à fait oiseux d'engager sur ce sujet une discussion quelconque. Il y a des mathématiciens qui s'offrent à prouver par des calculs rigoureusement exacts que le soleil tourne autour de la terre. Ce sont des jeux de l'esprit qu'il ne faut pas prendre au sérieux.

L'éducation amorale n'existe pas pour nous. Elle sera morale, ou elle ne sera pas. Qu'elle emprunte son idéal à l'antiquité classique, à l'humanisme de la Renaissance, à la religion ou à la philosophie, peu importe pour le moment, pourvu que l'éducateur place son idéal moral le plus haut possible.

Le but de l'éducation, c'est donc la culture d'un caractère moral, constant et énergique (Herbart), et c'est la philosophie morale qui se charge d'en préciser la nature.

***

Toutefois, on peut concevoir un but de l'éducation qui, tout en conservant un caractère hautement moral, ne consisterait pas, en dernière analyse, dans le perfectionnement moral de l'individu.

L'éducateur peut mettre l'intérêt de la société au-dessus du bien de l'individu confié à ses soins. Il n'élèverait plus l'enfant pour lui-même, mais pour l'État, ou pour la classe sociale à laquelle il appartient, ou pour le profit de telle autre grande institution sociale. Alors on pourrait dire, non sans raison, que celui qui a en vue le bien de la collectivité poursuit un but plus élevé que ne l'est le bien d'un homme isolé.

C'est Rousseau qui, avec sa verve outrancière, a le mieux caractérisé les deux points de vue :

L'éducateur, dit-il, doit choisir. Ou bien il formera un homme, en s'efforçant de suivre la nature, c'est-à-dire les dispositions naturelles de l'homme non encore altérées par l'influence des institutions sociales. Ou bien il formera un citoyen « qui n'est qu'une unité fractionnaire « qui tient au dénominateur, et dont la valeur est dans « son rapport avec l'entier, qui est le corps social ». « Les « bonnes institutions sociales sont celles qui savent le « mieux dénaturer l'homme. »

« Dénaturer l'homme », c'est, pour Rousseau, lui inculquer des habitudes et des manières de voir artificielles, qui s'éloignent de la « nature », c'est-à-dire de ses aptitudes natives et de ses penchants innés.

De là, continue Rousseau, deux formes d'institutions contraires : l'une, publique et commune; l'autre, particulière et domestique. La première se retrouve dans les lois de Lycurgue ou dans la *République* de Platon.

Dans ce système, l'individu était sacrifié à l'État; il n'avait d'existence que par rapport à la cité. Cet idéal revit par exemple dans les projets de la Convention, dans les institutions de Napoléon, et peut-être aussi dans les aspirations un peu nébuleuses des socialistes modernes.

Rousseau ne conteste pas que cette éducation « inhumaine », à la mode spartiate ou romaine, puisse former des caractères énergiques, héroïques même; mais cette énergie, selon lui, ne profite qu'à une fraction, après tout, fort restreinte de l'humanité : « Toute société partielle, « quand elle est étroite et bien unie, s'aliène de la grande. « Tout patriote est dur aux étrangers. »

Mais cette étroitesse austère, cette rudesse indomptable, est-ce bien le caractère moral tel que nous l'entendons, et tel que Rousseau lui-même le désire? Certes non.

Laissons de côté pour un moment les Grecs et les Romains et voyons ce que peut donner de nos jours cette éducation partielle? Il y aura le noble ou le bourgeois élevés chacun pour sa caste; l'artisan et le prolétaire s'absorberont dans la lutte pour le triomphe de leur classe; et la société moderne ne sera plus qu'un assemblage de cités étroitement fermées où l'individu ne comptera pas pour beaucoup plus que le citoyen de Rome ou de Sparte :

« Dans une société partielle, dit Rousseau, fût-elle « Rome, Sparte, Athènes, l'individu n'a qu'une existence « relative. Chaque particulier n'est plus un, mais une partie « de l'unité. Dans ce système, il faudrait renoncer à con- « server la primauté des sentiments de la nature. On for- « merait, non un homme, mais un citoyen. »

Et pour mieux expliquer l'idée de Rousseau, nous ajouterons qu'on formerait aussi bien un hobereau imbu des préjugés de sa caste, un bourgeois confiné dans son cercle, un prolétaire dressé pour la lutte de classe, un homme religieux ne vivant que pour son église ou pour sa secte, un citoyen enchaîné à son parti, etc.

Rousseau se trompe du reste en prétendant que ce système d'éducation « partielle » n'a pu réussir que chez les Grecs. Car les Grecs se sont, par la suite, brillamment émancipés. Ce sont plutôt les Chinois qui ont réussi, par un système d'éducation savamment combiné, à maintenir l'individu dans la dépendance absolue de la collectivité. Leurs héros et leurs martyrs ne le cèdent en rien à ceux des Spartiates et des Romains.

Nous sommes tout à fait de l'avis de Rousseau : former des citoyens, des hommes de parti, des héros, dévoués uniquement à leur cité, ou à la fraction sociale dont ils dépendent, les rendre capables de déployer dans leur sphère étroite une rude énergie, ce n'est pas encore cultiver le caractère moral tel que nous l'entendons.

Voyons maintenant le système d'éducation opposé, que Rousseau voudrait substituer, du moins en théorie, au mode d'éducation exclusivement civique ou particulariste :

« Reste l'éducation domestique, ou celle de la nature. » Cette dernière fait abstraction des considérations étroitement sociales pour n'envisager que l'homme. Éducation domestique veut dire ici : éducation individualiste qui formerait « un homme élevé, non pour la société, mais pour lui-même ».

En résumé, Rousseau oppose à l'éducation qui a pour but la conservation ou le progrès de la société, celle qui se propose tout simplement de former un homme sans tenir compte des exigences ou des besoins du corps social auquel il appartient.

Après avoir nettement posé les termes de l'antinomie, Rousseau se donne la satisfaction de la résoudre le plus élégamment du monde :

Sans doute, dit-il, l'opposition entre les deux éducations paraît irréductible. Car si j'élève un homme uniquement pour lui-même, sans tenir compte de la société qui l'environne, et en me conformant uniquement à la nature, que deviendra-t-il pour les autres? Ne sera-t-il pas profondément malheureux, c'est-à-dire dépaysé dans le milieu actuel? Le but de l'éducation ne peut pourtant pas consister à former des originaux, insociables, inutiles à leurs semblables !

Qu'on se rassure ! En réalité les deux fins de l'éducation, loin de s'exclure, se complètent.

« Si peut-être le double objet qu'on se propose pouvait se réunir en un seul, en ôtant la contradiction de l'homme, on ôterait un grand obstacle à son bonheur. »

« La vocation essentielle est d'être homme. Vivre est le métier que je lui veux apprendre. »

« Il saura être magistrat, soldat, prêtre, aussi bien que qui que ce soit. »

« Un père doit des hommes à son espèce, à la société des êtres sociables, des citoyens à l'État. »

Nos lecteurs auront compris que la question que nous venons de traiter n'a rien de commun avec le débat qui peut avoir surgi entre les partisans de l'école et ceux de l'éducation privée. Si Rousseau s'est prononcé en faveur de cette dernière, c'est parce qu'il est avant tout théoréticien. L'éducation domestique lui offrait un cadre plus commode pour exposer ses idées.

On peut en effet fort bien imaginer une éducation domestique qui se proposerait de former un citoyen étroitement patriote ou un homme de parti. L'éducation d'un prince, qui restera toujours le type de l'éducation privée, et dans laquelle Bossuet et Fénelon se sont illustrés, n'a pas du tout pour but de former un homme selon la nature, mais un prince qui devra se consacrer plus tard au bien de l'État.

D'autre part, on peut tout aussi bien concevoir une école publique où l'on se proposerait de former des hommes, sans tenir compte de la classe à laquelle ils appartiennent. Cournot, par exemple, n'a d'estime que pour les institutions d'instruction publique, et ne s'occupe que d'elles.

Donc, pour Rousseau, le but de l'éducation est de former l'homme, en se conformant à la nature.

Nous précisons ce but :

Tant que l'on ne se préoccupe que de l'éducation intellectuelle et physique, on aurait beau se conformer à la nature, on serait loin d'avoir formé un homme complet.

Mais si l'on réussit, en outre, à former le caractère moral, si l'homme instruit dans les sciences, doué de force musculaire et d'une énergique volonté, devient aussi vertueux, alors l'antinomie signalée par Rousseau est résolue. Car un homme vertueux sera toujours un homme sociable. S'il dédaigne ses devoirs envers la collectivité, il cesse d'être un homme de bien. Les prétendues vertus d'un ermite ou d'un misanthrope ne sont au fond que des « vices splendides ».

Sans doute, là où l'école est entre les mains de l'État, celui-ci se préoccupe de son propre intérêt avant tout, et cela est tout naturel. Mais tout le monde sait que les bons professeurs cherchent toujours à exercer une action personnelle sur le caractère de leurs élèves. Ils ne se contentent pas de faire leurs cours devant leurs auditeurs, ils étudient leurs aptitudes, ils leur enseignent à réfléchir et à raisonner. Ils conseillent, ils avertissent, ils exhortent, ils encouragent. Et cette action, qui profite avant tout au caractère moral de l'élève, s'exerce pour le plus grand bien de la société dont il sera membre.

Quant à la fiction de l'éducation isolée, elle n'est qu'un procédé littéraire fort commode pour exposer un ensemble d'aperçus pédagogiques. Du reste, Rousseau n'est pas le seul auteur qui y ait eu recours.

Voici comment Herbart s'exprime sur ce sujet :

« Locke demande qu'on mesure le succès de son œuvre plutôt d'après le progrès de la culture personnelle de son élève, que d'après la somme de ses connaissances. L'attention qui se porte sur le caractère personnel d'un élève isolé diffère essentiellement de l'action que les écoles exercent sur les masses. Il suffit aux écoles de répandre des connaissances et des idées ; il importe peu qui se les assimile, pourvu qu'elles se répandent. Mais ce n'est pas là de la pédagogie proprement dite ; ce procédé n'exige nullement une étude spéciale de l'individualité de l'élève ; le succès général suffit. Au contraire, l'élève de Locke et de Rousseau est isolé : Voilà le point de départ pour tous ceux qui veulent faire ressortir le caractère particulier de la science pédagogique distincte de la morale. »

On ne peut mieux mettre en lumière l'utilité de la fiction à laquelle a eu recours Rousseau, après Locke et Xénophon.

§ 3. — L'ÉDUCATION EST-ELLE POSSIBLE ?

L'éducation étant l'ensemble des mesures prises par une génération pour former la génération suivante à la vertu, on peut se demander si une telle entreprise a quelque chance de succès.

Entendons-nous bien : Personne ne conteste que la jeune génération ne subisse l'influence de celle qui la précède. On ne peut pas l'empêcher de recueillir l'héritage des devanciers. Mais on peut se demander si cette transmission résulte du cours naturel des choses, ou si elle procède d'une action voulue, préméditée, méthodique des éducateurs de profession.

On pourrait se dire que la prétendue action éducative des directeurs de la jeunesse se réduit à peu de chose, si tant est qu'elle soit suivie de quelque effet ; que les nouvelles générations subissent l'influence décisive de cent autres facteurs bien autrement puissants, tels que l'éducateur ne saurait ni s'en rendre maître, ni leur faire obstacle. Arrête-t-on le cours des saisons ou l'impétuosité d'un torrent ?

Il ne suffit donc pas de tracer les bornes où un éducateur prudent saura se tenir. Il faut se demander avant tout s'il a quelque chance de pouvoir former le cœur et l'intelligence, et surtout la volonté de l'élève, étant donnés les moyens, après tout fort restreints, dont il dispose.

En d'autres termes : L'éducation est-elle possible?

Le *pessimisme* constatera avec amertume le contraste entre l'effort de l'éducateur et la médiocrité des résultats. Les jeunes gens ne songent qu'à échapper à la tutelle de leurs maîtres. Avec quelle rapidité n'oublient-ils pas leurs leçons, leurs conseils, leurs exemples! La satire et la comédie ont largement exploité ce sujet dont ils ont tiré mille traits amusants... et décourageants. Dans une comédie d'A. Dumas fils on demande : « Pourquoi les enfants, si doux et si gentils, deviennent-ils des hommes si méchants? » — « Ce doit être l'éducation », hasarde un autre.

Sans doute, le pessimisme, là comme ailleurs, a du bon. La modestie sied à l'éducateur plus qu'à tout autre. Comment pourrait-il corriger ses erreurs, ou progresser dans son art, s'il ne se défiait pas de la puissance des formules et s'il ne renonçait pas à toute prétention à l'infaillibilité?

Ce dont il faut se garder, c'est du pessimisme érigé en système. Car il est nécessairement stérile pour tout ce qui concerne l'éducation. Il faut de la foi pour entreprendre une telle œuvre, et le pessimisme ne la donne pas, Schopenhauer n'a jamais eu l'idée de s'occuper de pédagogie. Le bouddhisme, qui est le pessimisme religieux, est incompatible avec l'idée de la culture morale du caractère; ne prêche-t-il pas l'anéantissement de l'individu?

On pourrait dire la même chose du *Fatalisme* « à la turque ». A quoi bon essayer d'intervenir en quoi que ce soit dans le cours des événements, si leur marche est fixée d'avance? Un homme peut-il se soustraire à sa destinée?

Exhorter, ou plutôt dresser les hommes à subir leur sort avec résignation, ce n'est pas de l'éducation.

Pourtant, il y a eu, et il y encore, au sein du bouddhisme et de l'islamisme, des écoles fameuses, et des maîtres vénérés, entourés de nombreux disciples qui acceptent leurs directions, et qui y conforment leur vie. Ces maîtres ont sans doute leurs méthodes, leur enseignement, et certains moyens d'agir sur leurs élèves. Ceux-ci se plient à la discipline intellectuelle et morale qu'on leur impose.

Il faut admettre que, dans ce monde oriental, tout imbu de pessimisme ou de fatalisme, les maîtres de la jeunesse, à défaut d'autres moyens d'action morale, disposent de celui qui répond précisément aux exigences d'un système qui prêche l'anéantissement ou la résignation. Ce moyen, c'est la *suggestion*.

Tous les bons éducateurs, même parmi nous, possèdent à un degré variable ce pouvoir suggestif, qui a été de tout temps un moyen d'influence des plus puissants sur la jeunesse, et sur les hommes en général.

La science contemporaine s'est occupée de préférence des phénomènes morbides de la suggestion, par la simple raison, qu'étant plus apparents, ils s'offrent plus facilement à l'observation. Mais il y a aussi une suggestion très saine, très légitime, très recommandable. Il faut plaindre les maîtres de la jeunesse à qui ce don fait défaut. On peut avoir les dons les plus exquis du cœur et de l'esprit, et échouer complètement dans la direction d'une classe. Certains maîtres, au contraire, se font craindre et obéir sans lutte. Parfois ils inspirent à leurs élèves un attachement enthousiaste, presque fanatique, sans qu'on puisse s'expliquer les causes de cette action secrète et irrésistible.

Il est certain que des forces occultes et insaisissables exercent sur les individus, sur les foules, et aussi sur les enfants une influence décisive qu'on ne peut attribuer qu'au pouvoir suggestionnant dont sont doués certains individus.

Sans doute, l'emploi, voulu ou inconscient, de pareils moyens ne saurait se concilier avec l'idée que nous nous faisons de l'éducation. La suggestion tend à diminuer, à annihiler, à absorber la volonté. L'éducation morale veut, au contraire, favoriser son essor. Le maître selon la formule fataliste ou nihiliste, s'appliquera à dominer son élève. Mais nous voulons l'émanciper et le rendre capable d'agir énergiquement pour le bien.

Une saine pédagogie pourra se servir de la suggestion, à titre transitoire, et avec la ferme résolution de recourir au plus tôt aux vrais procédés pédagogiques, qui consistent à faire appel à la raison, au sentiment, à la conscience, pour former, non un être qui s'efface, mais un homme qui s'affirme.

*
* *

Si nous envisageons les choses de plus haut, nous constatons que les hommes subissent dès leur premier âge des influences irrésistibles qui échappent complètement à l'action de l'éducateur.

Gabriel Tarde s'est fort bien rendu compte de ce phénomène.

Voici quelques-uns de ses aperçus que nous empruntons à un article de M. Bouglé sur Tarde (*Revue de Paris*, 1905, n° 10, pages 298 ss.) :

« Tarde cherchera à rendre compte de tous les phénomènes sociaux par les idées qui circulent d'esprit en esprit. Ce qu'on attribuait à des ressemblances spontanées ou à l'influence d'un même milieu, il en fera remonter les responsabilités à des transmissions inaperçues. Si les membres d'une même société se ressemblent, s'ils croient aux mêmes dogmes, et partagent les mêmes goûts... toutes ces ressemblances sont *acquises*, elles aussi s'expliquent par les invisibles agents qui, passant d'individu en individu, ont fait le tour du monde.

« Nous passons notre temps à imiter les gestes, à adopter les sentiments, à reproduire l'état d'esprit d'autrui.

« A des degrés divers, nous pouvons être considérés comme de véritables somnambules, pleins d'idées que nous croyons spontanées, mais qui sont en réalité suggérées.

« Cette contagion inconsciente reste toujours une contagion d'idées.

« Les phénomènes sociaux se décomposent tous en un certain nombre de rapports sociaux élémentaires : parler et écouter, prier et être prié, commander et obéir, produire et consommer. Or ces rapports se divisent en deux groupes. Ils tendent à transmettre d'un homme à l'autre, par persuasion ou par autorité, de gré ou de force, les uns une croyance, les autres un désir; les uns sont des variétés ou des velléités d'enseignement, les autres des variétés ou des velléités de commandement. Mais qu'est-ce que c'est que commander, et qu'est-ce qu'enseigner, sinon suggérer certaines idées? Qu'est-ce qu'obéir, et qu'est-ce qu'apprendre, sinon imiter certains états d'esprit? »

Ces phénomènes d'imitation ou de suggestion ne sauraient donc rentrer dans le cadre de la pédagogie, par la simple raison qu'ils appartiennent au domaine de l'inconscient, et que l'éducateur n'a aucune prise sur eux. Celui-ci est obligé de prendre l'enfant tel qu'il est ; mais, s'il veut exercer sur lui une action morale, il devra répudier tous les moyens qui tendraient à diminuer chez son élève l'essor de la raison et la conscience de la volonté.

*
* *

Nous pouvons passer rapidement sur d'autres systèmes philosophiques : quelques-uns, qui eurent jadis une vogue immense, comme l'hégélianisme, n'existent plus guère qu'à l'état de souvenir. Il se peut que telle école philosophique, qui jouit actuellement de la faveur publique, ait prochainement le même sort.

Tenons-nous-en aux grands courants d'idées qui ont de tout temps entraîné les penseurs dans tel sens ou dans une direction contraire.

Voici, par exemple, le *panthéisme*, sous toutes ses formes, notamment sous celle du *monisme* moderne, qui n'est à certains égards qu'une remise à neuf du vieux *matérialisme*.

En théorie, ces systèmes devraient aboutir à un fatalisme plus ou moins avoué, qui, comme tel, est réfractaire à la pédagogie. Mais il faut se garder de rejeter en bloc un système, quel qu'il soit, sans avoir examiné s'il ne contient pas, d'une manière quelconque, des vérités dignes d'être retenues.

Ce n'est pas d'aujourd'hui que des penseurs, qui du reste se rendaient parfaitement compte du caractère superficiel et presque enfantin de la théorie matérialiste, ont hautement reconnu les services que la théorie atomistique a rendus à la science.

Mais le matérialisme mérite encore à d'autres égards d'être pris au sérieux.

D'abord il est une réaction contre le mépris de la matière qu'ont professé certains spiritualistes. Trop longtemps la tradition spiritualiste a exercé sur les hommes, et notamment dans le domaine de la pédagogie, une influence à certains égards néfaste. Ses méfaits remontent au moyen âge, et celui-ci tenait cet héritage du néoplatonisme alexandrin. La morale spiritualiste, pour qui le monde matériel n'existe pas, conduit tout droit à l'ascétisme le plus extrême. C'est à la tendance néoplatonicienne, transplantée sur le sol chrétien par les pères de l'Église, qu'est dû ce système d'éducation qui cultivait l'esprit aux dépens du corps, et qui se proposait, non de se conformer à la nature, mais de la combattre. Ce qui faisait illusion, c'est le fait indéniable que l'ascétisme a été parfois l'école de vertus qui excitaient l'étonnement et l'admiration du vulgaire. Mais le fait seul que ces vertus furent l'apanage d'un petit nombre d'hommes, devrait donner à réfléchir. Car l'éducation ne se propose nullement pour but de former des êtres d'exception. La vertu ne doit pas être l'objet d'un sport. C'est une activité normale que l'école propose à tous les élèves, sans exception.

Les excès de l'ascétisme se sont toujours produits dans les milieux où régnait le spiritualisme le plus extrême. En protestant contre les excès du spiritualisme, le matérialisme a donc été une revendication des droits de la nature. Sans doute, le mérite n'en revient pas à lui seul, et d'autres facteurs ont contribué à battre en brèche l'influence funeste d'un système qui, dans l'Europe chrétienne, comme dans l'Inde païenne, sacrifiait la matière à l'esprit, le réel à l'idéal. En pédagogie notamment, Rabelais, le grand adversaire de l'idéal faussement spiritualiste du moyen âge, n'a probablement jamais penché vers la doctrine de Lucrèce. Mais il est certain que celle-ci, à mesure qu'elle revivait dans la pensée moderne, a indirectement contribué à détruire l'ancien préjugé spiritualiste et ascétique.

Il ne faut du reste pas s'exagérer la valeur et le rôle du matérialisme. Celui-ci a été toujours incapable, notamment, d'élaborer un système de morale qui convienne à la totalité des hommes. Une morale fondée sur l'utilité, ou sur le plaisir, ou simplement sur la hautaine indifférence, ne sera jamais prise au sérieux par la masse des hommes. Ceux-ci y verront toujours, malgré les protestations d'une élite, malgré Épicure et Horace, une doctrine autorisant tous les vices. Épicure fut un sage, c'est entendu; mais que furent les Épicuriens?

Nous étonnerons sans doute beaucoup de nos lecteurs, en disant que, malgré ces observations, nous croyons que la théorie matérialiste a rendu des services signalés non seulement à la morale, mais aussi à son application à la pédagogie. Au rationalisme mystique et libertaire du spiritualisme, il oppose une intuition, plus conforme aux faits, qui lui permet d'affirmer qu'il y a une liaison entre les actions des hommes. L'enchaînement des causes et des effets, qui est un des dogmes fondamentaux du matérialisme, conduit à considérer la vie de chaque homme, qu'elle soit vicieuse ou vertueuse, comme une succession ininterrompue d'actions qui se commandent mutuellement, et aux conséquences desquelles nul ne peut se soustraire. De là naît le sentiment de la responsabilité, car l'homme, se sentant entraîné par le poids de son propre passé, se rendra mieux compte de ce qui lui manque, et de ce qu'il devra faire, pour se ménager un avenir meilleur. Et c'est une chose singulière de constater qu'un système philosophique qui semblait inventé pour affranchir les hommes de la gêne du devoir et des terreurs de la conscience, contribue plus que tout autre à leur inculquer le sentiment de leur responsabilité, en leur révélant la trame des pensées et des actions humaines.

Les conséquences de cette manière de voir pour la pédagogie sont extrêmement importantes. Car à quoi servirait-il de prodiguer à un homme des soins, des conseils, des encouragements et des stimulants de toute sorte, s'il n'y avait pas quelques chances pour que ces causes produisent des effets, et si ces effets futurs ne devaient pas à leur tour produire d'autres effets? s'il n'y avait pas une liaison étroite entre les actions d'aujourd'hui et celles de demain?

Sans doute l'idéalisme l'emporte de beaucoup sur le matérialisme par la pureté et la noblesse de ses principes moraux. Mais son mépris de la nature, et des lois physiques qui conditionnent la vie humaine, le porte à se contenter d'une moralité de façade, d'une vertu théorique et fictive qui aura beaucoup de peine à entrer dans l'ordre des faits, et à s'y maintenir.

Si, malgré l'envahissement du christianisme par un faux spiritualisme, la pédagogie chrétienne a remporté de si beaux succès, notamment au XVIe et au XVIIe siècle, cela ne tient pas à l'excellence de ses prémisses philosophiques, mais à d'autres causes qu'il est bon et instructif d'exposer brièvement.

Tout en cédant au courant irrésistible de l'ascétisme, l'Église chrétienne a conservé de tout temps, dans son sein, d'autres éléments vitaux qui, tout en se mêlant à la spéculation d'origine alexandrine, sont restés irréductibles et ont formé un contrepoids aux idées dominantes. Parmi eux nous citerons la Bible, et notamment l'Ancien Testament.

Toute la poésie hébraïque est réaliste. C'est là que s'exprime pour la première fois la poésie de la nature. Qu'on se rappelle certains psaumes. Le fond de la prédication des prophètes est essentiellement réaliste : Le crime trouve son châtiment sur terre; les malheurs du peuple sont la conséquence de ses fautes. Les générations présentes souffrent des suites des forfaits antérieurement commis. Les actions des hommes forment une chaîne de causes et d'effets; et c'est ce qui permet d'anticiper l'avenir. Le Décalogue dira par exemple : Honore ton père et ta mère, *afin que* tes jours soient prolongés sur la terre. Job lui-même se garde d'attribuer ses malheurs à une volonté supérieure méchante, ou à une fatalité aveugle. Là où un Grec aurait parlé de la Némésis ou de la jalousie des dieux, Job se tait. Tout le monde sait que la croyance à la vie future n'a pas joué dans la pensée hébraïque le rôle prépondérant qui lui est revenu beaucoup plus tard. Le réalisme hébreu devait naturellement rester vivant dans le sein du christianisme, servir de réactif contre l'envahissement du néoplatonisme ascétique, et préparer le retour ultérieur d'une manière de voir plus conforme aux faits.

Au sein même du christianisme, nous rencontrons une doctrine qui est loin d'avoir exercé sur la pédagogie l'influence funeste qu'on lui a attribuée. C'est le dogme du péché originel. Il n'est guère probable que les sévérités des éducateurs du moyen âge pour les enfants aient eu pour motif le désir de les châtier pour le péché d'Adam. Tout au plus pourrait-on alléguer à l'appui de cette opinion quelques déclarations des Jansénistes. Mais il n'y eut pas d'éducateurs plus doux et plus humains.

La doctrine du péché originel a deux faces. D'un côté, c'est une construction logique qu'on peut accepter ou critiquer. D'un autre côté, elle n'est que l'expression religieuse de cet enchaînement de causes et d'effets dont nous avons trouvé l'affirmation chez les penseurs à tendance matérialiste, et chez les prophètes et les historiens de l'Ancien Testament. Il y a solidarité des actions des hommes entre elles, comme il y a solidarité entre les hommes qui coexistent dans une même société, entre les grands et les petits, entre les morts et les vivants, entre les vivants et les générations futures.

Cette solidarité n'est pas nécessairement morale, mais en dehors d'elle il n'y a pas de moralité possible, ou, plus exactement, la moralité ne peut point entrer dans l'ordre des faits.

La pédagogie suppose nécessairement un certain déterminisme, car si les actions des hommes ne s'enchaînaient pas, s'il fallait renoncer à prévoir les conséquences de nos actions, si le présent n'était pas la résultante du passé, et ne contenait pas l'avenir en germe, il faudrait renoncer à tenter, de quelque manière que ce fût, d'élever la génération actuelle en vue de sa destinée future.

Le faux spiritualisme ne peut pas prendre au sérieux l'existence du monde physique. En pédagogie, il ne peut que formuler un idéal, à moins qu'il ne se contente tout simplement de cultiver la faculté raisonnante. Il négligera forcément, non seulement l'éducation physique, mais aussi les sentiments issus de nos penchants naturels ou de nos relations avec le monde réel. Un peuple de raisonneurs est un peuple impuissant. L'homme qui se croit un étranger dans ce monde, est incapable d'aimer et de vouloir quoi que ce soit. Ce n'est plus que l'ombre d'un homme.

Lorsqu'au déclin du monde antique, le néoplatonisme, semblable à un beau coucher du soleil, jeta ses derniers rayons sur le monde grec, il ne sut plus former une génération d'hommes actifs et libres. Les esprits habitués à la méditation désapprirent l'art de vivre.

***

Passons maintenant à d'autres systèmes philosophiques.

Le dualisme spiritualiste a eu une très grande fortune, puisqu'il a dominé dans nos écoles pendant des siècles, et jusqu'à nos jours. Il enseigne, comme on sait, que le corps et l'âme, la matière et l'esprit, forment deux substances distinctes, opposées l'une à l'autre. L'esprit a son existence propre, indépendamment du corps, et celui-ci est considéré, soit comme un organe de l'esprit, soit comme une entrave.

Ce n'est pas ici le lieu de nous prononcer sur la valeur réelle de ce système; on peut donner bien des sens à ces deux termes d'esprit et de corps. La distinction entre les deux est du reste parfaitement justifiée par les faits, ce qui n'empêche nullement de considérer dans la personne humaine une étroite corrélation entre les fonctions mentales et celles du corps, et d'affirmer qu'en dernière analyse ces deux ordres de fonctions obéissent à des lois analogues ou identiques. Il nous suffit de statuer la dualité des fonctions, sans avoir recours à l'hypothèse de la dualité de substance.

Admettons un moment la dualité des substances. Quel rôle peut échoir à la pédagogie dans une telle hypothèse? Il est difficile de l'établir.

Il faudrait expliquer comment et par quels procédés la substance spirituelle de l'homme exerce une action quelconque sur la substance matérielle. Et pourtant ce serait bien là le but de l'éducation.

Sans doute, Platon statue que l'éducation doit à la fois exercer le corps et cultiver l'esprit. Mais comment s'y prendrait-on pour assurer à l'esprit la suprématie sur le corps?

En fait, l'école de Platon, pour laquelle il y a un abîme entre le corps et l'esprit, a été réduite à admettre que les hommes se divisent en deux classes. Chez les uns, les psychiques, l'âme l'emporte sur le corps, et chez les autres la substance matérielle l'emporte sur l'esprit, ce dernier étant seul capable de moralité.

Dans la pratique, le dualisme conclut, tout comme le spiritualisme mystique, que le corps, vu son impureté radicale, doit être bridé, soumis, vaincu, anéanti par la partie spirituelle de l'homme. Nous voilà loin du développement harmonieux de toutes les facultés! Condamner, mépriser, ou détruire un des éléments constitutifs de la nature humaine, c'est tout autre chose que de l'éducation.

Nous concédons volontiers que ceux d'entre les penseurs et les éducateurs modernes qui ont subi l'influence directe ou indirecte de Descartes, se sont gardés de tomber dans ces excès. Mais on ne saurait nier qu'il en est resté quelque chose. Le temps n'est pas si éloigné où la psychologie négligeait l'étude des organes du corps, et où le lauréat de gymnastique était accueilli par des sourires ironiques.

C'est dans une tout autre sphère qu'il faut chercher quels services le spiritualisme de Platon et de Descartes a rendus à la pédagogie. Lui seul était capable de lui proposer un haut idéal moral. Si Platon n'avait pas donné des ailes à des pensées sublimes, à des maximes immortelles, l'humanité se serait difficilement élevée à un degré supérieur de culture morale. Une pédagogie sans idéal serait condamnée à se traîner dans la vieille ornière de la routine et du préjugé. Plus l'idéal de l'éducation sera haut, plus elle peut contribuer au progrès de l'humanité.

**

Un autre système métaphysique qu'il est difficile de concilier avec l'idée de l'éducation, c'est la doctrine de la liberté transcendantale, d'après Kant et Origène.

En voici les traits essentiels :

La raison pure, ayant son siège, et probablement son origine, dans le monde intelligible (hors du temps et de l'espace), se détermine pour le bien comme pour le mal en pleine liberté, sans subir l'influence du monde sensible ou phénoménal. Ce dernier nous apparaît comme un enchaînement de causes et d'effets, dans l'espace et dans le temps. Tout y est déterminé et l'on n'y trouve nulle cause première. Mais la raison, parce qu'elle échappe à la loi du temps et de l'espace, des causes et des effets, est une cause première, elle ne dépend de rien, elle dispose d'elle-même en souveraine, elle est libre dans le sens absolu du mot : c'est la liberté transcendantale.

Or, l'éducation d'un être doué de cette liberté absolue serait impossible.

En effet, elle a pour but de diriger, de déterminer la volonté de l'élève dans un certain sens. Mais on ne peut pas déterminer une volonté qui se détermine elle-même. La difficulté augmente, si, comme le veut M. Renouvier, après Origène, l'âme s'est déterminée elle-même dans une vie antérieure à celle-ci. Le problème se complique encore plus, si l'on réfléchit que, toujours d'après Kant, l'homme qui jouit du privilège de la liberté transcendantale, doit vivre dans le monde sensible astreint au déterminisme le plus absolu, dont il fait partie intégrante.

La même observation s'applique du reste à la théorie populaire courante du libre arbitre :

On admet, par exemple, que l'âme peut, à chaque instant de son existence terrestre, se déterminer librement pour le bien ou pour le mal, pour le oui ou le non.

Si cela était, l'éducation n'aurait aucune raison d'être. Comment s'y prendrait-on pour déterminer au bien une volonté qui aurait pour loi fondamentale l'inconsistance et le défaut de stabilité? Un homme livré à tous les caprices peut-il se prêter à la moindre discipline? Que faire, si l'éducateur est hors d'état de prévoir, avec quelque chance de probabilité, les conséquences de telle action ou de telle impulsion? Comment pourrait-on songer à diriger un être qui échappe à toute direction?

Et pourtant le but de l'éducation est de former des

hommes libres, doués d'une volonté ferme dirigée vers le bien.

Ce n'est point par la contrainte qu'on la formera, pas même par la force de l'habitude, car une volonté forcée n'est pas libre.

Il n'y a qu'un moyen d'agir sur la volonté sans la détruire : c'est d'agir sur les mobiles de la volonté. Car elle ne sera libre que dans la mesure où l'homme s'inspirera dans ses actions de mobiles qui soient bien à lui, qui soient l'expression de ses propres pensées, et de ses sentiments intimes; il cessera d'être libre, s'il obéit à des mobiles qui auront été imposés d'autorité, ou inspirés par la crainte.

La liberté consiste à faire un choix entre les mobiles qui déterminent nos actions, et non pas à nous engager dans n'importe quelle voie. Si nous n'étions que des êtres agissants, nous ne serions pas libres pour cela. Le domaine de l'activité possible nous est du reste assez étroitement mesuré. Pour entreprendre n'importe quoi, nous nous heurtons à une foule d'impossibilités matérielles ou morales. L'enfant ne peut ni soulever un poids qui dépasse ses forces, ni lire un livre écrit dans une langue inconnue. Un ivrogne ne peut pas s'empêcher de boire et un bicycliste ne peut pas faire du cent à l'heure. Mais chacun peut choisir entre plusieurs idées, plusieurs projets, ceux qui sont les plus raisonnables, ou les plus agréables, ou tout simplement ceux qu'il juge possibles.

Ces choix s'exercent sur les idées plutôt que sur les sentiments. Du reste, nous ne sommes maîtres de ces derniers que s'ils subsistent dans la conscience à l'état d'idées. Ces préférences fortement accusées, ces choix fréquemment répétés, modifient peu à peu le cours de nos actions. Dans le domaine de l'activité, nous sommes serfs, dans la sphère des idées nous jouissons d'une liberté illimitée. Et cette liberté deviendra un fait tangible, le jour où nos idées et les sentiments qui y correspondent seront assez consistants, assez forts pour nous dicter notre conduite.

Cette autonomie diffère essentiellement de la liberté transcendantale de Kant, et aussi de la liberté au sens vulgaire du mot.

Les observations que nous venons de formuler ne constituent pas une critique du système de Kant. Elles n'ont d'autre prétention que de démontrer que la pédagogie ne saurait sur ce point en tirer parti.

Pour nous, il n'y a que la liberté déterminée qui importe. L'éducation ne peut pas et ne doit pas courir des aventures, et c'est ce qui arriverait si l'on attribuait à l'enfant une liberté toute faite, et si l'on oubliait qu'elle est la récompense de nos efforts.

Nos lecteurs se seront aperçus que nous adoptons dans ses grandes lignes le déterminisme de Leibnitz, sauf la théorie de l'harmonie préétablie. C'est à elle aussi que s'en réfère le philosophe Herbart dont nous aurons souvent l'occasion de parler. Voici comment il s'explique sur ce sujet[1] :

« Je suis convaincu que la doctrine du libre arbitre enseignée dans ces dernières années (en Allemagne), est contraire à la vraie métaphysique, inutile à la philosophie morale, et qu'elle procède de l'erreur de Kant, qui voulait que la philosophie pratique commençât par formuler des lois et des préceptes. Je suis convaincu, en outre, que l'on ne se doute guère, en général, des effets désastreux de cette erreur. Pour ce motif, je voudrais bien contribuer à ressusciter la théorie de Leibnitz qui est juste dans ses traits essentiels. Elle est déterministe, c'est vrai, mais elle écarte le malentendu qui rend le mot déterminisme si choquant. Comme si par là on niait toute volonté! Comme si la réflexion et la résolution devaient devenir apparentes et illusoires! Comme si le jugement moral équivalait à une contrainte extérieure!

« Celui pour qui le déterminisme est tout cela, ne connaît guère la question. Car enfin, prétendre que le juge-

---

1. Herbart, *Pædagogische Schriften*, édition Richter, t. II, page 328.

ment moral a les caractères d'une nécessité, c'est être bien loin d'en nier le caractère moral. Au contraire, chacun est convaincu que nos jugements moraux nous appartiennent bien en propre, mais qu'ils sont en même temps absolus, puisqu'il nous est impossible de ne pas approuver le bien et de ne pas blâmer le mal. Ce n'est pas non plus nier ou rendre illusoire la volonté et la résolution que de dire que tout acte de volonté s'accomplit infailliblement d'après des lois psychiques, non sous l'impulsion d'une contrainte extérieure, mais sous celle des représentations elles-mêmes où se manifeste la vie de l'âme, et que la volonté n'est qu'une représentation modifiée. Ce n'est pas une doctrine immorale de dire que d'après ces mêmes lois tout acte de volonté engendre ou entrave d'autres actes. »

Des idées analogues ont été brillamment exprimées par plusieurs penseurs français.

Voici ce que nous dira, par exemple, Marion :

« Gardons-nous de croire que la liberté consiste à faire n'importe quoi, dans n'importe quelle circonstance, sans suite et sans raison... Il n'y a pas de plus grand danger que de s'attribuer une liberté absolue, c'est-à-dire je ne sais quelle puissance miraculeuse de faire n'importe quoi, dans quelque mauvais cas qu'on se soit mis... Nous pouvons, à la longue, modifier notre caractère, agir sur les différentes causes qui influent sur notre conduite. *Autrement, l'éducation serait une chimère.* »

Sans doute, M. Marion n'a peut-être pas tiré de ces paroles toutes les conclusions qu'elles comportent. Ce sera précisément notre tâche à nous.

M. Payot a fait sur ce même sujet un très beau livre, où il expose la question du déterminisme et de la liberté dans toute son ampleur (*De l'éducation de la volonté*, F. Alcan, éd.).

**

Rousseau a traité avec sa maîtrise accoutumée le problème de la possibilité de l'éducation, mais sans y mêler aucune discussion métaphysique [1].

Il commence par établir fortement la *nécessité* de l'éducation :

« Tout est bien, sortant des mains de la nature, tout dégénère dans les mains de l'homme. »

La corruption vient donc de la société, et, en dernière analyse, de ce que l'homme n'a pas su vivre en conformité avec les lois de la « nature ».

Ordinairement, Rousseau attache au mot « nature » un sens très précis : c'est l'ensemble des aptitudes natives. Si les hommes étaient restés tels que Dieu les a créés, l'éducation serait inutile, car ils seraient naturellement parfaits.

Ici, il est difficile de savoir exactement ce que signifient « les mains de la Nature ». Probablement il songeait au Créateur, et alors le sens de ce célèbre aphorisme est parfaitement clair.

La question a été toutefois un peu embrouillée, parce qu'on a cru que Rousseau conseille le retour pur et simple à l'état primitif. Lui-même a paru parfois prêcher le retour à l'état sauvage. Mais cela n'a certainement jamais été son opinion réfléchie. Il sait fort bien que cela n'est pas possible, et il avoue que cette éducation à rebours aurait des résultats désastreux : « Supposez l'homme de la nature au milieu de la société actuelle : il y serait déplacé et malheureux. »

Il conclut donc par ces mots : « Il *faut* que l'homme soit façonné en vue des exigences de la vie sociale. »

En résumé, la nécessité de l'éducation résulte : 1º de la corruption de la société où il faudra que son élève vive ; 2º de l'impossibilité où est celui-ci de revenir purement et simplement à l'état primitif.

---

1. Presque toutes les citations de Rousseau que nous ferons au cours de ce travail sont tirées de l'*Émile*. On nous dispensera d'en indiquer chaque fois la page. Nous devons supposer que nos lecteurs se sont familiarisés avec cet ouvrage d'une importance si capitale.

Après cela, Rousseau examine le problème de la *possibilité* de l'éducation.

Il conclut que celle-ci est possible, mais seulement dans certaines limites, et il essaie d'expliquer quelles sont ces limites.

Dans l'éducation, dit-il, collaborent trois facteurs : la nature, les hommes, les choses.

1. La nature, c'est le naturel, la constitution originelle, physique et psychique de chaque individu : « Le développement interne de nos facultés et de nos organes est l'éducation de la nature. » Celle-ci « ne dépend pas de nous ». On doit se conformer à la nature, et c'est déjà beaucoup ; mais on ne peut pas façonner la nature.

Voilà un vaste domaine de la vie où l'éducation ne peut rien.

2. L'éducation par les hommes, c'est « l'usage qu'on nous apprend à faire du développement de nos facultés ». Tel est, par exemple, le rôle du professeur.

L'éducation que donnent les hommes « est la seule dont
« nous soyons vraiment les maîtres : encore ne le sommes-
« nous que par supposition (en théorie, par hypothèse),
« car qui est-ce qui peut espérer de diriger entièrement
« les discours et les actions de tous ceux qui environnent
« un enfant ? »

Rousseau veut dire qu'un maître a beau donner les soins les plus minutieux à son enseignement, choisir judicieusement pour son élève une société d'hommes savants et vertueux, écarter ceux dont il craint les mauvais exemples et les discours corrupteurs, il ne pourra jamais empêcher la société ambiante d'exercer sur son élève une influence quelconque, il ne sera pas le maître de la réglementer à son gré. La famille, les domestiques, les camarades, tout conspire pour rendre la tâche du maître plus difficile.

3. L'éducation par les choses est « l'acquis de notre propre expérience sur les objets qui nous affectent ».

Exemple : L'enfant qui apprend à se garder du feu après qu'il s'est brûlé les doigts.

Cette éducation « ne dépend de nous qu'à certains égards ». Nous pouvons, en effet, instituer des leçons de choses, et plus tard enseigner les sciences. Mais la vie réelle se charge d'enseigner aux enfants des choses infiniment plus nombreuses que celles qui figurent dans le programme, et cela dès leur plus tendre jeunesse.

La conclusion de Rousseau, à laquelle nous nous associons, est donc celle-ci :

L'éducation est possible, à condition qu'elle se renferme dans certaines limites et qu'elle se conforme à la nature.

Comme conclusion nous citerons le passage suivant de La Bruyère.

« Quand il serait vrai, ce que plusieurs disent, que l'éducation ne donne point à l'homme un autre cœur, ni une autre complexion, qu'elle ne change rien dans son fond, et ne touche qu'aux superficies, je ne laisserai pas de dire qu'elle ne lui est pas inutile ». (Tome II des *Jugements*.)

§ 4. — LA SCIENCE DE L'ÉDUCATION

Il ne suffit pas d'établir la possibilité de l'éducation. Il nous reste maintenant à nous acquitter d'une tâche autrement difficile.

C'est de démontrer la possibilité d'une science de l'éducation, science fondée sur des principes d'une valeur universelle et immuable.

Ils sont nombreux et influents, ceux qui refusent à la pédagogie tout caractère scientifique, et qui la considèrent comme un art. Ils prétendent que l'éducation, chose essentiellement variable, ne se laisse ni déduire de certains principes, ni condenser en un système; que la pédagogie générale, éclose dans la cervelle de quelques idéologues, n'est que logomachie; qu'une bonne et solide pratique vaut mieux que toutes les théories.

C'est aussi l'opinion professée tout bas par une foule d'éducateurs de profession. Quoi d'étonnant si les familles se montrent sceptiques? On se méfie des gens à système. Chaque maître a sa manière à lui et ses procédés. Le but de l'éducation est vague : chacun l'entend à sa manière. Les uns s'adressent aux sentiments, d'autres se contentent d'établir une certaine discipline, d'autres n'ont en vue que l'examen final. Les principes, si on en a, sont incertains, les méthodes variables. La mode exerce sa tyrannie, et parfois ses ravages, ici plus qu'ailleurs. Chacun fait comme il lui plaît ou comme il peut. Mais tous ont en vue le *succès immédiat*.

Il faut des succès aux familles, il en faut aux maîtres et à leurs supérieurs, et ces succès doivent être prompts et décisifs.

Écoutez Rousseau : « Un percepteur songe à son intérêt plus qu'à celui de son disciple; il s'attache à prouver qu'il ne perd pas son temps, et qu'il gagne bien l'argent qu'on lui donne; il le pourvoit d'un acquis de facile étalage et qu'on puisse montrer quand on veut : il n'importe que ce qu'il apprend soit utile, pourvu qu'il se voie aisément... Or, un enfant, non plus qu'un homme, ne se voit pas en un moment. Où sont les observateurs qui sachent saisir au premier coup d'œil les traits qui le caractérisent? »

Le vrai succès en pédagogie, ce n'est pas ce qu'on voit (diplômes, certificats, etc.), mais c'est le caractère moral, chose qui ne peut pas être immuablement évaluée. Il faut attendre de longues années avant que ce germe porte des fruits. L'éducation exige du maître beaucoup d'abnégation. Il ne faut donc pas s'étonner si des maîtres pressés de jouir du fruit de leur travail, n'ont ni le temps ni l'envie de suivre les sentiers ardus de la réflexion philosophique.

***

Les contempteurs les plus obstinés de la science pédagogique se rencontrent donc parmi ceux-là mêmes qui en auraient le plus besoin.

Ce fait n'a rien d'extraordinaire.

De glorieux généraux ont affecté de mépriser la science militaire. D'excellents mécaniciens se vantent d'ignorer la physique et la mécanique. Des guérisseurs renommés ont dédaigné la science médicale. Et pourtant cela ne les empêchait pas de remporter des victoires, d'inventer ou de perfectionner des machines, de guérir des malades. Mais cela ne les empêchait pas non plus d'être battus à plates coutures, de saboter leurs machines, de tuer leurs clients.

Un homme raisonnable ne contestera pas l'utilité de la science pour l'officier, pour l'ingénieur, pour le médecin. Car, si l'on supprime la science, on ouvre la porte au préjugé, à la routine, au hasard.

Il y a des pratiques empiriques, vieilles de plusieurs siècles, que leur âge a rendues plus vénérables. Elles n'en sont que plus dangereuses. Dans tous les cas, leur antiquité ne prouve pas qu'elles soient bonnes. Durant des siècles, les médecins soignaient leurs malades avec des remèdes dont la seule énumération fait frémir, et pourtant ils les guérissaient parfois! En fait, ces succès ne prouvent rien, puisque nous savons de quelles hécatombes ils étaient payés. Les seuls progrès qu'ait fait la médecine, c'est à la science qu'elle les doit.

La pédagogie, elle aussi, a eu, et a encore ses empiriques et ses rebouteurs. Des éducateurs bien doués et très adroits ont réussi là où des hommes de génie, comme Pestalozzi, ont échoué.

Cela prouve tout au plus que la science et l'art sont deux choses différentes. Mais il serait absurde de condamner la science à cause de certains insuccès. Car elle a cette immense supériorité sur la routine de pouvoir corriger ses erreurs.

*
* *

La pédagogie générale, c'est-à-dire l'étude de tout ce qui a trait à l'éducation au moyen d'une méthode aussi rigoureusement scientifique que possible, a pour base l'expérience et l'histoire.

L'expérience interprète les observations empiriques et en tire des conclusions générales.

L'histoire, c'est l'exposé des expériences de nos devanciers.

A. — *De l'expérience pédagogique.*

Si l'on voulait appliquer à la pédagogie la méthode expérimentale d'un Claude Bernard ou d'un Berthelot, l'expérience consisterait à essayer sur un ou plusieurs élèves l'efficacité de telle méthode d'éducation.

Mais une telle expérience, isolée, à supposer même qu'il fût possible de l'organiser suivant des conditions rigoureusement fixées, et menée à bonne fin, ne prouverait pas grand'chose, ni pour ni contre le système éducatif en question, le succès, même relatif, n'étant guère susceptible d'être évalué exactement.

Donc cette méthode est impraticable.

On peut aussi concevoir l'expérience pédagogique comme la résultante d'un faisceau d'expériences partielles, faites sur un nombre infini d'élèves, aussi variées que possible, comportant des succès, des demi-succès, des insuccès, qu'on interpréterait selon une méthode judicieuse. Cette interprétation aboutirait à des conclusions aussi rapprochées que possible de la certitude.

C'est cette méthode-là qui est la bonne.

***

Avant de passer à l'expérience pédagogique, il importe de distinguer nettement entre l'observation empirique ou l'expérience vulgaire, et l'expérience scientifique.

La première est d'une grande utilité, et suffit parfaitement dans une foule de cas de la vie pratique. Mais ces observations sont le plus souvent imparfaites, et même défectueuses. Toute la vie rurale, par exemple, n'est qu'un tissu d'observations superficielles sur la succession des saisons, la pluie et le beau temps, l'influence bonne ou néfaste de la lune. Cette astronomie populaire peut à la rigueur rendre quelques services aux travailleurs des champs. Pour la science, ces observations n'ont aucune valeur.

Tout le domaine de la pédagogie est encore encombré de ces observations superficielles ou défectueuses, qu'il faut soigneusement distinguer des observations utiles.

Quant à l'expérience scientifique, elle a ses règles. Voici celles qui s'appliquent spécialement à la pédagogie :

1. La méthode expérimentale ne peut donner des résultats qu'à la condition de délimiter nettement son domaine. Ainsi certaines expériences de physique sur la perception visuelle doivent se faire par vision monoculaire, l'emploi des deux yeux ayant pour effet de modifier l'image qu'on perçoit. Lorsqu'on étudie la nature des sons et leur mode de perception, on a soin de les isoler, c'est-à-dire de supprimer, par des appareils spéciaux, les sons additionnels ou différentiels qui s'associent d'ordinaire au son fondamental. Pour qu'une expérience de chimie réussisse, il faut isoler le plus possible le corps dont on veut étudier les propriétés. Les savants qui négligent cette précaution s'exposent aux plus graves erreurs. C'est ce qui est arrivé par exemple aux adversaires de Pasteur, lorsqu'ils sont tombés dans l'erreur de la génération spontanée.

2. L'expérience est la résultante d'un grand nombre d'inductions accumulées qui permettent de conclure à l'existence de rapports constants d'une certitude approximative, tenant lieu de certitude absolue. Il est des cas où la probabilité équivaut à la certitude. (Cournot.)

3. Pour diriger et mener à bonne fin une expérience, il faut, outre le don de l'observation exacte, une imagination créatrice, c'est-à-dire le talent de combiner les faits et les idées de manière à prévoir ce qui doit arriver. Lorsque les calculs et les prévisions sont confirmés par les faits, on peut en conclure qu'il y a probabilité que l'expérience aboutisse à des résultats certains.

En pédagogie, il est dangereux de se contenter d'observations incomplètes, ou d'expériences qui, quoique rigoureuses, ne s'appliquent qu'à des cas exceptionnels, ou à certaines catégories d'individus.

Il faut aussi se défier de ceux qui mêlent à l'étude des problèmes pédagogiques des visées politiques, sociales, métaphysiques ou religieuses. Le fait de l'éducation demande à être envisagé en lui-même, comme c'est le cas pour une expérience physiologique ou médicale, sans qu'on se laisse entraîner, par exemple, à se demander à qui cette observation pourra profiter ou nuire. Il faut distinguer aussi entre des hypothèses hâtives ou fantaisistes, que la mode encourage, mais que l'avenir condamnera, — et les prévisions obtenues par une mûre et judicieuse réflexion, ces dernières ayant parfois des chances d'être confirmées par les événements ultérieurs. Sans doute ces hypothèses sont sujettes à l'erreur, mais la science peut reconnaître et réparer ses erreurs, de sorte que les erreurs même contribuent au triomphe de la vérité.

**

Quelles sont les limites de la pédagogie?
L'éducation ne commence son œuvre qu'à l'âge où

l'enfant possède déjà, outre les traits et les aptitudes natives, d'autres traits, d'autres aptitudes acquises par le moyen de la vue, de l'oreille, du toucher, et en général par le contact avec les choses et les êtres qui l'entourent. L'enfant, au moment où l'éducateur intervient, s'est déjà assimilé une foule de connaissances, il possède un naturel, une physionomie, des traits particuliers, physiques, et même moraux. Il faudra bien qu'on prenne l'enfant tel qu'il est ; on ne saurait songer à modifier ou à violenter sa constitution originelle ou acquise.

Voilà donc une première limite de l'éducation.

En second lieu, l'enfant atteindra un jour un âge où l'éducation cessera d'avoir prise sur lui. Lorsque l'élève quitte l'école ou la maison paternelle, lorsqu'il est pris dans l'engrenage de la vie et qu'il doit se suffire à lui-même; lorsqu'enfin son caractère, bon ou défectueux, se sera formé, alors l'éducation aura fini son œuvre, car elle se trouvera en présence d'une volonté toute faite.

Voilà l'autre limite de l'éducation.

Celle-ci s'exerce donc entre ces deux limites extrêmes : 1º la nature originelle, à laquelle vient s'adjoindre le naturel acquis; 2º la volonté formée. L'éducateur est impuissant à modifier soit l'une, soit l'autre de ces deux réalités.

Qu'on ne s'imagine pas que ces deux points extrêmes soient nécessairement placés au début et à la fin de l'éducation. Aussi longtemps qu'elle dure, elle se heurte à la ... au naturel primitif, mais persistant, — et à la volonté conscien... Car cette dernière commence à s'affirmer quelque peu dès la plus tendre enfance, et ce serait une erreur de croire que la volonté naît soudainement à 14 ou à 18 ans.

Les limites de l'éducation constituent donc à la fois deux points terminus et deux barrières latérales, et c'est dans cet espace étroitement mesuré que se poursuit l'expérience pédagogique.

B. — *L'histoire de la pédagogie.*

Pour tirer parti d'une expérience scientifique quelconque, il faut du jugement, une méthode sûre. Il faut aussi du génie.

C'est en étudiant l'histoire de la pédagogie que nous verrons à l'œuvre les hommes de génie qui ont su le mieux interpréter les données de l'expérience.

L'histoire, c'est l'expérience de nos devanciers. Sans la connaissance du passé, l'humanité serait condamnée à d'éternels recommencements. Il faudrait tous les siècles réinventer la boussole ou la loi d'Archimède. Un grand nombre de problèmes qui intéressent la pédagogie ont été traités, et parfois résolus, depuis longtemps. Il est ridicule de se flatter d'avoir fait des découvertes et des inventions lorsque chacun peut les trouver dans les écrits de Rousseau. Il est encore plus ridicule pour un Français d'emprunter à des ouvrages étrangers des principes qui furent déjà familiers à Rabelais.

Tout dépend, sans doute, de la manière de comprendre et d'interpréter les enseignements du passé. Il n'est pas indifférent que la République de Platon soit expliquée par un Rousseau, ou qu'elle le soit par un pédant à qui quelques paradoxes feront jeter les hauts cris.

Ici nous n'entreprendrons pas d'écrire l'histoire de la pédagogie. Cette histoire a été faite par des hommes fort compétents. Nous nous bornerons à tirer hors de pair ceux d'entre les devanciers qui ont posé les fondements de la science de l'éducation, ou de la pédagogie générale, et nous commencerons par Rabelais et Rousseau. Nous ne nions nullement que d'autres auteurs, tels que Montaigne et Fénelon, n'aient excellemment parlé de l'éducation. Mais leurs écrits nous donnent plutôt de brillants aperçus et des observations pratiques qu'une contribution solide à la science pédagogique.

Rabelais a exposé ses idées dans le tableau un peu sommaire, mais suffisamment complet de l'éducation de Gargantua. Dans le cadre de cette fiction, ce penseur a accumulé des observations très exactes sur l'éducation du caractère moral, en même temps qu'il a élaboré un plan d'éducation très complet et très méthodiquement conçu. C'est donc bien une sorte de pédagogie générale qu'il entend nous donner.

L'exposé de Rabelais comprend deux parties : la première, très courte, contient la critique du système d'éducation scolastique.

Le moyen âge ne connaissait pas l'école éducative, c'est-à-dire l'instruction donnée en vue de l'éducation morale. Les écoles se bornaient à préparer les élèves à certains grades académiques. Les maîtres enseignaient le *trivium* (grammaire, dialectique, rhétorique) et le *quadrivium* (musique, arithmétique, géométrie, astronomie). Cette instruction était purement formelle; elle transmettait aux élèves des formules toutes faites. Elle ne s'adressait qu'à la mémoire; les élèves apprenaient par cœur les matières de l'enseignement, et c'était tout. Rien pour le cœur, rien pour la culture du caractère. C'est ce système, tout à fait décadent du reste, que Rabelais a ridiculisé, en faisant par exemple l'énumération plaisante d'énormes in-folios aux titres burlesques, que Gargantua dut, non pas étudier, mais apprendre par cœur.

Au moyen âge, la philosophie méprisait la matière. Les étudiants vivaient dans la saleté et dédaignaient les exercices physiques, ce qui ne les empêchait pas de s'adonner à l'ivrognerie et à toutes sortes de vices ignobles qui faisaient du reste bon ménage avec une dévotion toute formaliste.

Ce régime a pour effet d'atrophier chez Gargantua les facultés du corps et de l'esprit, « à tant son père aperçut
« que vraiment son fils étudiait très bien, toutefois rien
« ne lui profitait. Et qui pis est, en devenait tout rêveur
« et rassoté ».

Voici maintenant le système nouveau :

L'élève de Rabelais cultive les *exercices du corps* qui sont décrits très minutieusement. Par exemple, pour fortifier le thorax, on le fait crier et chanter. Conseil excellent, si l'on se rappelle qu'un sourd-muet n'a pas même la force de souffler une bougie.

A l'exemple de Platon, Rabelais proscrit les jeux du sport qui gâtent les jeunes gens et développent la vanité.

Les études proprement dites prennent six heures par jour, mais elles ont toutes un caractère éducatif.

Elles comprennent les *langues anciennes* : le latin, l'hébreu, le grec surtout. Mais ce travail n'a pas de valeur en lui-même : le but est de faciliter l'intelligence des auteurs anciens et de la Bible.

L'élève de Rabelais parle sa *langue maternelle*, et il l'aime. Qu'on se rappelle le portrait désopilant de l'écolier limousin. Il ne faut pas que l'abus des langues anciennes corrompe la langue française. Aussi il s'appliquera à une *prononciation distincte*, il récitera clairement et éloquemment les sentences retenues au cours des leçons. La netteté de l'élocution prépare la clarté des idées.

La *mémoire* est cultivée d'une manière intelligente par des répétitions fréquentes et variées. Tantôt c'est le maître qui répète ce qu'on vient de lire, en expliquant les points obscurs et difficiles. Tantôt l'élève dit par cœur des leçons et « il fondait quelques cas pratiques concernant l'état humain ».

Rabelais institue des leçons de choses, point de départ de la *science de la nature*. Elles se font à table. Voici les sujets qu'il énumère : pain, vin, eau, sel, viandes, poissons, fruits, herbes, racines..., « faisant pour être assurés « apporter à table les volumes de Pline, de Galène, d'Aris- « tote ». On fait aussi des excursions pour apprendre la botanique.

L'*arithmétique* et la *géométrie* sont enseignées par jeux, puis « par mille joyeux instruments et figures géométriques et canons astronomiques ».

L'*astronomie* s'enseigne en comparant l'état du ciel au soir à celui du matin. C'est l'enseignement par l'intuition. —Voilà pour les choses.

Après cela, Rabelais passe aux *hommes :* car l'éducation doit cultiver les sentiments dus aux rapports avec nos semblables.

Pour faire naître la *sympathie* et la sociabilité, l'élève est entouré d'amis joyeux, instruits, vertueux. Dans ce cercle d'élite, la gaîté et l'amitié fleurissent. Puis il se familiarise avec la société, visite les ateliers, étudie les métiers et les machines, les matières premières et les métaux ; il fraternise avec les artisans.

On le voit : Rabelais attache, certes, une grande importance à l'instruction, mais celle-ci n'est qu'un des moyens mis en œuvre pour former un homme intelligent et bon, doué de jugement et d'énergie. Il ne cherche pas à anéantir ses dons naturels, mais à les cultiver. Il en fera un homme vertueux, digne de réaliser la devise de l'abbaye de Thélème :

« Fais ce que voudras »

car l'homme de caractère ne fait que ce qu'il veut, et il ne veut que ce qui est possible et juste.

Pour illustrer ses idées neuves, et pour en fournir en quelque sorte la preuve, Rabelais a recours à un artifice littéraire qui se rapproche assez de l'expérience proprement dite. De même que le génie voit d'avance, grâce à son imagination inventive, le résultat de l'expérience qu'il se propose de faire, Rabelais met en scène un être idéal, tel que le formera son plan d'éducation (*Gargantua*, chap. XV):

« Prenez quelqu'un de ces jeunes gens du temps présent qui ait seulement étudié deux ans...

« Au soir, en soupant, il introduisit un sien jeune page, nommé Eudémon, honnête en son maintien, que trop mieux ressemblait quelque petit angelot qu'un homme... Voyez-vous ce jeune enfant? Il n'a encore douze ans : voyons, si bon vous semble. Quelle différence y a entre le savoir de vos rêveurs du temps jadis et les jeunes gens de maintenant.

« L'essai plut à Grandgousier et commanda que le page proposât. Alors Eudémon... le bonnet au poing, la face ouverte, la bouche vermeille, les yeux assurés, et le regard assis sur Gargantua avec modestie juvénile, se tient sur ses pieds et commença... Le tout fut par icelui proféré avec gestes tant propres, prononciation tant distincte, voix tant éloquente, et langage tant aorné et bien latin, que mieux semblait un Gracchus qu'un jouvenceau de ce siècle, etc. »

Quant à l'élève du maître sophiste, « toute sa contenance fut qu'il se mit à pleurer comme une vache et se cachait le visage de son bonnet, et ne fut possible de tirer de lui aucune parole ».

On le voit, Rabelais expose et justifie ses idées pédagogiques au moyen de types inventés, dans lesquels s'incarnent des observations très minutieuses.

Rousseau emploiera le même procédé. Mais avec lui, la science de l'éducation s'affirmera avec une maîtrise bien autrement décisive.

∗
∗

« J'ai pris, dit Rousseau, le parti de me donner un élève imaginaire. Cette méthode me paraît utile pour empêcher un auteur de s'égarer dans des visions. Dès qu'il s'écarte de la pratique ordinaire, il n'a qu'à faire l'épreuve de la science sur son élève : il sentira qu'il suit le progrès de l'enfant et la marche naturelle du cœur humain. »

Rousseau procède donc d'une manière analogue au chimiste, qui anticipe, par l'imagination, le résultat de son expérience. Si les faits lui donnent raison, il y a beaucoup de probabilité que sa méthode aura été bonne.

« Ce qui me rend plus affirmatif, continue Rousseau, et, je crois, plus excusable de l'être, c'est qu'au lieu de me livrer à l'esprit de système, je donne le moins possible au raisonnement et ne me fie qu'à l'observation. Je ne me fonde point sur ce que j'ai imaginé, mais sur ce que j'ai vu. »

Il faut, en effet, se défier de l'imagination fantaisiste qui trouble l'observation des faits. Ce n'est pas d'elle que Rousseau entend se servir, mais de la faculté de voir par anticipation le résultat de nos entreprises : c'est le privilège du génie.

« Il est vrai, dit Rousseau, que je n'ai pas renfermé mes expériences dans l'enceinte des murs d'une ville, ni dans un seul ordre de gens ; mais après avoir comparé tout autant de rangs et de peuples que j'en ai pu voir dans une vie passée à les observer, j'ai retranché comme artificiel ce qui était d'un peuple et non d'un autre, d'un état et non pas d'un autre, et n'ai regardé comme appartenant incontestablement à l'homme que ce qui était commun à tous, à quelque âge, dans quelque rang et dans quelque nation que ce fût. » (*Émile*, livre III.)

Il s'agit donc bien là de la pédagogie générale ou théorique. Sans doute, Rousseau eût pu, s'il l'eût voulu, l'exposer sous une forme plus sytématique. Il a sciemment préféré un autre mode d'exposer les fruits de son expérience et de sa réflexion, en mettant en scène un élève fictif, un précepteur idéal, placés dans un milieu imaginé selon les convenances du sujet.

« Quant aux règles qui pouvaient avoir besoin de preuves, je les ai toutes appliquées à mon Émile ou à d'autres exemples, et j'ai fait voir dans des détails très étendus comment ce que j'établissais pouvait être pratiqué. »

On sait que Rousseau a exposé sous forme de récits très circonstanciés, amusants ou dramatiques, les méthodes qu'il propose pour enseigner les sciences et cultiver l'esprit. Ce sont les fameuses leçons qu'on a si sottement critiquées et tournées en ridicule. On oublie seulement que Rousseau est le premier à convenir de leur caractère artificiel. Cela était indispensable pour expliquer dans tous ses détails le mécanisme d'une méthode très rationnelle et très pratique. Les contempteurs de Rousseau me font l'effet de ces ouvriers habitués à fabriquer en un tour de main tel produit chimique, et qui s'étonnent d'apprendre que, dans le laboratoire voisin, un savant use de mille détours, et des précautions les plus minutieuses pour fabriquer exactement le même produit.

« Je sais, continue Rousseau, que dans des entreprises pareilles à celles-ci, l'auteur donne sans beaucoup de peine beaucoup de beaux préceptes impossibles à suivre, et que, faute de détails et d'exemples, ce qu'il dit même de praticable reste sans usage quand il n'en a pas montré l'application. »

A un homme qui s'inspire de pareils principes, et qui sait unir à ce point le génie à la conscience, on peut bien pardonner quelques excentricités, voire même des erreurs. Mais les erreurs et les paradoxes de Rousseau sont plus instructifs que des succès dus au hasard[1].

En général, l'agencement artificiel et chimérique du plan d'éducation de Rousseau tient surtout à la forme quasi romanesque qu'il a choisie pour exposer et développer ses idées.

D'abord il isole son élève. Mais il n'est pas l'inventeur de ce procédé : Xénophon, Rabelais, Fénelon, Locke n'ont pas procédé autrement, et l'on devine aisément pourquoi. Des millions de lecteurs ont lu et lisent encore *Émile* ou les *Aventures de Télémaque*, tandis que le nombre de ceux qui lisent *la République* de Platon est assez restreint. Quant aux lecteurs des livres de Pestalozzi ou de Herbart, ils sont sans doute très rares.

Rousseau exclut le père, et lui substitue un précepteur de profession. Il faudrait vraiment ignorer complètement

---

1. Voici comment Rousseau entend être compris :

« Dans un pareil système, il faut tout ou rien... Ce que j'appelle tout, n'est pas de suivre servilement mes idées; au contraire, c'est souvent de les corriger, mais de s'attacher aux principes et d'en suivre exactement les conséquences, avec les modifications qu'exige nécessairement toute application particulière. »

(*Œuvres complètes*, édition Anguis. *Correspondance*. Lettre 913.)

ses écrits, pour croire qu'il est l'ennemi de la famille! La vérité, c'est qu'il a voulu tout simplement incarner la science de l'éducation dans un type idéal.

Le gouverneur prend charge de l'enfant dès sa naissance, que dis-je? dès avant sa naissance. Il restera attaché à son élève jusqu'au mariage. Cela veut dire simplement que pour Rousseau la science de l'éducation embrasse la première enfance et l'adolescence, qu'elle s'occupe tout aussi bien des soins à donner aux nourrissons, que des conseils à donner aux jeunes gens. Tout ce qu'on peut lui objecter c'est qu'il étend un peu trop loin les limites de la pédagogie. Mais il faut bénir cette erreur, puisqu'elle nous a valu quelques-unes des plus belles pages de l'*Émile*.

Rousseau suppose que son élève sera d'une intelligence moyenne. Il a raison : cultiver le génie est une entreprise impossible. Le génie est une exception; du reste, il s'élève tout seul. Rousseau lui-même en est la preuve.

Il veut que son pupille soit riche et orphelin : cet artifice était aussi très utile. Les enfants des pauvres étant forcés à travailler de bonne heure, leur éducation intellectuelle ne sera que très sommaire. Quant à la famille, son intervention est en général très gênante pour l'éducateur.

Rousseau installe le maître et l'élève à la campagne. Il fut un temps où cette exigence paraissait presque monstrueuse. Aujourd'hui l'opinion publique a cessé de s'engouer pour les pensionnats des villes.

Quant au plan d'éducation de l'*Émile*, c'est là un sujet important sur lequel nous reviendrons souvent. Nous devons supposer du reste que nos lecteurs ont lu *Émile*.

Nous avons dit que la forme un peu romanesque choisie par Rousseau et, en général, le tableau d'une éducation isolée, sont excellents pour intéresser le grand public. Mais il faut avouer que cette méthode littéraire ne se prête pas aussi bien à l'exposé systématique d'une science. Il en est de la pédagogie comme de toute autre discipline, la physique, par exemple.

Sans doute, on peut enseigner la physique à l'aide de

récits variés et de dialogues intéressants. Mais ce procédé, utile pour stimuler l'attention des enfants et celle du gros public, est loin de valoir un exposé systématique. Rousseau a été amené à sectionner l'éducation d'Émile d'une manière assez arbitraire. Chaque section correspond à une période de l'enfance, de sorte qu'il devra retarder jusqu'à l'âge de douze ou de quatorze ans des sujets d'études qu'on peut fort bien s'assimiler beaucoup plus tôt. Un exposé systématique amuse moins, mais il échappe mieux à certains défauts.

Tel qu'il est, l'*Émile* de Rousseau est le premier essai de pédagogie générale. Encore une fois, ce n'est pas un système, mais en cherchant, on y trouve la plupart des principes pédagogiques et philosophiques dont l'ensemble forme la science de l'éducation.

**

Pestalozzi semble, au premier abord, l'homme le moins qualifié possible pour élaborer un système de pédagogie. Il ne se préoccupait que du bien des enfants pauvres. Et cependant, il a contribué plus que beaucoup d'autres à donner à la pédagogie une base scientifique.

Avant tout, il plaçait son idéal à la fois très haut et très bas. L'école doit amener l'enfant le plus pauvre à s'élever moralement le plus haut possible. Il n'y a pas un enfant qui ne doive apprendre au moins une chose, la plus nécessaire de toutes : remplir ses devoirs d'homme et de citoyen.

Pestalozzi a compris que pour apprendre à vivre, c'est-à-dire à gagner sa vie en exerçant une profession, l'enfant a besoin de connaissances générales qui le rendront capable d'acquérir les connaissances techniques que l'école ne peut lui fournir. Or la science la plus générale, la plus utile, la plus indispensable, c'est la science de la nature et la connaissance de l'homme. La nature, c'est-à-dire tout ce qui entoure l'enfant, trouve accès auprès de lui par l'œil et par l'oreille. Pour le préserver d'une connaissance superficielle et confuse de la nature, il faut commencer par le dessin et par la prononciation distincte des mots; c'est-à-dire par l'éducation de l'œil et celle de l'oreille.

Pestalozzi a aussi compris que l'instruction de l'individu doit se modeler sur le cours de l'évolution de la culture humaine.

Toutes ces découvertes géniales du modeste maître d'école de Burgdorf ont été dignement mises en lumière par le philosophe Herbart, né à Oldenbourg en 1776, décédé à Gœttingue en 1842.

C'est Herbart qui a élaboré le premier un système de pédagogie générale. La pensée fondamentale en est celle-ci : *L'éducation par l'instruction.* C'est dans ses écrits, et dans ceux de ses nombreux héritiers, comme Stoy, Rein, Ziller, que nous trouverons la plupart des éléments de la pédagogie théorique. Ziller notamment est l'auteur d'un *Cours de pédagogie générale* (*Allgemeine Pædagogik*) qui a été pour nous un guide sûr. Les services que l'école de Herbart a rendus à la pédagogie sont tels qu'aujourd'hui on ne saurait plus écrire sur ce sujet sans tenir compte de ses travaux. Il va sans dire que la pédagogie herbartienne s'est assimilé la substance des travaux de Rabelais, de Rousseau et de Pestalozzi[1].

Toute tentative d'ériger un système de pédagogie se heurte à une difficulté d'ordre spécial :

En général, l'analyse scientifique appliquée à des sujets humains, ou tout simplement vivants, revient plus ou

---

1. Voici les titres de quelques-uns des ouvrages les plus importants :

Pestalozzi, *Wie Gertrud ihre Kinder lehrt. Ein Versuch den Müttern Anleitung zu geben, ihre Kinder selbst zu unterrichten*, édité et annoté par Albert Richter; Leipzig.

Les écrits pédagogiques de Herbart ont été publiés en deux volumes dans la *Pædagogische Bibliothek* publiée à Leipzig sous la direction de Albert Richter.

Le premier volume contient ses deux œuvres magistrales :

J. F. Herbart, *Allgemeine Pædagogik*, et : *Umriss pædagogischer Vorlesungen.*

Nous citerons aussi très souvent : Dr Tuiskon Ziller, *Vorlesungen über allgemeine Pædagogik*. Leipzig, 1876.

moins à disséquer la réalité vivante, à perdre de vue l'unité de la personne et, en général, à traiter les êtres vivants comme on étudie un cadavre. La psychologie, par exemple, se subdivise en plusieurs parties, qu'on ne saurait étudier à la fois, et qu'il faudra bien considérer séparément. Il faut étudier à part l'éducation des sens, celle de l'attention, celle de la mémoire, celle du raisonnement, du sentiment, du goût, de la volonté. Il en est de même des moyens d'action qu'il faut bien étudier en plusieurs chapitres séparés, alors que dans la vie ils s'emploient simultanément.

Le plan adopté par Rousseau lui permet d'éviter cet inconvénient, puisque, grâce à lui, on ne perd jamais de vue la personnalité de l'enfant qu'il s'agit de cultiver.

Mais lorsqu'on veut classer les principes et les faits de manière à tout dire et à éviter les lacunes, on risque de morceler l'intérêt, de disperser les matériaux sur lesquels on travaille, et de perdre de vue, dans le dédale des divisions et des subdivisions, dans la profusion des chapitres et des paragraphes, le véritable but de l'éducation et l'unité de la science.

Nous essayerons de notre mieux d'éviter cet écueil, en nous maintenant autant que possible dans la région supérieure des principes. La crête des Alpes, avec ses neiges et ses glaciers, est un morne séjour où semble régner la mort. Et cependant c'est de là que sortent les fleuves qui fécondent les plaines, qui portent les navires et réfléchissent les monuments des villes.

Nous invitons nos lecteurs à nous suivre parfois dans les régions sereines des principes. D'autres, versés dans l'art de l'éducation, sauront mieux que nous les intéresser et émouvoir. Et tandis qu'ils cueillent des fleurs le long du sentier qu'ils suivent un peu à l'aventure, nous essayerons de tracer une route nouvelle qui mène droit au but très élevé que nous nous proposons d'atteindre.

CHAPITRE II

DE L'INDIVIDUALITÉ

§ 1. — Description de l'individualité

L'individualité et le caractère sont deux choses différentes. Malheureusement beaucoup d'auteurs, n'ayant pas su distinguer entre les deux, sont tombés dans de graves erreurs.

M. Marion est de ceux qui ont le mieux su distinguer entre le caractère et l'individualité qu'il appelle le naturel :

« Le caractère, dit-il, c'est la manière naturelle et constante d'agir et de sentir, propre à un individu donné.

« Le naturel, c'est le caractère pris à l'origine, dans sa racine première, chez l'enfant, antérieurement à toute culture, à toute habitude prise, à toute acquisition provenant de l'expérience ou de l'éducation. Le naturel, c'est donc la manière d'agir, de réagir, de sentir, qui se manifeste chez un être déterminé, dès le berceau, avant toute expérience et toute culture : c'est le fond premier de ce qui sera le caractère. Le caractère est le naturel modifié, modelé par l'action de toutes les circonstances au milieu desquelles il s'exerce et se développe, c'est le naturel de l'adulte, tel qu'il est devenu après toutes les modifications volontaires et involontaires qui se produisent de l'enfance à la maturité. »

C'est ce naturel que nous allons étudier. Mais pour les besoins de notre étude pédagogique, nous ne nous bornerons pas à étudier l'état primitif de l'enfant nouveau-né. Sans doute, l'enfant possède dès sa naissance des traits héréditaires ou innés qui le différencient d'avec les autres enfants, mais il est difficile de les reconnaître, et cette étude n'aurait pour notre objet aucune utilité, parce que l'éducateur ne saurait songer à prendre soin de l'enfant dès le berceau. L'éducation et l'instruction ne peuvent intervenir qu'à partir d'un certain âge. Il s'écoule donc un temps assez long, cinq à sept ans, entre le jour de la naissance et l'âge où l'enfant sait parler, écouter, et comprendre une exhortation ou un raisonnement.

Durant cette première période, l'individualité, ou le naturel, se développe et s'affirme énergiquement. Chez le nouveau-né les traits individuels sont à peine visibles à un œil non exercé. Peu à peu, l'observateur les saisit plus nettement. Aux traits héréditaires s'ajoutent d'autres particularités. L'ensemble de ces traits, innés ou acquis, constitue ce que M. Marion appelle le naturel, et ce que nous appelons, à l'exemple de Herbart, l'*individualité*, pour bien marquer le caractère distinctif, original, unique qui est le propre de chaque individu.

Ces traits caractéristiques, produits de l'hérédité et de causes subséquentes et contingentes, *ne s'effacent jamais*. Ils persistent durant toute la vie de l'individu.

C'est d'abord un type physique qui se reconnaît à la conformation du corps, à la forme du crâne, à la couleur des cheveux, à la forme et à la couleur des yeux, etc.

Ce sont, en second lieu, des dispositions particulières à chaque individu, et qui se manifestent dans sa manière d'agir et de réagir, dans l'éveil et dans l'expression des sensations, dans la vivacité plus ou moins intense des perceptions, dans la durée des impressions, etc.

L'enfant possède beaucoup de traits communs avec ceux

de sa race. Il y a le type breton, le type basque, le type anglo-saxon. Mais au sein du type général ou régional, on peut distinguer celui de la famille. Enfin, au sein même de chaque famille, un œil exercé observe des différences marquées entre les individus. Les femmes ont le don d'apercevoir des contrastes, ou de simples nuances, là où tout autre observateur resterait embarrassé. Pour une femme, deux jumeaux ne se ressemblent jamais en tous points, fussent-ils ressemblants comme deux gouttes d'eau. On sait du reste que pour un œil mieux organisé que le nôtre deux gouttes d'eau présenteraient de notables différences.

A mesure que l'enfant avance en âge, son individualité s'affirme plus nettement, quoique parfois moins brutalement. Cependant ses traits, tout en s'accentuant, se modifient peu à peu sous l'influence de causes diverses, par exemple l'alimentation, les soins hygiéniques, l'état bon ou mauvais de la santé.

L'entourage aussi influe beaucoup sur le naturel. La rue et le jardin, la campagne et la ville, l'été et l'hiver, le chaud et le froid, etc., agissent sur l'enfant, soit en stimulant, soit en gênant ses penchants naturels. De là des alternances de joie et de tristesse, de souffrance et de plaisir, d'activité et de repos, etc.

L'enfant subit aussi l'influence des êtres animés qui l'entourent : hommes et bêtes. Il aime, il hait, il craint, il espère. Il apprend à se mouvoir, à se servir de ses yeux, de ses mains, de son ouïe, de son odorat, de sa langue. Quelle variété dans la manière dont les enfants apprennent à manger, à parler, à marcher! C'est un sujet de conversation inépuisable pour les mères. Eût-elle élevé vingt enfants, une mère saura exactement à quel âge, à quelle date, dans quelles circonstances chacun d'eux aura commencé à marcher, à rire, à parler. Jamais un cas n'est l'exacte reproduction d'un autre.

A côté du naturel, on voit peu à peu s'affirmer, ou plutôt s'ébaucher, le futur caractère de l'enfant : l'un sera turbulent, l'autre apathique. Il y a les pleurnicheurs, les Roger

Bontemps, les Père Tranquille, les gourmands, les égoïstes, les coquets, les tyrans.

Pendant ce temps le type physique s'accuse. Ce ne sont plus ces yeux immobiles où règne l'inconscience. C'est un regard où rayonne déjà la vie intérieure, la tendresse, la curiosité, le désir. Déjà le menton prend l'allure volontaire. Le nez surtout a pris sa forme définitive, qui ne se modifiera plus, et qu'on lui verra encore, lorsqu'après une longue vie, l'enfant, devenu vieillard, sera couché sur son lit de mort. Chacun a sa manière de marcher, de pleurer, de rire, de se fâcher, de jouer, de riposter. Parfois ces traits individuels se durcissent. D'autres fois, ils s'adoucissent sous l'influence de l'éducation.

Jusqu'ici celle-ci n'est pas encore intervenue. Mais que sa tâche paraît difficile, si l'on songe à l'immense diversité des individualités enfantines, et à la nécessité de compter avec les traits, innés ou acquis, qui sont l'apanage du moindre d'entre ces petits!

Si tous les enfants avaient le même naturel, ou, du moins, si l'on pouvait les classer par catégories, l'éducation serait une science assez facile à établir.

La plupart des théoréticiens de l'éducation, surtout les partisans de l'école publique (Lycurgue, Platon, Napoléon), partaient de cette donnée fictive ou conventionnelle que tous les enfants ont le même naturel. Mais ignorer un problème, ou faire semblant de l'ignorer, ce n'est pas le résoudre.

L'éducation se propose de cultiver ou de transformer l'individualité originelle pour former une personne consciente, un caractère constant. Or elle se heurte d'emblée contre la donnée irréductible de l'individualité. Le problème semble insoluble, car il s'agit de modifier un être ou une substance qui, par définition, n'est pas susceptible de subir des modifications essentielles.

Que faire?

L'éducation peut choisir entre trois alternatives :

1º On cherche à détruire les traits particuliers ou individuels, pour ne laisser subsister que les traits généraux. Anciennement les nourrices pétrissaient le crâne des nouveau-nés : symbole de ce genre d'éducation qui se propose de faire passer chaque génération dans un moule identique. Les Chinois passent pour avoir pratiqué ce procédé avec quelque succès.

Généralement on a recours pour cela à des moyens coercitifs : on imposera, par exemple, aux enfants d'un même pays, ou d'une école, le port d'un habillement uniforme, même coiffure, même béret, chapeau, ou tresse; on habituera les enfants à une certaine démarche, on leur imposera la même écriture. On déclarera une guerre sans merci à tout ce qui sent la fantaisie, l'originalité, l'indiscipline. On dressera ainsi des jeunes gens bien stylés.

Ce résultat ne s'obtient pas sans l'emploi de méthodes parfois un peu brutales : menaces, châtiments, surveillance étroite, réglementation minutieuse, avec sanctions énergiques.

Tout cela ne sert à rien.

La nature ne se laisse pas faire violence impunément, pas plus en Europe qu'en Chine. Les niveleurs en seront toujours pour leurs frais. Tôt ou tard il faudra bien que les enfants, si bien stylés qu'ils soient, quelque soin qu'ils mettent à cacher leur naturel, échappent à la tutelle de leurs maîtres. Les écoliers en apparence les plus doux, les plus disciplinés, les plus malléables, se hâteront à un moment donné de jeter le masque, de briser le joug, et s'ils réussissent, ils se livreront désormais avec frénésie à leurs instincts les plus violents. Chassez le naturel, il revient au galop. On est assez embarrassé pour décider lequel vaut le mieux : ou de secouer le joug, ou de passer sa vie dans un état de révolte impuissante[1].

---

1. Rousseau, *Nouvelle Héloïse*, éd. Anguis, 5ᵉ partie, Lettre III, page 73 :

« Outre la constitution commune à l'espèce, chacun apporte en naissant un tempérament particulier qui détermine son génie et son caractère, et qu'il ne s'agit ni de changer ni de contraindre, mais de former et de perfectionner. »

Ibid, page 77 : « C'est en vain qu'on prétendrait refondre les divers esprits

2º On pourrait être tenté de tomber dans l'excès contraire, et laisser l'individualité se développer librement.

C'est le système des parvenus enrichis qui veulent épargner à leurs enfants des contraintes dont ils se souviennent avec amertume d'avoir vivement souffert; et comme ils possèdent les moyens de contenter tous les désirs, même les plus insensés, de leurs enfants, rien ne met obstacle au libre développement de ces jeunes individualités. Dans ces milieux, on se réjouit volontiers des polissonneries des jeunes garçons, des libertés que prennent les jeunes filles, et l'on appelle cela : « former leur caractère » !

En réalité, l'absence d'éducation est tout aussi dangereuse qu'une mauvaise éducation. Il faut une éducation. Ne savons-nous pas qu'elle n'est pas seulement possible, mais aussi nécessaire ?

On objecte parfois les heureux résultats du système d'éducation usité chez les peuples anglo-saxons. Certes, on y favorise assez l'essor des individualités, et l'on y est réfractaire à tout essai de dressage. Mais ceux qui y regardent de plus près savent que les jeunes individualités anglo-saxonnes sont fortement tenues en bride par la coutume, par la tradition, par une discipline dure, quoique librement acceptée, et au besoin... par des coups !

Si l'on supprimait toute éducation concertée, l'enfant en subirait quand même une, et la pire de toutes : ce serait celle qui lui viendrait du milieu plus ou moins corrompu où il vivrait. L'enfant abandonné à lui-même, cédant à tous ses désirs, suivrait à coup sûr les pires exemples. Et comme il ne saurait de lui-même corriger ses défauts, n'étant ni soutenu, ni encouragé, il resterait faible dans le péril, et lâche dans la lutte.

---

sur un modèle commun. On peut les contraindre et non les changer; on peut empêcher les hommes de se montrer tels qu'ils sont, mais non les faire devenir autres; et s'ils se déguisent dans le cours ordinaire de la vie, vous les verrez dans toutes les occasions importantes reprendre leur caractère original, et s'y livrer avec d'autant moins de règle qu'ils n'en connaissent plus en s'y livrant. »

Son individualité elle-même, après s'être affirmée et imposée brutalement, irait en s'affaiblissant et en diminuant, et sa personnalité insignifiante finirait par se perdre dans la veulerie universelle.

Le système qui consisterait à supprimer l'éducation, serait donc voué à un lamentable échec.

3° Reste une dernière alternative :

C'est de prendre l'individualité *telle qu'elle est* (Marion) et de la cultiver par les moyens pédagogiques les plus aptes à former le caractère moral [1].

C'est ce que nous nous proposons de montrer dans les deuxième et troisième livres de cet essai.

§ 2. — Qu'est-ce que l'individualité ?

Jusqu'ici nous avons expliqué ce que nous entendons par l'*Individualité*. Mais quelle en est la nature ?

Nous ne chercherons pas à déterminer la substance de l'individualité. Ce serait une entreprise trop difficile qui ne rentre du reste pas dans le cadre de la pédagogie générale. Dans l'individualité, comme dans la personne humaine en général, les éléments physique et psychique, corporel et mental, se trouvent en quelque sorte à l'état indivis. L'essence de la chose nous échappe ; nous n'en connaissons que les propriétés et les qualités.

S'il est vrai que l'âme est à l'origine une page blanche, elle ne nous paraît à aucun moment comme telle. Une âme vide n'est pas une âme. En en défalquant les pro-

---

1. Rousseau, *Nouvelle Héloïse*, V, lettre III, page 77 :

« Il ne s'agit point de changer le caractère et de plier le naturel, mais au contraire de le pousser aussi loin qu'il peut aller, de le cultiver, et d'empêcher qu'il ne dégénère ; car c'est ainsi qu'un homme devient tout ce qu'il peut être, et que l'ouvrage de l'éducation s'achève en lui par l'éducation. »

priétés et les aptitudes, les sensations et les réactions, il ne reste rien ; rien du moins que nous puissions connaître.

Nous aurions beau remonter aux origines de l'existence enfantine : ce que nous appelons l'âme, c'est-à-dire la personnalité en puissance, ou l'individualité, nous apparaîtra toujours comme ayant un contenu, recevant des impressions qu'elle conserve et combine entre elles. L'enfant possède déjà des impressions d'équilibre dans son existence intra-utérine[1].

D'autre part, nous ne trouvons pas non plus dans l'âme des facultés toutes faites, puisque celles-ci se forment sous nos yeux et avec notre collaboration. Certes, chaque individu a de la sensibilité, de la mémoire, des organes sensoriels, de l'imagination, de l'intelligence. Mais la sensibilité et la mémoire ne naissent que grâce au choc des impressions du dehors. L'œil a besoin de lumière pour s'exercer à voir ; et le toucher ne se forme qu'à force d'apprécier les distances, les grandeurs et la profondeur. Toute cette vie sensorielle n'existerait pas si nous n'étions pas entourés d'objets sensibles. L'imagination ne peut s'éveiller qu'après qu'on a connu des images d'objets réels, et la réflexion ne peut s'exercer sur le néant.

Dire que l'homme possède de naissance des facultés toutes faites, comme la mémoire ou la volonté, indépendamment du choc de la réalité extérieure, c'est comme si l'on prétendait qu'un arbre peut exister indépendamment de la terre, de l'air, de la lumière, et que la graine à elle seule suffit pour le produire.

Si l'on admettait que l'homme apporte au monde des facultés toutes faites, on ouvrirait la porte toute grande au fatalisme.

Quand le maître se dit que son élève est dépourvu de certaines aptitudes, il se décourage. L'élève paresseux a vite eu vent de cet état d'esprit : il se dispensera de tout effort, et dira : Je n'ai pas de mémoire, ou : Je n'ai pas la

1. Voyez E. Rœhrich, *L'attention spontanée et volontaire*, page 32 (Paris, F. Alcan).

mémoire des dates, ou celle des noms propres. De là viennent les dégoûts des maîtres médiocres, trop vite convaincus que l'élève manque de telle faculté, alors qu'un enseignement plus judicieux eût peut-être fini par intéresser l'élève et par rayer le mot « impossible » de son vocabulaire.

Tous les enfants possèdent une certaine mesure de sensibilité, mais ils diffèrent entre eux quant au degré d'énergie nécessaire pour réagir contre ces impressions, pour se les assimiler et pour transformer leurs idées en actes.

Il est difficile de statuer dans chaque cas particulier quelle part revient dans ces inégalités à la constitution native d'un individu, ou aux influences qu'il a subies dans sa première enfance. Les aptitudes et les qualités héréditaires forment un seul bloc avec les impressions recueillies dès les premières années.

C'est sur cette base que travaille l'éducateur.

*
* *

On a essayé de tout temps de faire un classement des diverses sortes d'individualités. Mais comme ce sont précisément les défectuosités, les anomalies, qui s'imposent à l'attention de l'observateur, celui-ci sera toujours porté à considérer celles-ci comme les signes distinctifs des divers genres d'individus. Or les sujets sains et normalement conformés ne rentrent dans aucune de ces catégories.

Les anciens distinguaient entre les tempéraments. Il y avait le cholérique, le lymphatique, le sanguin, le mélancolique, etc. En général, chaque maître se fait une classification d'après ses expériences personnelles. Mais, comme il y a presque autant de cas que d'individus, on comprend que chacun ait là-dessus ses idées particulières.

Cette étude ne rentre donc pas dans le cadre de la pédagogie générale. Elle forme plutôt un des chapitres les plus intéressants de la pédagogie spéciale.

C'est là que le plus modeste maître d'école peut remporter ses plus beaux triomphes. En observant soigneusement la nature de son élève, il réussira peut-être, à force de persévérance et de zèle, à faire jaillir une étincelle de vie et d'intelligence d'une âme fruste, et ainsi il l'arrachera à une existence morne et inutile, pour le plus grand bien de l'humanité. Il deviendra l'égal des plus grands artistes. Si ceux-ci tirent une belle statue d'un bloc de marbre, lui, l'humble artiste de village, aura réussi à faire d'un être qui semblait voué à une vie quasi végétative, un homme intelligent, honnête et bon.

§ 3. — Un peu de métaphysique a propos de l'individualité

Puisqu'il faut renoncer à cataloguer les diverses variétés d'individualités autrement que d'après les convenances pratiques de l'éducateur, essayons du moins de nous rendre compte à quelle classe et à quelles formes d'êtres dans l'univers s'applique la notion de l'individualité.

Mais avant tout il faut distinguer entre l'individualité, et la personne. Celle-ci a pour principal attribut la conscience de soi-même. Étudier la personne, c'est aborder un problème psychologique.

L'individualité est plutôt le *substratum* de la personne. Ses attributs sont avant tout physiques; elle s'affirme longtemps avant d'entrer dans l'état conscient. Dans ce sens on peut même parler de l'individualité d'une montagne, d'un fleuve, d'un arbre, parce que chacun a une physionomie marquée.

L'étude de l'individualité rentre donc dans l'ordre des problèmes métaphysiques.

Dans la nature, la diversité des choses est à certains égards une loi suprême. Pas une feuille de chêne n'est la reproduction exacte d'une autre feuille de chêne. La variété infinie des êtres de même espèce confond l'imagination et déconcerte le raisonnement. Sans doute, on peut les classer d'après leurs caractères communs. Mais ce qui fait qu'une chose est ce qu'elle est, et pas une autre chose, quoique de même espèce, ce ne sont pas leurs caractères communs, mais ceux qui lui appartiennent en propre, et que les autres n'ont pas.

Cela est aussi vrai pour les individualités humaines. Si Napoléon a été ce qu'on sait, ce n'est pas par ce qu'il avait de commun avec les autres hommes, mais par des qualités (ou des défauts) qu'aucun autre homme n'a possédées à ce degré.

Faut-il chercher l'explication métaphysique de cet ordre de faits dans la théorie moderne de l'évolution? Est-ce elle qui nous fournira la clef du mystère de la diversité des êtres?

L'évolutionnisme considère les choses en gros; pour lui la masse des êtres est emportée par un courant irrésistible et continu. Il explique les modifications incessantes que subit la nature, et les changements continuels des formes des êtres, par l'action de lois universelles, toujours les mêmes, qu'il s'agisse de l'évolution d'un germe végétal ou de celle d'une société humaine en voie de transformation continuelle.

« A côté des changements d'un état diffus en état concentré, il se fait (dans les êtres) un changement allant d'un état homogène à un état hérérogène. » Ainsi s'exprime Herbert Spencer (*Premiers Principes*, 6ᵉ éd., Paris, 1890, page 296). Il admet aussi « un changement de l'indéfini au défini, de la confusion à l'ordre, d'un arrangement indéterminé à un déterminé ». (*Prem. Princ.*, page 324).

En suivant les développements de la pensée d'Herbert Spencer, on ne peut s'empêcher de se demander si ces élégantes déductions répondent bien à la réalité des faits, et surtout si elles expliquent la diversité des êtres et leurs fréquentes contradictions. Ne vaudrait-il pas mieux en chercher l'explication dans l'influence de causes fortuites ou simplement inconnaissables, comme le prétend Cournot?

Les raisonnements d'H. Spencer, si frappants et si lumineux, dès qu'on voit les choses par masses, et à distance, perdent singulièrement de leur valeur lorsqu'on envisage de près chaque chose, et tel être isolé, et, à vrai dire, ils ne peuvent s'appliquer à eux. Le caillou de la route, à partir du moment où il existe comme caillou, c'est-à-dire comme une petite partie détachée d'un grand tout, a une tout autre histoire que ne l'est celle de la formation géologique à laquelle il appartient. Et l'histoire de cette formation géologique n'a rien de commun avec les aventures d'une pierre qui roule, dont les arêtes s'émoussent et qui arrive dans la vallée à l'état de galet. Et enfin la variété infinie dans les formes et dans les dimensions des galets a de tout autres causes que les lois de la géologie.

La théorie évolutionniste repose sur un article de foi ; à savoir que chaque partie d'un tout suit exactement la même évolution que le tout, et notamment que chaque être organisé suit, depuis sa genèse jusqu'à son développement complet, les mêmes phases successives qu'a suivies l'ensemble des êtres de même espèce, et même la nature entière.

D'autres, plus compétents que nous, sauront mettre les choses au point. Un fait est certain : c'est que la tentative de Haekel de statuer une correspondance exacte entre les phases progressives de chaque fœtus et la série ascendante des organismes vivants, depuis le protoplasme jusqu'à l'homme, a rencontré parmi beaucoup de zoologistes une opposition irréductible, basée sur l'observation des faits.

Non seulement les lois de l'évolution des êtres, à supposer qu'elles fussent connues en gros, ne peuvent pas expliquer leur infinie diversité, mais elles ne peuvent s'appliquer d'aucune manière à un être isolé réel. Tout au plus peuvent-elles s'appliquer à un être fictif, à une unité typique, c'est-à-dire imaginaire.

L'évolutionnisme spéculatif affirmera par exemple que sous l'influence du milieu et par le concours de certaines causes : hérédité, adaptation, lutte pour la vie, un type peut se modifier au cours des siècles.

D'autre part, il affirme que ce type nouveau a la propriété de se conserver, de se perpétuer et d'acquérir la stabilité.

Si, au lieu de considérer le type humain, nous envisageons un individu réel, en chair et en os, nous constatons bien que sous l'influence de causes extérieures et par l'effet de l'éducation, les idées, les habitudes, les sentiments et la conduite de cet individu peuvent être modifiés. Mais sa constitution physique, ses organes sensoriels, sa complexion mentale résisteront à toute action externe. Pour modifier son naturel il faudrait un pouvoir magique.

Or l'éducation ne se mêle pas de faire qu'un être donné devienne autre chose qu'il n'était; elle ne veut pas créer un type nouveau; elle n'essaie pas même de dénationaliser un peuple. Elle le voudrait, qu'elle ne réussirait pas. Elle se contente de cultiver les aptitudes d'un individu donné, et le type idéal qu'elle imagine et qu'elle aspire à réaliser n'est jamais en contradiction avec la nature.

La théorie de l'évolution, surtout sous sa forme spéculative, ne nous donnera donc pas la clef du mystère de la genèse et de l'infinie variété des individualités, et encore moins une indication pratique quant à la manière dont un être isolé se forme et se développe normalement.

Chaque individualité est un être à part, irréductible, vivant de sa vie propre. C'est un microcosme, une monade. Quand on y réfléchit bien, on ne s'étonne pas que l'hypothèse de Leibnitz ait repris faveur auprès de certains penseurs réalistes modernes.

Voici, par exemple, les idées de G. Tarde sur ce sujet. Nous les empruntons à un article de M. Bouglé dans la *Revue de Paris* (1905, n° 10, page 314) :

« Pendant que les formules retentissantes du naturalisme évolutionniste séduisaient le plus grand nombre, quelques philosophes prenaient le contrepied de la mode. Bien loin de se représenter tous les phénomènes naturels ou sociaux comme des espèces d'émanations nécessaires d'une Force unique, ils se sont plus à placer au fond des choses l'instabilité, la diversité, la contingence... C'est ainsi qu'un certain nombre d'esprits étaient amenés à ressusciter les monades. Tarde appartenait à cette famille d'esprits.

« Nul n'a protesté plus vivement contre l'hypothèse spencéréenne, qui installe l'homogène au point de départ de l'évolution. Simple illusion de myope ! Parce qu'on n'aperçoit pas les détails, on les nie. Mais d'où viendrait alors « cette magnifique floraison de variétés qui rajeunissent « à chaque heure l'univers, et cette série de révolutions « inattendues qui le transfigurent ? » En réalité, quiconque approche d'assez près, voit cette indistinction se colorer, se nuancer, s'émietter. Cette nébuleuse se résout en une multitude d'étoiles : cette masse en une infinité de monades.

« Il est remarquable, observe M. Bouglé, que cette monadologie nouvelle s'allie au culte de la contingence. Les monades de Leibnitz formaient un univers, parce qu'elles étaient soumises à un ordre immuable. De toute éternité elles se développaient parallèlement : elles ne se rencontraient jamais. Aux yeux de Tarde, au contraire, l'ordre est le résultat plutôt que le principe de l'activité des éléments. Aussi les monades de Tarde, bien loin d'être impénétrables les unes aux autres, passeront leur temps à se rencontrer, à échanger des communications, à s'entre-pénétrer. Cet incessant va-et-vient tisse progressivement l'ordre du monde. Chacune de ces individualités essaie de convertir toutes les autres à ses inventions. S'il institue de la régularité, si le pêle-mêle s'organise, c'est qu'il y a de ces propagandes qui réussissent. »

Nous nous associons pleinement à cet ordre d'idées. Un point seulement exige des explications : sans doute, les monades sont en communications incessantes entre elles, mais si G. Tarde dit qu'elles *s'entrepénètrent*, nous nous garderons de l'entendre au sens littéral. Nous admettons, avec Leibnitz, que chaque être, chaque monade reste soi-même, quelque modification qu'ils subissent au cours de ces communications réciproques. Autrement nous retomberions dans l'erreur de l'évolutionnisme, et nous serions amenés à dire qu'une monade est susceptible de devenir autre chose qu'elle n'est. Chaque monade conserve, en même temps qu'elle se modifie, son essence propre. Une individualité déterminée ne devient jamais une autre individualité.

Quoi qu'il en soit, au moment même où notre esprit s'élève aux conceptions les plus générales, toujours c'est le particulier, l'individuel qui s'impose à lui. Voici une revue militaire : 50.000 hommes défilent en ordre devant leurs chefs. Il semble que dans cette masse homogène les unités se confondent dans le tout, que le soldat isolé ne compte plus pour rien, et que son individualité se dissolve dans celle du commandant.

Pure illusion de myope! C'est nous qui généralisons, c'est nous qui statuons l'unité de cette masse d'hommes. En réalité chaque soldat a sa physionomie, sa complexion physique et mentale, ses idées, ses sentiments, ses passions. Demain, chacun d'eux rejoindra sa famille, vaquera à ses affaires, exercera son métier.

Certes, il est indispensable, pour le penseur, même en pédagogie, d'atteindre à des concepts généraux et de connaître les lois des choses, mais toutes les théories du monde ne sauraient bannir de l'univers la diversité des êtres réels sans lesquels l'univers n'existerait pas.

*
* *

Herbart avait déjà renouvelé la théorie leibnitzienne des monades, mais avec des modifications.

Pour lui, la monade est la « chose en soi » de Kant. Elle jouit d'une existence réelle, quoique résidant dans le monde intelligible hors du temps et de l'espace. Herbart ne l'appelait pas monade, mais l'*Être simple*, le *Réal*. C'est dans la liaison et dans les communications de ces Réals que naissent les forces et les lois de la nature et de l'esprit humain. Pas plus que Tarde, Herbart n'admet une harmonie préétablie, mais un échange d'actions et de réactions qui constituent la vie. Ces êtres communiquent entre eux, mais ne peuvent ni s'entredétruire, ni subir une transformation essentielle par le contact avec d'autres êtres simples. Ce sont leurs propriétés qui se modifient, mais jamais leur substance[1].

Du reste, les êtres simples d'Herbart comprennent beaucoup plus d'êtres et de substances que ce que nous nommons les individualités. Ces dernières sont les seules qui intéressent la pédagogie.

Des communications des individualités entre elles, ou de leurs rapports avec la nature, naît la vie, l'intelligence, le désir, la sensibilité, la volonté. Mais le fond même de l'individualité subsiste.

Le point de départ, la « donnée initiale » de l'éducation (Cournot), c'est donc l'individualité, c'est-à-dire *ce que l'élève est, et ce qu'il a* (Herbart). L'éducation ne s'oppose

---

1. On trouvera un exposé sommaire mais fort bien fait de l'Ontologie de Herbart chez Mauxion : *L'éducation par l'instruction et les théories pédagogiques de Herbart.* Paris, F. Alcan, 1901, page 30 ss.)
Voici ce qu'il dit sur le sujet qui nous occupe :

« C'est du choc entre les êtres simples, et du jeu de leur pression et de
« leur résistance que résultent les mouvements et les apparences du monde
« phénoménal, et aussi les phénomènes de perception, ceux de la conscience,
« et en général les mouvements de l'âme. Mais chaque être simple tend à se
« conserver. S'ils se pénètrent mutuellement, il ne faut pas l'entendre au
« sens physique. Pour Herbart, du reste, les êtres simples ne sont pas l'équi-
« valent des atomes. Ils s'entrepénètrent sans se supprimer. »

aux traits originaux de l'individualité que lorsqu'ils forment obstacle au but supérieur de l'éducation. Mais quand ces traits caractéristiques ne la gênent pas, elle leur laissera libre cours, ou elle s'en servira, car c'est en eux que réside la force de l'individualité. « Celle-ci ne doit pas « être traitée comme un simple échantillon de l'espèce « humaine. Il faut donc respecter, conserver soigneuse- « ment ces traits individuels. »

L'éducation est donc l'art de créer et d'établir des relations naturelles et artificielles entre une individualité donnée et le monde extérieur, de manière à diriger sa pensée et son vouloir vers la perfection morale.

LIVRE DEUXIÈME

DE L'ÉDUCATION PAR L'INSTRUCTION

CHAPITRE PREMIER

L'INTÉRÊT ET L'ATTENTION

§ 1. — L'instruction spéciale et l'instruction éducative

Le but de l'éducation étant de former des hommes vertueux, sa tâche consiste à cultiver chez tous les enfants le caractère moral, c'est-à-dire une volonté énergique et stable tournée vers le bien.

La volonté procède des désirs, et ceux-ci naissent des sentiments de plaisir ou de déplaisir, de sympathie ou d'antipathie, qui sont les premiers mobiles directeurs de l'activité humaine.

L'éducation dispose de deux ordres de moyens pour atteindre son but.

La méthode la plus simple, celle qui se présente tout d'abord à l'esprit, consisterait à encourager, à diriger, à épurer ces sentiments en agissant directement sur les dispositions des enfants, au moyen de l'exhortation, de l'exemple, du blâme, de l'éloge, des récompenses et des châtiments. C'est l'éducation directe.

Celle-ci sera l'objet du troisième livre de la pédagogie générale.

Dans le deuxième livre nous étudions un autre ordre de moyens pédagogiques, non moins efficaces, pour agir favorablement sur les sentiments et sur les résolutions des enfants, et pour cultiver leur caractère moral.

Cette méthode agit sur le cœur et sur la volonté au moyen des idées. Elle a recours pour cela à l'instruction que donnent l'école et l'expérience de la vie.

Nous l'appelons l'éducation indirecte, l'éducation par l'instruction.

C'est de celle-ci que nous parlerons dans ce livre.

***

L'instruction éducative n'est pas nécessairement celle qui se donne dans la famille. Le régime domestique n'a pas le privilège exclusif de former le caractère moral. L'instruction éducative peut fort bien être donnée dans les écoles. Il n'est pas même sûr que la préférence accordée à cet égard à l'instruction domestique par Rousseau, soit justifiée par les faits.

La Pédagogie générale n'a aucun intérêt à se préoccuper du cas, après tout exceptionnel, d'une éducation privée. Il suffit qu'elle constate que la toute première éducation, celle qui suit immédiatement la naissance, se fait au sein de la famille, et que l'instruction proprement dite se donne, dans l'immense majorité des cas, dans l'école.

Nous nous abstiendrons de discuter la question de savoir à qui revient le droit d'enseigner. L'État, l'Église, la famille ont tour à tour revendiqué et exercé ce droit. Ce problème est diversement résolu, même chez les nations occidentales qui passent pour s'occuper avec le plus de zèle et de succès de l'instruction publique. Il y eut un temps où le monopole enseignant de l'Église fut un grand bienfait. Aujourd'hui encore les gouvernements coloniaux confient volontiers aux missionnaires le soin de l'instruction dans certains pays barbares, et là l'instruction a un caractère nettement éducatif. Dans quelques pays, l'État moderne s'est montré digne de recueillir le glorieux héritage de l'Église.

Si nous ne discutons pas cette question, c'est parce que cette discussion serait parfaitement inutile. Ce n'est jamais la pédagogie générale qui a le dernier mot en ces matières. Ceux de qui dépend la solution de ce problème s'inspirent généralement de tout autres considérations, et aussi d'autres nécessités que des préceptes de la pédagogie. Cournot insiste avec raison sur ce point.

Il fait remarquer entre autres combien les méthodes et les matières mêmes de l'enseignement éducatif subissent de transformations, même de nos jours, sous nos yeux, sous la pression des nécessités sociales et de l'évolution des mœurs. A plus forte raison, pouvons-nous ajouter, l'organisation même des écoles, sera-t-elle plutôt le résultat de cette évolution, qu'une construction idéale rêvée par les penseurs.

D'ailleurs, si même la pédagogie voulait solutionner ce problème, ne fût-ce qu'en théorie, les règles qu'elle formulerait et les plans qu'elle formerait ne s'appliqueraient qu'à certaines nations, et ne conviendraient que pour un temps. Or ce n'est pas l'affaire de la pédagogie générale de déterminer ce qui n'a qu'un intérêt relatif et temporaire.

Toutefois nous insisterons sur un seul point : tous les hommes compétents sont d'accord pour reconnaitre le droit des familles dans l'éducation des enfants. Pour la première enfance c'est évident. Mais l'intervention des familles dans la direction des écoles prête à bien des objections. L'expérience prouve que l'intrusion des familles, et leurs réclamations souvent intempestives et peu sages, gênent les éducateurs de profession, plus qu'elles ne les soutiennent. Voilà pourquoi Rousseau, qui ne se faisait aucune illusion sur ce sujet, veut que son élève type soit orphelin.

Néanmoins, l'influence de la famille est bienfaisante surtout pour l'éducation du cœur et des sentiments délicats. L'amour d'une mère, l'exemple d'un père, le dévouement fraternel contribuent plus que beaucoup de leçons à former le caractère moral.

A vrai dire, cette action reste secrète. La vie intime échappe en grande partie à l'observation. Aussi les maîtres d'école et les éducateurs de profession, dont l'attention n'est pas du tout dirigée dans ce sens, sont-ils plutôt portés à ignorer cet ordre de faits. Pour eux, la faiblesse des mères, l'insouciante incompétence du père, apparaissent plutôt comme des obstacles gênants. S'ils y réfléchissaient, ils chercheraient toutes les occasions pour obtenir l'appui moral des familles et pour les associer à l'œuvre scolaire. Cette dernière tâche est difficile, car il faudrait pour cela faire l'éducation des familles, afin de les rendre capables de donner à l'école le concours qu'elle est en droit d'en attendre.

Nous ne ferons donc pas état de la distinction à faire entre l'éducation publique et l'éducation privée.

Mais il y a une autre distinction bien plus importante à faire, si importante, que nous engageons nos lecteurs à ne plus la perdre de vue :

Il y a deux ordres d'enseignement, partant deux espèces d'écoles.

Le premier, c'est celui qui se donne dans les écoles spéciales et dans les institutions professionnelles.

Le second se donne dans les écoles éducatives.

Les écoles spéciales, comme l'école polytechnique, les facultés des sciences, et dans une sphère plus humble, les écoles professionnelles, se proposent uniquement d'enseigner une ou plusieurs sciences, ou de former de futurs artisans, des agriculteurs, des ingénieurs, etc. Ces écoles ne se proposent nullement de faire l'éducation morale des élèves qui leur sont confiés. Elles les prennent généralement à un âge où ils sont supposés avoir une volonté assez persévérante, une intelligence assez mûre, pour étudier et travailler en vue d'un but très pratique, tel que l'accession à une carrière, ou la préparation à des fonctions publiques.

Ces écoles ne sont pas éducatives, et l'enseignement qui s'y donne a un caractère nettement professionnel.

L'autre ordre d'enseignement poursuit un but éducatif. Les matières qu'on enseigne dans ces écoles doivent contribuer à former le sentiment, l'intelligence, la volonté, et en dernière analyse à « élever » les hommes pour la vertu.

Cournot a très bien compris cette distinction. Voici, par exemple, comment il s'exprime au sujet des études mathématiques (ouvr. cité, p. 94) : « L'enseignement mathématique incorporé au système des études secondaires (éducatives), et destiné à faire partie d'un enseignement commun, ne doit pas se confondre avec l'enseignement mathématique donné dans un but professionnel ou pour la préparation à une école spéciale. »

L'enseignement éducatif, qui se propose la culture morale, se donne surtout dans les écoles primaires, et dans les lycées et collèges de tout ordre.

C'est de lui seul que s'occupe la pédagogie générale.

§ 2. — Du rôle de l'intérêt dans l'instruction éducative

Le professeur d'une école spéciale, ou d'une faculté des sciences, fait son cours *ex cathedrâ*, sans se préoccuper des sentiments que ses explications peuvent faire naître dans le cœur de ses auditeurs.

Mais le professeur d'une école éducative se préoccupe avant tout de ces sentiments. Car il cherche à former chez ses élèves des liaisons de sentiments et d'idées qui devront tôt ou tard porter des fruits dans le cœur de ses élèves. Il pensera qu'il n'aura pas atteint son but, tant que ses élèves ne seront pas en passe de devenir des hommes de bien, des citoyens intègres, des membres utiles de la société. Il se préoccupe des dispositions intérieures qu'apporte l'élève, de l'impression plus ou moins profonde, de l'excitation plus ou moins vive, salutaire et bienfaisante, qui résultera de ses leçons.

Il cherche à éveiller en lui de l'*intérêt* pour les matières enseignées, indépendamment de leur utilité possible, et pour cela, il ne se bornera pas à exiger de lui des efforts de mémoire et de volonté considérables, mais il s'efforcera de rendre son enseignement *intéressant*.

L'enfant qui s'assied pour la première fois sur les bancs de l'école possède déjà un fonds d'instruction rudimentaire acquise par l'expérience, par le contact avec les choses qui l'entourent et par le commerce avec les hommes.

Dès le berceau, l'enfant reçoit des impressions qui laissent subsister en lui des traces ineffaçables. Il distingue entre le jour et la nuit, le froid et le chaud, le doux et l'amer, le dur et le mou. Il reconnaît la voix de sa mère et la distingue de celle d'autres personnes. Plus tard, il apprendra que le feu brûle, que le fer est dur, que le plomb est lourd, que l'eau mouille. Dès les premiers temps de son existence, il s'est accumulé en lui une masse énorme de sensations, de notions et d'images.

Ces représentations sont déjà partagées en groupes. Il y aura par exemple le groupe des représentations qui se rapportent à des êtres humains, le groupe des bêtes, celui de la maison, du mobilier, du jardin, de la rue.

Ces impressions sont souvent accompagnées d'émotions diverses : plaisir et déplaisir, étonnement, crainte, terreur, etc. L'enfant éprouve le désir de voir se renouveler une impression agréable. Il voudrait voir de plus près, ou saisir de ses mains ce qui brille et ce qui l'amuse. Il accueillera avec plaisir des représentations nouvelles qui compléteront, ou qui corrigeront les notions plus ou moins vagues qu'il possède. Parfois il guettera cette notion nouvelle et n'aura de cesse qu'il ne l'ait trouvée.

Les instincts de l'enfant sont nombreux et très divers. Il est remuant, il aime le bruit, il est gourmand, il est égoïste. Mais parmi ces penchants, il en est auxquels on peut laisser libre cours sans inconvénients. On peut même les favoriser, les régler, les cultiver.

L'éducateur cherchera avec soin ceux d'entre ces instincts qui se prêtent le mieux à l'éducation. Or celui qui lui rend incontestablement le plus de services, c'est la *curiosité*.

La curiosité n'est qu'une des phases de l'*intérêt*, que l'enfant ressent naturellement en présence d'un objet nouveau, et cet intérêt qui par la curiosité mène à la science, contient aussi en germe le désir, source de la volonté.

Tous les vrais maîtres de l'éducation ont pris pour point de départ l'intérêt.

Rabelais commence par soustraire son élève à l'enseignement scolastique qui, ne cultivant que les exercices de mémoire, étouffe l'intérêt. Il le purge canoniquement, et ensuite il l'introduit « en compagnie de gens savants, à « l'émulation desquels lui crût l'esprit et le *désir* d'étu- « dier autrement et de se faire valoir ».

Voici maintenant comment s'exprime Rousseau :

« Dès que l'enfant commence à distinguer les objets, il importe de mettre un choix de ceux qu'on lui montre. Naturellement les nouveaux objets *intéressent* l'homme.

« Le plus sûr moyen d'apprendre à lire, celui qu'on oublie toujours, c'est le *désir* d'apprendre.

« D'abord les enfants ne sont que remuants, ensuite ils sont *curieux*, et cette curiosité bien dirigée est le mobile de l'âge de douze ans.

« Il est une ardeur de savoir qui n'est fondée que sur le désir d'être estimé savant. (Celle-là n'est d'aucune utilité pour l'éducation.) Il en est une autre qui naît d'une *curiosité naturelle* à l'homme pour tout ce qui peut l'*intéresser* de près ou de loin.

« S'il vous questionne, répondez autant qu'il faut pour nourrir sa *curiosité*, non pour la rassasier. »

Nous nous résumons : L'instruction éducative se sert

de la curiosité naturelle à l'enfant, pour développer en lui l'intérêt, source du désir et de la volonté.

**

Revenons à la comparaison entre l'enseignement professionnel et l'instruction éducative.

Le premier se préoccupe surtout de ce que l'élève devra savoir plus tard, pour obtenir un diplôme, pour exercer une profession, pour conquérir une place, pour élever une famille. Tout le traité d'éducation de Herbert Spencer est rempli de cette préoccupation. Ce penseur n'a jamais su distinguer entre les deux ordres d'instruction.

Je ne dis pas que ce genre de considérations soit faux ou méprisable. L'enseignement utilitaire a sa place marquée, même dans l'école éducative. Il faut des diplômes et des brevets. Je prétends seulement que ce genre d'enseignement n'est pas éducatif. Il ne forme pas la volonté, il la suppose existante. Le problème est résolu d'avance.

Mais l'éducateur se garde bien de demander : qu'est-ce qui sera utile plus tard? Il se préoccupe de ce qui est utile maintenant, utile pour intéresser l'enfant, et pour stimuler dès maintenant les forces qui sommeillent en lui. C'est ce que Rousseau explique admirablement dans le chapitre où la question : *A quoi bon?* sonne comme un éloquent refrain.

L'enseignement éducatif doit donc exciter l'intérêt et le désir. Mais ne confondons pas l'enseignement intéressant, qui concentre l'esprit de l'élève sur un objet, avec l'enseignement amusant qui le distrait.

C'est ce que Cournot a fort justement observé à propos des expériences de physique dont les élèves trop jeunes et non préparés ne voient que le côté amusant : « Il ne s'agit pas d'amuser, mais d'intéresser, et un amusement passager, comme les jeux de l'enfance, ne saurait être le soutien d'un véritable intérêt. » (*O. c.*, p. 106.)

Ziller dit : « L'intérêt est la racine de la volonté, la « transition au vouloir. »

Quand l'intérêt s'éveille, l'enfant s'échauffe en vue du but à atteindre. Mais il ne s'échauffera jamais pour un but éloigné. Ce qu'il lui faut, c'est un but qu'il puisse atteindre. Car enfin, l'enfant ne peut pas s'enthousiasmer pour la perspective de devenir un jour père de famille. Mais il peut désirer jouir aussi tôt que possible du fruit de ses efforts, par exemple des résultats d'une leçon.

Chaque leçon doit avoir un but déterminé, que l'élève puisse atteindre par ses propres efforts.

L'enseignement éducatif ne sera donc pas dogmatique, comme celui des écoles spéciales. Il y aura collaboration entre le maître et l'élève. Chacun parlera à son tour. Ce ne sera pas une série de questions et de réponses réglées d'avance, mais un dialogue animé. Ainsi l'élève aura conscience de la valeur de ce qu'on lui enseigne, non pas précisément du profit qu'il en retirera plus tard, mais de sa valeur actuelle et immédiate. L'intérêt est en rapport direct avec le prix que l'élève attache aux choses enseignées.

L'intérêt sera donc le ressort d'un enseignement progressif au cours duquel l'enfant sentira grandir à la fois ses forces et ses désirs légitimes, tout en faisant l'acquisition de groupes d'idées de plus en plus nombreux, variés et compacts. A mesure que ses notions accumulées gagneront en fixité, sa volonté gagnera en énergie.

§ 3. — L'intérêt considéré comme principe directeur de l'instruction

L'enseignement spécial expose les sciences en suivant leur ordre logique, et en se conformant à la nature même de ces sciences. En géométrie, il partira des définitions et des notions abstraites, sans s'inquiéter si cette méthode intéressse ou non. En général, cet enseignement va de l'abstrait au concret, du général au particulier. Il expose les caractères généraux de la plante avant de passer à la description de la fleur du pommier. Il procédera de la même manière pour les langues et la géographie.

L'instruction éducative suit une marche opposée. Elle prend pour point de départ les notions concrètes que l'observation empirique a fournies à l'élève. Partant de ce qui est connu et familier, elle dirige peu à peu l'intérêt vers des objets plus éloignés, des sujets plus complexes, des notions plus abstraites. Pour chaque branche elle suivra une méthode toute différente de celle des savants. Elle choisira d'abord ce qui intéresse, et elle étendra le champ de l'instruction en se conformant aux lois de l'intérêt.

« Il y a, dit Rousseau, une chaîne de vérités générales par laquelle toutes les sciences tiennent à des principes communs, et se développent successivement ; cette chaîne est la méthode des philosophes (des savants). Ce n'est pas de celle-là qu'il s'agit ici. Il y en a une toute différente, par laquelle chaque objet particulier en attire un autre, et montre toujours celui qui le suit, — il convient aux enfants. »

Parmi les règles de l'enseignement que donne Herbert Spencer, quelques-unes s'inspirent de cet ordre d'idées. Les voici du reste toutes :

1. Procéder du simple au composé ;
2. De l'indéfini au défini ;
3. Du concret à l'abstrait ;
4. Suivre le mode et l'ordre de l'éducation de l'humanité ;
5. Aller de l'empirique au rationnel ;
6. Faire qu'il y ait excitation agréable ;
7. Encourager le développement spontané.

Alex. Bain, l'auteur de la *Science de l'Éducation*[1], ajoute d'autres règles, parmi lesquelles nous remarquons celles-ci :

8. Suivre rigoureusement l'ordre analytique ;

---

1. Trad. fr., 11ᵉ éd. Paris, F. Alcan.

9. Aller de l'esquisse au détail;
10. Du matériel à l'immatériel.

Presque toutes ces règles trouveront leur application dans la suite de cet essai; toutefois nos lecteurs auront remarqué que seules les sixième et septième règles font franchement appel à l'intérêt. Les premières règles sont même quelque peu sujettes à caution. Et voici pourquoi :

Prenons la première : Il n'est pas toujours possible d'aller du simple au composé, parce que les notions simples sont parfois le fruit de longs efforts. Peut-être des notions *claires* suffiraient-elles pour éveiller et entretenir l'intérêt. Mais la clarté n'est pas toujours de la simplicité.

H. Spencer conseille aussi d'aller du concret à l'abstrait, de l'empirique au rationnel. Mais cela n'est pas toujours facile. C'est même impossible lorsqu'on veut enseigner une langue étrangère, ou les combinaisons des chiffres, ou les formes abstraites des mots.

Nous reviendrons plus loin sur ce sujet. Pour le moment nous nous proposons d'étudier l'intérêt en lui-même, de le voir en action, d'examiner son mécanisme et son fonctionnement.

Nous allons aborder un chapitre de la psychologie appliquée à l'instruction.

§ 4. — LES QUATRE DEGRÉS DE L'INTÉRÊT

C'est Herbart qui a le mieux réussi à décrire le fonctionnement de l'intérêt considéré comme état psychique. Il distingue quatre phases ou degrés par où passe l'intérêt avant d'arriver à son point culminant où il cesse d'être un instrument de connaissance pour céder la place à l'action. Ce sont : *La clarté, l'association, le système, la méthode.*

1. — *La clarté, premier degré de l'intérêt.*

Pour que l'élève s'intéresse à un objet, il faut qu'il acquière préalablement sur lui un certain nombre de notions parfaitement claires. On ne s'intéresse qu'à ce que l'on conçoit nettement. Le maître s'appliquera donc à donner à l'enfant des notions nettes sur ce qui sera le sujet d'une leçon : une plante, un fait de l'histoire, une proposition grammaticale, la forme des lettres, la prononciation d'un mot nouveau, un mouvement de gymnastique. Sans la clarté, l'intérêt ne peut ni se soutenir, ni progresser. On se lasse, on se dégoûte de tout ce qui est vague et terne. On aime à voir les objets placés en pleine lumière. Tout ce qui est confus et informe étonne, effraie, mais n'intéresse pas. Mieux on connaît les proportions exactes d'un objet, plus on est curieux d'en étudier les parties. Il n'est pas du tout nécessaire qu'un objet soit simple pour exciter l'intérêt; il suffit qu'il le paraisse.

2. — *L'association, deuxième degré de l'intérêt.*

Quand l'enfant a acquis des notions claires, il les combine entre elles. La fantaisie joue un grand rôle dans ces associations, mais l'instruction aussi a pour effet de les combiner de toutes les manières. Les premières associations sont dues au hasard; ce sont des rencontres d'idées plus ou moins pittoresques, jeux de mots, calembours, métaphores. Puis, l'esprit compare, il fait abstraction des différences, retient les ressemblances et les traits communs. Ces combinaisons font éprouver à l'esprit, encombré de notions disparates, une sorte de soulagement, source de satisfaction. Les associations qui se forment sont d'ordre esthétique, ou sentimental, ou moral. Ce sont les premiers symptômes de l'imagination créatrice, d'une initiative, d'une volition, d'un effort.

3. — *La systématisation, troisième degré de l'intérêt.*

Après avoir observé et noté les différences et les ressemblances ressortant de la nature même des choses, l'élève classera ces dernières d'après leurs caractères abstraits. Peu à peu les êtres se grouperont dans son esprit par catégories et par séries. L'instruction aidant, le classement des faits et des choses se rapprochera de plus en plus de l'ordre de la nature, de la succession réelle des faits, du lien de dépendance des causes et des effets.

Tout cela ne sera pas le fruit d'un enseignement imposé à la mémoire; c'est l'élève lui-même qui, discrètement aidé par le maître, élaborera un ou plusieurs systèmes d'après l'ordre logique, esthétique ou historique inhérent aux choses et aux faits.

4. — *La méthode, quatrième degré de l'intérêt.*

L'élève récapitulera ses notions systématisées, en les parcourant dans tous les sens et « en y fondant quelques cas pratiques » (Rabelais). Il apprendra aussi à s'en servir pour des fins nouvelles. Son esprit, évoluant avec aisance au milieu des groupes de notions fortement liées entre elles, inventera de nouvelles combinaisons; son activité sera personnelle et originale, et se proposera des fins.

Il n'opérera plus au hasard, ni sous l'impulsion plus ou moins masquée du maître. Il entreprendra de travailler d'une façon méthodique, en disposant ses moyens selon un plan préconçu, en vue d'un but précis. Il agira parce qu'il l'aura voulu, et de la manière dont il aura voulu agir.

Quand on sent qu'on peut exécuter ce qu'on projette, on est libre. Selon Rousseau, « la force de la volonté ne vient pas de l'excès de nos désirs » (de l'impétuosité de nos penchants), « mais de l'équilibre entre nos forces et nos désirs ». Cet équilibre est le fruit de ce que nous appelons la méthode.

***

La distinction que nous faisons entre les quatre degrés de l'intérêt, d'après Herbart, n'a du reste en soi nulle valeur absolue. Ordinairement, la psychologie se borne à distinguer entre la perception simple et l'association, cette dernière comprenant l'abstraction et la généralisation. On pourrait aussi pousser beaucoup plus loin l'amour des distinctions subtiles en y ajoutant le choix, l'anticipation du but, l'imagination, la résolution, etc.

Il nous semble que la Pédagogie générale peut s'en tenir aux quatre phases susdites de l'intérêt. Ce cadre est en effet suffisamment commode pour exposer dans son entier le mécanisme de l'intérêt intellectuel dont nous aurons maintenant à nous occuper.

Nous nous garderons bien de fixer un âge pour chaque degré de l'intérêt. L'exemple de Rousseau n'est guère encourageant. Rien ne serait plus faux que de croire que les phases de l'intérêt correspondent à des âges successifs. En réalité elles existent simultanément, à des degrés divers, à tous les âges. L'enfant en bas âge a surtout besoin d'idées claires, mais il les associe à sa manière, il va de l'effet à la cause, il se propose même parfois un but, ne fût-ce que dans le cours de ses jeux. L'élève de philosophie ne se contente pas d'élaborer des systèmes, il lui faut, à lui aussi, des notions claires. L'enfant qui collectionne des papillons ou des timbres-poste, s'exerce déjà à la classification. Il faut de la méthode pour faire une belle page d'écriture, pour résoudre un problème, même très facile, pour faire une analyse grammaticale, pour récapituler une leçon, pour répéter les poésies apprises par cœur.

Nous retrouverons les quatre degrés de l'intérêt dans l'œuvre de Rabelais, tout comme dans celle de Rousseau. C'est ce que nous allons rapidement démontrer.

1. *Clarté.* — La première chose que Rabelais exige de son élève, c'est qu'il lise les auteurs, en les articulant nettement. Il institue des leçons de choses à propos d'objets bien définis qu'on trouve à table (pain, vin, viandes, légumes, etc.). Or, les leçons de choses n'ont d'autre but que d'inculquer aux élèves des idées très nettes sur les objets qu'on leur montre. Rabelais décrit aussi clairement les mouvements de gymnastique qu'il prescrit.

Rousseau procède de la même manière :

« Je voudrais que les premières articulations qu'on lui

fait entendre fussent rares, faciles, distinctes, souvent répétées, et que les mots qu'elles expriment ne se rapportassent qu'à des objets sensibles qu'on pût d'abord montrer à l'enfant. La malheureuse facilité que nous avons de nous payer de mots que nous n'entendons pas, commence plus tôt qu'on ne pense. L'écolier écoute en classe le verbiage de son régent, comme il écoutait au maillot le babil de sa nourrice. »

« Souvenez-vous que l'esprit de mon institution n'est pas d'enseigner à l'enfant beaucoup de choses, mais de ne laisser jamais entrer dans son cerveau que des idées justes et claires. »

C'est pour arriver à des idées nettes, que Rousseau recommande le dessin d'après nature :

« Je sais qu'il barbouillera longtemps, en revanche il contractera certainement un coup d'œil plus juste, une main plus sûre, la connaissance des vrais rapports de grandeur et de figure. »

En géométrie : « Faites des figures exactes, combinez-les, posez-les l'une sur l'autre », etc.

Parlant de la perception et des idées, Rousseau fait la remarque suivante :

« C'est par le nombre de ces idées que se mesure l'étendue de nos connaissances. C'est leur netteté, leur clarté qui fait la justesse de l'esprit. »

Il s'en faut de beaucoup que ces excellents conseils aient été suivis. Il suffit de consulter les manuels courants de pédagogie pour constater que ces préceptes si élémentaires sont loin d'y occuper la place qui leur convient. A les lire, on croirait que de nos jours les éducateurs de profession oublient que les enfants ont avant tout besoin de notions claires.

2. *Association.* — Il faudrait citer tout Rabelais pour montrer avec quel soin il établit des rapports entre les notions claires que l'élève se sera assimilées. Il associe constamment les observations : consulter l'état du ciel,

matin et soir, comparer les choses vues aux renseignements puisés dans les livres, etc.

Quant à Rousseau, voici un passage choisi entre beaucoup d'autres : « Par la sensation, les objets s'offrent à moi séparés, isolés, tels qu'ils sont dans la nature; par la comparaison, je les remue, je les transporte, pour ainsi dire, l'un sur l'autre, pour prononcer sur leur différence ou sur leur similitude, et généralement sur tous leurs rapports. »

Un des plus beaux passages de l'*Émile* est celui où le maitre initie son élève à un ordre d'idées que nous appellerions aujourd'hui la sociologie.

Il commence par la description d'un festin splendide : « Tandis que les services se succèdent, tandis que le repas se prolonge, tandis qu'autour de la table règnent mille propos bruyants, je m'approche de l'oreille d'Émile et je lui dis :
« Par combien de mains estimeriez-vous bien qu'ait passé
« tout ce que vous voyez sur cette table, avant que d'y
« arriver?... » Que pensera-t-il du luxe, quand il trouvera que toutes les régions du monde ont été mises à contribution, que vingt millions de mains peut-être ont longtemps travaillé, qu'il en a coûté la vie à des milliers d'hommes, et tout cela pour lui présenter en pompe à midi, ce qu'il va déposer le soir dans sa garde-robe? »

Voici maintenant d'autres passages de l'*Émile* sur le deuxième degré de l'intérêt :

« L'aptitude plus ou moins grande à comparer les idées et à trouver des rapports, est ce qui fait dans les hommes le plus ou moins d'esprit. »

« On prend des notions plus claires et plus vives des choses qu'on apprend ainsi de soi-même, que de celles qu'on tient de l'enseignement d'autrui, et outre qu'on n'accoutume point sa raison à se soumettre servilement à l'autorité, l'on se rend plus ingénieux à trouver des rapports, à lier les idées, à inventer des instruments, que quand, adoptant tout cela tel qu'on nous le donne, nous laissons affaisser notre esprit dans la nonchalance. »

3. *Système*. — Rousseau retarde le plus possible le temps de la systématisation, un peu parce que le plan de son ouvrage l'exige ainsi, et aussi parce qu'il affecte d'attacher peu de prix à l'enseignement des savants de profession et qu'il lui importe peu que son élève devienne un érudit.

La vraie raison, pourtant, de sa défiance à l'égard du système pourrait bien être celle-ci : Une fois que l'instruction en est arrivée à l'exposé systématique des sciences, elle cesse d'être éducative pour devenir spéciale. Or, Rousseau ne s'occupe que de l'enseignement éducatif.

Néanmoins, autre chose est d'élaborer soi-même un ou plusieurs systèmes, et autre chose est de les recevoir docilement du professeur. Classer et systématiser soi-même, est un travail éminemment éducatif, et Rousseau sait fort bien distinguer entre ce travail et les exercices de mémoire où l'élève joue un rôle plutôt passif. Voilà pourquoi nous trouvons dans l'*Émile* de précieuses indications sur la manière dont le système doit s'élaborer dans l'esprit de l'élève :

« Les connaissances purement spéculatives ne conviennent guère aux enfants, mais, sans les faire entrer bien avant dans la physique systématique, faites pourtant que leurs expériences se lient l'une à l'autre par quelque sorte de déduction, afin qu'à l'aide de cette chaîne ils puissent les placer par ordre dans leur esprit et se les rappeler au besoin ; car il est bien difficile que des faits et même des raisonnements isolés tiennent longtemps dans la mémoire, quand on manque de prise pour les y ramener. »

« Celui qui voit bien l'ordre de tout, voit la place où doit être chaque partie ; celui qui ne voit bien qu'une partie et la connaît à fond, peut être un savant, l'autre est un homme judicieux ».

4. *Méthode*. — On peut dire que ce degré de l'intérêt est exposé par Rousseau avec un soin tout particulier. A chaque moment de son développement, Émile conçoit

des projets conformes à son âge, à ses forces, à son instruction, et comme il ne se propose que des choses qu'il se sent capable d'exécuter, il s'imagine, calcule, accomplit tout ce qu'il entreprend, avec méthode, en appropriant les moyens au but, en se servant judicieusement des notions acquises, en se mettant à l'œuvre de tout son cœur, avec enthousiasme et persévérance.

Nous ne citerons que ce passage du portrait d'Émile, à la fin du IIe livre :

« Il n'entreprendra jamais rien qui soit au-dessus de ses forces; ses moyens seront toujours appropriés à ses desseins, et rarement il agira sans être assuré du succès. »

§ 5. — L'INTÉRÊT ET L'ATTENTION

Qu'est-ce au fond que l'intérêt?

Tous les enfants, quel que soit leur naturel, sont susceptibles de recevoir des impressions et de réagir. Les impressions peuvent être plus ou moins vives et durables. Cela ne dépend pas seulement de l'intensité du choc subi, mais surtout de la vivacité de la sensation, de l'aptitude du sujet à ressentir plus ou moins vivement telle impression du dehors, cette impression fût-elle même faible.

Il y a entre les enfants des différences souvent considérables au point de vue de leur sensibilité et de la vivacité de leur impression. En effet, chaque individualité possède, outre ses traits innés, héréditaires ou acquis, une mesure très inégalement répartie de ce que nous appellerons l'énergie sensitive et sensorielle. De là des différences notables et des nuances infinies dans les aptitudes réceptives, affectives et intellectuelles.

Tel enfant est très impressionnable au point de vue du sentiment. Tel autre s'intéresse aux objets qui frappent ses sens, selon qu'ils seront brillants, ou retentissants, ou mobiles, et aussi selon la mesure où ils paraîtront agréables ou désagréables au toucher, au goût, à l'odorat.

Plus tard il arrivera que tel enfant retiendra les mots ou les chiffres avec une facilité extrême, et sans y rien changer ; que tel autre, au contraire, n'apprendra jamais bien ni l'orthographe, ni le calcul mental. L'indolence pour certaines branches de l'instruction n'empêche nullement un zèle extraordinaire pour d'autres occupations ou pour les jeux.

Il n'y a qu'un seul cas incurable : c'est ce qui arrive quand l'enfant est indifférent à tout, et que rien ne peut triompher de son apathie. Ce cas est simplement pathologique, et relève plutôt du médecin que de l'éducateur.

Mais chez tout enfant bien constitué, on peut toujours, à force d'ingéniosité et de patience, éveiller de la curiosité ou de l'intérêt pour un objet quelconque.

Cet éveil de l'intérêt, nous l'appelons l'*attention*.

* * *

Le mot *attention* s'applique à des cas de la vie psychique qui diffèrent beaucoup entre eux. De là une confusion qui n'a pas peu contribué à obscurcir ce chapitre de la psychologie : Rousseau est le premier auteur qui ait su se servir méthodiquement de l'attention spontanée.

Mais en ceci, comme pour le reste, il a prêché dans le désert. La plupart des manuels de pédagogie ne consacrent à l'attention que quelques observations incomplètes et superficielles. Et pourtant il s'agit d'un état psychique qui est la base et la condition de toute instruction.

Généralement, on s'en tient à quelque définition du genre de celle que je trouve dans un cours de pédagogie très répandu (Carré et Lignier) : « L'attention n'est « autre chose que la volonté, appliquée à la direction « de l'intelligence. »

Cela n'est pas précisément faux, mais incomplet. La vérité est que l'attention est aussi *autre chose*, surtout autre chose.

M. Marion en donne deux définitions. Voici la plus complète :

« L'attention, c'est l'état d'esprit pour ainsi dire tendu vers les objets qu'il veut mieux connaître, et tout occupé d'une pensée dominante. Comme l'attention n'est pas toujours volontaire, on dira plus généralement que c'est l'état de tension de nos facultés intellectuelles vers certaines impressions ou certaines idées à l'exclusion des autres. »

Cette définition se rapproche sensiblement de la vérité. M. Marion, en disant que l'attention est le désir de mieux connaître, indique nettement qu'elle est la fille de la curiosité et de l'intérêt. Il concède aussi, mais sans insister autrement, que l'attention est tantôt volontaire, tantôt involontaire. C'est là le point essentiel.

Herbert Spencer ne parle pas du tout de l'attention.

M. Alex. Bain, dans son grand ouvrage intitulé *La science de l'Éducation*, oublie complètement ce chapitre[1].

***

Avant tout, il faut distinguer entre l'attention volontaire, et l'attention involontaire ou spontanée.

L'attention volontaire ne peut naître que chez des êtres doués d'une volonté consciente et suffisamment énergique. Il ne peut y avoir d'attention volontaire là où la volonté n'a pas encore été formée. Un jeune enfant n'en est pas encore capable : c'est déjà signe d'un certain dévelop-

---

[1]. L'attention a été récemment étudiée avec un soin tout particulier par les psycho-physiciens. Pour apprécier son rôle dans l'éducation, voyez :

Th. Ribot, *Psychologie de l'attention*, 8ᵉ édition (F. Alcan).

E. Rœhrich, *L'Attention spontanée et volontaire* (F. Alcan, 1907).

Voyez aussi certains chapitres dans les ouvrages suivants :

Mauxion, *L'éducation par l'instruction, d'après Herbart* (F. Alcan);

E. Rœhrich, *Théorie de l'éducation, d'après Herbart*.

pement intérieur que de vouloir une chose énergiquement.

Et pourtant l'on décrète que l'enfant est susceptible de devenir attentif par un effort conscient de sa volonté. Alex. Bain dira par exemple : « En présence d'un enfant « insensible à l'instruction, la seule force qui puisse « agir sur l'esprit de l'enfant est le *sic volo* de la personne « chargée de l'instruction. » A quoi l'on peut objecter que imposer sa volonté à quelqu'un, ce n'est pas former sa volonté, c'est la détruire.

M. Compayré conseille de faire comme si la volonté existait.

Or, l'attention volontaire ne peut compter pour quelque chose qu'à partir d'un certain âge, et à la suite d'un premier développement intellectuel. Elle ne produira tous ses effets qu'avec la maturité de l'intelligence[1].

L'attention volontaire est l'instrument indispensable de l'instruction spéciale et professionnelle. Là, le professeur exige que l'élève fasse des efforts considérables pour retenir dans sa mémoire les matières de son enseignement. Aussi la forme la plus caractéristique de l'attention volontaire, c'est l'exercice de mémoire.

Mais il s'en faut de beaucoup que l'attention volontaire soit limitée aux exercices de la mémoire. Elle comprend encore bien d'autres choses, que nous étudierons un peu plus loin, à part.

Pour le moment, il est indispensable, avant tout, d'étudier le rôle et le fonctionnement d'une autre forme de l'attention qui naît et se développe longtemps avant l'attention volontaire.

C'est l'*attention involontaire* ou spontanée, l'instrument par excellence de l'instruction éducative.

---

1. Ce que Rousseau dit de la raison s'applique tout aussi bien à la volonté dirigée par la raison :

« La raison est l'instrument qu'on peut employer à les instruire; au lieu que les autres instruments doivent servir à former celui-là, et que, de toutes les instructions propres à l'homme, celle qu'il acquiert le plus tard et le plus difficilement, c'est la raison même. » (*Nouvelle Héloïse*, 5ᵉ partie, lettre III.)

§ 6. — De l'attention spontanée primitive

Voici deux exemples de l'attention involontaire :

Un maître est en train de faire paisiblement sa classe. Passe sous la fenêtre de l'école un régiment, avec musique et tambours. Immédiatement, l'attention de tous se dirige involontairement, automatiquement, sur cet incident. L'effet est irrésistible. Voilà donc un cas d'attention spontanée absolument caractérisé.

Autre exemple :

Un élève nouvellement inscrit, récite la table de multiplication. S'il fait une faute, ses camarades s'en aperçoivent immédiatement et la relèvent, malgré eux, car les séries des nombres sont trop profondément gravées dans leur mémoire, pour qu'une telle faute passe inaperçue.

Leur attention sera tout aussi spontanément excitée, si le nouveau venu saute un ou plusieurs échelons d'une série : s'il passe par exemple de 3×3 à 3×5.

Dans le premier exemple, l'attention de la classe est involontairement éveillée par une impression intense : musique et tambours. Nous l'appelons l'*attention primitive*.

Dans le second exemple, l'attention de la classe est mise en éveil par une *faute* ou une *lacune* « aperçue » spontanément. C'est l'*attention par aperception*.

Ces deux ordres de phénomènes se produisent fréquemment dans la vie ordinaire, non seulement chez les enfants, mais aussi chez les adultes et les vieillards. Un coup de canon, une affiche flamboyante, provoquent l'attention de tous, qu'ils le veuillent ou non.

Il en est de même de l'attention aperceptive : Une fausse note, une faute d'orthographe, un arbre qui manque dans une belle allée, une fenêtre murée sur la façade d'un palais, un âne blanc, un chat sans queue, un dessin géométrique défectueux, un défaut de symétrie dans une figure, tout cela éveille involontairement l'attention, et cette attention est aperceptive, puisqu'on « s'aperçoit » d'une défectuosité ou d'une lacune dans une série donnée d'objets visibles ou d'idées.

* * *

Nous parlerons d'abord de l'attention primitive :

Avant tout, il faut distinguer entre l'attention primitive naturelle, et l'attention primitive concertée ou préparée.

La première est l'objet de circonstances fortuites, comme par exemple un coup de tonnerre dans un ciel serein.

La seconde est l'effet d'une préparation voulue, non, bien entendu, voulue par le sujet attentif, mais par d'autres personnes qui ont intérêt à réveiller son attention : un saltimbanque ou un charlatan voudra attirer l'attention sur lui d'une foule indifférente à grands coups de grosse caisse. L'école aussi a souvent recours à des moyens analogues : car que fait le maître en élevant subitement sa voix, sinon de réveiller l'attention endormie de ses élèves?

Il est clair que c'est l'attention primitive qui apparait la première chez l'enfant, longtemps avant l'attention aperceptive, et avant l'éveil de l'attention volontaire.

L'attention primitive naît le plus souvent d'une forte impression des sens : un son retentissant, une couleur voyante, un choc brusque.

Cependant l'enfant peut aussi devenir attentif par des moyens plus doux et des impressions plus discrètes : une voix qui chante, un visage inconnu, une douce caresse, pourvu que ces incidents lui causent une impression, sinon forte, du moins vive. Si elle est trop violente, la curiosité cède à l'inquiétude, à la terreur, ou au plaisir. Or, les trop fortes émotions, fussent-elles agréables, étouffent la vie intellectuelle. Un son trop intense assourdit, une lueur trop vive éblouit. Les enfants trop portés à s'effrayer, ou à pleurer, ou à rire, sont généralement peu doués pour l'étude.

Après les premières impressions plutôt fortuites, ce sera le tour des impressions par lesquelles l'école cherche à stimuler l'attention primitive.

Il serait dangereux de trop se fier à l'intensité des impressions à produire. Un maître qui abuserait de grands éclats de voix, ou qui accumulerait devant les yeux de l'enfant ahuri des masses de choses ou d'images étonnantes, serait vite arrivé au bout de ses ressources. On devient peu à peu insensible aux impressions les plus violentes : l'attention se lasse de tout.

Il est prudent d'espacer les impressions fortes. C'est tout un art de les introduire au moment propice, afin d'obtenir le maximum d'effet avec le moins de peine.

L'art de préparer ou de concerter l'attention primitive consiste surtout à graduer les effets, soit en débutant par des impressions douces pour aboutir peu à peu au point culminant de l'attention, soit en suivant la voie contraire.

Le comble de l'art, en matière d'attention primitive, c'est de nuancer les effets, de ménager les contrastes entre les couleurs, les sons, les objets qu'on montre aux enfants. La nuance, c'est le triomphe de l'art pédagogique, car il s'agit moins d'obtenir des impressions fortes que d'en produire de vives.

Le maître s'appliquera à stimuler l'attention de l'enfant par un débit aussi varié et aussi expressif que possible.

Il aura recours à des images coloriées, à des figures, à des instruments, à des échantillons, dont l'apparition excitera la curiosité de l'enfant. Les livres seront soigneusement imprimés. On évitera surtout les impressions en caractères trop fins, qui sont tant à la mode, parce qu'on les juge élégants.

L'enseignement *par l'aspect* sera complété par l'enseignement *descriptif*, que nous n'avons pas besoin de définir. Le maitre décrira des objets et des êtres éloignés, avec une certaine vivacité dans les gestes et dans le débit, mais sans affectation. Il ne s'agit pas d'amuser, ni de distraire l'enfant, mais de lui apprendre à écouter, à voir, à observer par lui-même, et tout cela doit se passer avec bonne humeur.

La psychologie anglaise, qui n'a jamais su distinguer entre de simples perceptions et des actes caractéristiques d'attention, insiste beaucoup sur la faculté de *discernement* qui perçoit les différences entre les objets ou les êtres. Mais discerner, c'est déjà associer, c'est-à-dire s'élever à un degré plus élevé de la connaissance. De plus, l'attention, même primitive, ajoute toujours un élément nouveau à la perception simple : c'est la curiosité, ou le désir de mieux connaitre.

Il ne suffit donc pas de ménager des contrastes entre les impressions convenablement espacées ou graduées; il faut que ces contrastes donnent l'essor à la curiosité, ce qui ne saurait avoir lieu là où une trop forte émotion laisse l'enfant terrifié ou ahuri, ni là où la fréquence trop grande des émotions violentes émousse la sensibilité.

En résumé, les moyens dont dispose l'éducateur pour stimuler l'attention primitive sont, somme toute, assez limités. Ce n'est qu'à force d'ingéniosité qu'on réussira à tenir l'élève sous le charme, et à le disposer à désirer l'instruction.

Cultiver l'attention primitive, c'est réaliser le premier degré de l'intérêt : la clarté. C'est aussi perfectionner les organes sensoriels, tâche importante de l'instruction éducative. Il y a bien des moyens de faire l'éducation de l'œil et de l'oreille. Pour bien voir et bien entendre, il ne suffit pas de fixer son attention sur des formes bien choisies et de percevoir des paroles très nettes et des sons très distincts. Il faut aussi apprendre à dessiner, à décrire, à chanter. Il faut comparer, admirer, réfléchir. Nous voilà donc loin du domaine étroit de l'attention primitive, et nous aurons l'occasion, par la suite, de revenir sur ce sujet[1].

§ 7. — DE L'ATTENTION PAR APERCEPTION

L'attention aperceptive est, elle aussi, spontanée. Elle est provoquée par l'apparition d'un objet nouveau ou d'une notion nouvelle dans un groupe d'objets ou dans une série de notions.

Elle résulte aussi de la constatation automatique et spontanée d'une lacune dans une série donnée.

Ainsi l'attention aperceptive sera également provoquée par l'arrivée d'un nouvel élève dans une classe, et par l'absence d'un élève, dont la place reste vide.

Dès que le sujet a aperçu l'objet nouveau ou la lacune survenue, son attention s'éveille spontanément, il cherche à connaître l'objet nouveau, ou à expliquer d'une manière quelconque la lacune observée.

Dans les deux cas, le sujet attentif possède déjà un fonds d'impressions ou de notions précédemment acquises. Si le maître n'avait pas, présente à sa mémoire, la totalité de sa classe, il ne s'apercevrait ni de la présence du nouveau venu, ni de l'absence d'un de ses auditeurs habituels.

Le maître examine un exercice d'orthographe. Sans qu'il le veuille, la moindre faute lui saute aux yeux. Quant à l'élève, s'il examine le même devoir, il se peut qu'il n'y aperçoive pas la moindre faute.

---

1. On trouvera dans *L'Attention spontanée et volontaire*, d'E. Rœhrich, le tableau complet des *lois de l'attention primitive*, pages 63 à 66; suivi du tableau des *règles de l'attention primitive*, pages 66 à 71.

Pour le maitre, la découverte de la faute était facile, parce qu'il possédait un ensemble très solide et très complet de notions exactes sur cette manière. La vue de la moindre défectuosité devait donc le choquer.

Pour l'élève, c'était plus difficile, car les masses de notions, de règles et de jugements n'existent encore chez lui qu'à un état incomplet ou flottant. Les séries de notions dont il dispose ne sont ni assez parfaites, ni assez liées pour que la constatation d'une défectuosité ou d'une lacune puisse lui causer le moindre trouble.

Si l'élève veut découvrir une défectuosité ou une lacune, l'attention par aperception, c'est-à-dire la faculté d'apercevoir involontairement une faute, ne lui rendra aucun service. C'est l'attention volontaire seule, c'est-à-dire l'effort mental voulu, méthodique, raisonné, qui peut suppléer au jeu, bien autrement facile, de l'aperception spontanée.

Le maître aura découvert la faute sans le moindre effort, sans le vouloir, par le simple mécanisme de l'aperception, rendu plus facile par la force de l'habitude.

L'aperception ne peut donc se faire facilement que là où il existe un fonds de notions très complet et très solide.

En général, plus les groupes et les séries de notions acquises sont judicieusement classés et encadrés, plus l'aperception a des chances de donner des résultats.

Tout dépend donc du soin et du savoir-faire avec lesquels on aura constitué dans l'esprit de l'enfant un ou plusieurs cercles d'idées aussi complets et aussi bien classés que possible. C'est là l'œuvre de l'éducation, et spécialement de l'école.

L'enseignement, c'est l'art des préparations. Une leçon ne peut intéresser que si elle complète une leçon précédente, si elle comble une lacune, si elle continue une série inachevée, si elle corrige des erreurs ou des défectuosités.

Instruire, c'est insérer, encadrer des notions nouvelles dans le cercle d'idées antérieurement acquises par l'élève.

***

Dès que l'enfant peut se servir de ses sens, dès qu'il voit, qu'il entend, qu'il marche, qu'il étend ses mains, il absorbe les impressions les plus variées, et leur nombre devient énorme. Il emmagasine aussi les images des sentiments qu'il éprouve. Il donne à chaque objet qui lui est familier un nom, c'est-à-dire une place dans l'ensemble des êtres. Il exprime par des mots ses jugements et ses sentiments.

Toutes ces représentations de choses, d'idées, de sentiments, se groupent et se distribuent en masses informes et confuses. Les représentations restent à l'état instable et fluide. L'enfance est l'âge de la fantaisie, du caprice, de l'inconsistance. Beaucoup de gens restent enfants toute leur vie.

Malgré cela, ces masses d'idées ont une tendance à se tasser, à se consolider. Il se produit dans l'esprit des dépôts, des classements rudimentaires. L'enfant range dans des catégories très nettement tranchées les êtres qu'il aime et ceux qu'il déteste, les bons et les méchants, le beau et le laid. Il ne connaît que des héros sans tache et de noirs scélérats.

S'il fallait s'en tenir à ces masses grossières de notions assemblées par le hasard des circonstances, l'aperception se ferait quand même, mais elle se ferait mal.

Lorsqu'une éclipse du soleil survient, les sauvages, les enfants, les Chinois, les paysans s'aperçoivent sans doute de ce phénomène nouveau. Mais ils l'expliquent au moyen des suppositions les plus fantasques, et des hypothèses les plus saugrenues.

Seul, un homme en possession d'un ensemble judicieusement assemblé de notions physiques peut comprendre l'explication rationnelle du phénomène de l'éclipse.

Pour les premiers, l'aperception aura été trompeuse ou impossible, faute d'une instruction préalable.

La seule aperception qui compte, c'est celle qui a été concertée, méthodiquement préparée par l'école. Mais l'école se sert volontiers des masses de notions acquises, elle les transpose et les classe à sa manière, afin qu'elles puissent aller au-devant des notions nouvelles qui leur serviront de correctif et de complément.

L'instruction éducative s'exerce donc au moyen de l'aperception, dans deux sens : d'une part, elle organise des cercles d'idées complets; elle prépare le terrain, avant de l'ensemencer. D'autre part, elle adapte de nouvelles notions au cercle d'idées existant; elle choisit parmi les semences celles qui s'adaptent le mieux au sol ainsi préparé.

D'abord, elle dresse l'inventaire des notions acquises que l'enfant s'est assimilées au cours de sa vie. Elle débrouille l'écheveau confus de ces masses disparates, parfois contradictoires. Elle signale les erreurs, les lacunes, les points faibles de ces séries formées au hasard. Elle essaie de remplacer les notions obscures par des idées claires. Elle fait sentir à l'enfant l'insuffisance de son savoir de hasard, et lui apprend à la fois à constater ce qui lui manque, et à désirer un surcroit de connaissances qui remédiera aux défectuosités dont il aura eu conscience.

En second lieu, l'instruction ajoute aux notions acquises des représentations nouvelles qui auront pour effet de les corriger et de les compléter. Comme elle ne saurait les verser de force dans le cerveau de l'enfant, et qu'elle ne peut pas non plus faire appel à une volonté à peine naissante, elle s'arrange de telle manière que l'intérêt de l'enfant aille au-devant des notions nouvelles qui lui sont suggérées. En un mot, elle excite et entretient l'attention aperceptive.

Les notions nouvelles et les anciennes se comportent comme deux nappes d'eau situées à des niveaux différents.

Tant qu'elles ne communiquent pas entre elles, elles restent immobiles et stagnantes. Une fois le canal établi, le bassin inférieur aspire le liquide du bassin supérieur jusqu'au rétablissement de l'équilibre.

Les notions incomplètes aspirent à être complétées, les séries défectueuses veulent être redressées, les groupes dus au hasard tendent à se réorganiser sur un plan plus rationnel. L'esprit de l'enfant guette et accueille avec empressement les notions qui lui sont indispensables pour mettre fin à ses incertitudes, pour dissiper son trouble.

Cette tension, toute spontanée, c'est l'attention par aperception.

Ce n'est pas l'élève qui prépare l'aperception, c'est le maître; mais l'élève ne reste pas inactif. Comme son esprit est en pleine tension, il a le sentiment d'être le collaborateur de son maître, et ce sentiment, d'abord illusoire, correspond de plus en plus à la réalité. Car il arrivera un moment où il préparera, par sa propre initiative, de vastes aperceptions qui seront voulues. Au moyen du dictionnaire, par ses recherches personnelles dans les livres ou dans la nature, par ses études approfondies, il constituera de toutes pièces de nouveaux systèmes d'idées, destinés à préparer de nouvelles aperceptions. A ce moment, il sera entré à pleines voiles dans les régions de l'attention volontaire. Celle-ci, tout comme l'attention spontanée, fait un large et constant usage de l'aperception. Ce mode d'assimilation intellectuelle, rapide et automatique, procure à l'esprit un soulagement qui lui permet de concentrer ses forces sur d'autres objets, nouvellement survenus, et plus dignes de ses efforts.

Au cours de l'instruction éducative, et surtout à ses débuts, c'est donc l'attention involontaire, mais préparée et concertée par le maître, qui tient le premier rang. Tout l'art de l'éducateur consiste à diriger l'attention spontanée, primitive et aperceptive, dans le sens le plus favorable à l'instruction, à susciter des questions qui nécessitent des réponses suggestives, à donner des réponses qui provoquent de nouvelles questions, à satisfaire la curiosité sans la lasser, à tenir l'intérêt en haleine, à laisser entrevoir, derrière la colline qu'on gravit allégrement, d'autres cimes de plus en plus hautes que le jeune voyageur brûle d'escalader.

§ 8. — Quelques exemples de l'instruction par l'aperception

Bien que H. Spencer n'ait pas fait mention dans son ouvrage[1] de l'attention spontanée (il ne connaît que l'observation qui est une des formes de l'attention volontaire), nous trouvons cependant dans son ouvrage sur l'éducation un exemple excellent du rôle de l'aperception dans l'enseignement de la géométrie. Il est vrai qu'il l'a emprunté à un pédagogue fort compétent, M. Wyse.

D'abord, M. Wyse a recours à l'attention primitive pour préparer les aperceptions futures. Il est curieux qu'il renonce purement et simplement à se servir des groupes de représentations que tout enfant peut acquérir en ces matières dès son premier âge. Dans ce cas particulier, il a raison. A quoi peuvent servir les vagues notions de géométrie que peut posséder un jeune enfant? Il vaut mieux créer de toutes pièces des représentations de formes plus exactes, et les grouper en associations fermes où les notions nouvelles s'encadreront avec plus de facilité que dans les masses informes de représentations accumulées au hasard. Voici comment s'y prend M. Wyse :

On commencera par mettre entre les mains des enfants des modèles en bois ou en carton : d'abord le cube, parce que ce modèle aura déjà servi à d'autres fins, pour l'enseignement du calcul, pour la mesure des dimensions, pour les leçons du système métrique. On s'en servira mainte-

---

1. *De l'Éducation intellectuelle, morale et physique*, 13ᵉ éd. Paris, F. Alcan.

nant pour expliquer à l'enfant ce qu'est un point, une ligne droite, une parallèle, un angle, un parallélogramme.

Après cela, on passera à d'autres modèles, représentant des solides, par exemple un globe. Les parties en seront analysées. Les solides seront décomposés en surfaces planes. On les divisera par tranches, chaque tranche sera placée sur une feuille de papier, et le contour en sera tracé au crayon.

A un degré supérieur, qui correspond à ce que nous appelons l'association, et qui comprend la géométrie empirique, l'enfant s'essaiera à diviser une ligne en deux parties égales, à décrire un carré, un hexagone. C'est lui qui cherchera, il se passionnera pour ces problèmes. Le maître cherchera aussi, il suggérera certaines idées. On peut ajouter à ces exercices des constructions de figures géométriques, pyramides, tétraèdres, prismes, en carton.

Déjà Rousseau préconisait cette méthode :

« Au lieu de me servir d'un compas pour tracer un cercle, je le tracerai avec une pointe au bout d'un fil tournant sur un pivot. Après cela, quand je voudrai comparer les rayons entre eux, Émile se moquera de moi, et il me fera comprendre que le même fil toujours tendu ne peut avoir tracé des distances inégales. »

« Je ne prétends point apprendre la géométrie à Émile. C'est lui qui me l'apprendra : je chercherai les rapports, il les trouvera, car je les chercherai de manière à les lui faire trouver. »

Revenons à l'exemple cité par Spencer :

« Il n'est pas douteux, dit-il, que la géométrie n'ait son origine dans les méthodes trouvées par les artisans, pour prendre des mesures exactes pour la pose des fondations des bâtiments. »

A la phase empirique succède l'enseignement systématique : « Habitué à observer les relations de forme et de quantité... l'élève ne voit plus dans les démonstrations rigoureuses que le supplément qui manquait à ses problèmes familiers. Ses facultés bien disciplinées s'emparent aisément des propositions successives du maître, et il en apprécie la valeur. »

Enfin, l'enseignement aboutit à un degré supérieur de l'intérêt, où l'élève, se sentant de force à imaginer de nouvelles combinaisons, saura aborder les problèmes qui se posent, et agir méthodiquement en vue d'une fin.

Parti de l'attention primitive, l'élève aboutit à l'attention volontaire, à l'effort prémédité et libre, en passant par l'école de l'aperception.

∗ ∗ ∗

C'est Rousseau qui est le véritable inventeur de l'enseignement aperceptif, où il est passé maître. Mais déjà Rabelais en avait deviné le rôle important.

« Le maître, dit Rousseau, ne doit point donner des préceptes (c'est-à-dire employer la méthode dogmatique ou autoritaire), mais il doit les faire trouver. »

« C'est rarement à vous de lui proposer ce qu'il doit apprendre. C'est à lui de le désirer, de le chercher, de le trouver; à vous de le mettre à sa portée, de faire naître adroitement ce désir, de lui fournir le moyen de le satisfaire. »

Voyez sa première leçon de cosmographie :

Un soir, le maître et l'élève assistent au coucher du soleil, et relèvent exactement la place où il disparaît.

Le lendemain matin, ils retournent au même lieu. Suit la sublime description du lever du soleil. Le maître prend la parole : « Hier, le soleil s'est couché là, et il s'est levé là ce matin. Comment cela peut-il se faire? » — L'élève, perplexe, ne répond pas. Le maître l'abandonne à ses réflexions.

Le soir du même jour, on retourne à la même place. Nouvelle question : « Pourquoi le soleil qui s'est levé ici, s'est-il couché là-bas? »

Cette fois la réponse ne se fait pas attendre, et par cela même la réponse à la première question est toute trouvée : le soleil décrit un cercle. Après cela on cherche le pôle, on se rend compte du mouvement de rotation apparente du soleil. On passe à l'Orient d'été et à l'Orient d'hiver. Sans cesse l'attention de l'élève est tenue en haleine.

Rousseau se sert de la même méthode pour toutes les branches de l'instruction. Il prépare des aperceptions.

§ 9. — Les règles de l'aperception aperceptive concertée

Puisque l'aperception, pour produire des résultats, doit être préparée ou concertée, l'éducateur a besoin avant tout de connaître la loi et les règles de l'attention aperceptive. C'est la psychologie qui a pour tâche de les formuler[1].

L'attention aperceptive, différant en cela de l'attention primitive, n'a qu'une seule loi. La voici :

Dans tout acte de connaissance qui n'est pas dirigé par la volonté, l'exactitude et la rapidité de la connaissance s'accroissent en proportion de l'étendue, de la variété et de la coordination judicieuse des associations d'idées acquises.

Il ne s'agit plus ici de l'aperception naturelle ou accidentelle, mais de l'aperception concertée par les soins du maître. Nous savons que l'aperception naturelle ne donne généralement que peu de résultats. Que l'attention d'un enfant soit frappée par un joli nuage, ou par le manque d'un domino dans la boîte, cela n'a pas d'importance au point de vue de l'éducation.

Voici maintenant les règles que devra suivre la personne qui se propose d'instruire au moyen de l'attention aperceptive.

1re *Règle.* — *Pour qu'il y ait aperception, il faut qu'aux anciennes associations d'idées viennent s'adjoindre une ou plusieurs notions qui soient nouvelles, et qui paraissent nouvelles.*

---

[1]. La loi et les règles de l'attention aperceptive sont l'objet d'un chapitre spécial dans : E. Rœhrich, *L'Attention spontanée et volontaire*, pages 101 à 151.

Le maître devra s'arranger de manière que chaque leçon apporte à l'élève quelque chose de nouveau.

Mais cela ne suffit pas : il faut que ce supplément de connaissance *paraisse nouveau*. Autrement, l'enseignement deviendra banal et ennuyeux.

Il y a là une difficulté qui existe surtout là où les élèves possèdent déjà sur le même sujet des notions très nombreuses et très compactes.

Exemple : Le métier Jacquard est certes une des inventions les plus merveilleuses du génie humain. Essayez d'y intéresser des enfants d'Elbeuf ou de Roubaix, en leur expliquant les perfectionnements les plus nouveaux qui ont à certains égards transformé et renouvelé la vieille invention, vous n'obtiendrez qu'une attention distraite. Chaque enfant a vu fonctionner ce métier depuis son jeune âge; il possède sur ce sujet des masses tellement compactes de représentations acquises que les nouveautés que vous tenterez d'y introduire s'y noieront sans laisser de traces, comme une goutte de pluie dans l'Océan.

Autre exemple : On essaie quelquefois d'introduire à l'école du village un enseignement agronomique. Peine perdue! Les jeunes villageois ne prennent aucun intérêt à un sujet qui leur est familier, et les nouveautés qu'on leur enseignera risquent fort de ne pas être appréciées à leur juste valeur.

D'autre part, un maître un peu habile réussira parfois à intéresser vivement la jeunesse en lui parlant d'objets qui lui sont familiers, à condition qu'ils soient renouvelés, ou qu'ils paraissent neufs. C'est un talent qu'il aura de commun avec les artistes et les poètes. On fait encore de nos jours des statues de Mercure et de Vénus, dignes d'admiration, et certains drames très modernes mettent en scène d'antiques sujets dramatiques grecs. La poésie et l'art ont précisément le privilège de renouveler, de rajeunir l'antiquité, et de faire paraître neuf ce qui en réalité est très vieux.

2ᵉ *Règle.* — Ce qui est nouveau n'intéresse que s'il

existe préalablement chez l'enfant un ensemble de notions analogues ou semblables. Quand les notions nouvelles sont identiques aux vieilles associations, l'attention ne s'éveille pas. *Pour qu'il se produise un phénomène d'attention, il faut que le nouveau soit semblable au vieux.*

Réciproquement, *les choses qui sont absolument nouvelles n'excitent pas l'attention.*

Les choses qu'on n'a jamais ni vues ni connues, celles dont on n'a pas la moindre idée, ne provoquent pas la moindre curiosité. Chez les enfants non préparés, le nouveau parait étrange, étonnant, absurde. Mais l'étonnement fait vite place à l'indifférence, et l'ahurissement n'est pas de l'attention.

Les sauvages qu'on transporte brusquement dans une de nos villes ne s'intéressent à rien. Nos inventions les plus merveilleuses, nos chefs-d'œuvre artistiques les laissent insensibles. Ils assistent à nos spectacles, ils voient nos machines, sans curiosité, sans intérêt. Ils ne comprennent pas. L'aperception ne se fait pas.

L'enfant qui écoute pour la première fois une belle démonstration de géométrie, quelque claire et lumineuse qu'elle soit, s'ennuie franchement, et le maître perd sa peine.

Tout ce qui est nouveau ne trouve accès dans l'esprit de l'enfant qu'à une condition : c'est qu'il existe dans son esprit des groupes de notions analogues, pourvu que cette similitude n'aille pas jusqu'à l'identité.

Les jeunes villageois, qui ne s'intéressent pas du tout à des explications sur la culture du blé ou des pommes de terre, deviendront attentifs si on leur décrit la culture de la canne à sucre, du café, du coton, parce que ce travail, outre certains contrastes, offre quelque analogie avec le genre d'occupation qui leur est familier.

En résumé :

Ce qui est absolument nouveau et inédit, étonne ou laisse indifférent.

Ce qui est identique devient banal et ennuyeux.

Ce qui est nouveau et pourtant semblable (vraisemblable) à l'acquis, intéresse et excite l'attention[1].

3ᵉ *Règle.* — *Les notions nouvelles doivent se relier aux notions acquises au moyen de transitions consistant en notions intermédiaires procurant une série ascendante d'éclaircissements successifs.*

Rousseau dit : « Nous procédons toujours lentement, d'idée sensible en idée sensible. Nous nous familiarisons longtemps avec la même avant de penser à une autre. Nous ne forçons jamais notre élève à être attentif. »

« Voici le temps de l'accoutumer peu à peu à donner une attention suivie au même objet : mais ce n'est jamais la contrainte, c'est toujours le plaisir ou le désir qui doit produire cette attention. S'il vous questionne, répondez autant qu'il faut pour nourrir sa curiosité, non pour la rassasier. »

Si l'aperception ne peut s'assimiler ce qui est absolument nouveau, à plus forte raison cette impossibilité

---

[1]. Voici sur ce sujet quelques passages d'un discours de M. le Dr Maurice de Fleury à l'Institut général psychologique (juillet 1909). Si nous le citons, c'est parce que l'auteur est médecin et, comme tel, peu enclin à juger des choses selon des formules d'école, et aussi parce qu'au moment de prononcer ses paroles, il n'avait aucune connaissance de nos travaux sur ce chapitre de la psychologie :

« Je vais, le soir, dans un salon, où des amis, en petit nombre, sont réunis pour entendre un peu de musique. Le lieu est favorable et propice au recueillement. Je me promets un vif plaisir; et, quelquefois, je suis déçu, encore que l'on n'ait donné que des œuvres de premier ordre. Pourquoi donc, et comment?

« Toujours mon plaisir est très vif alors qu'on exécute une page qui ne m'est pas tout à fait inconnue. Trop familière, trop ressassée, elle me lasserait, mais il faut, pour qu'elle me procure un ardent agrément, qu'elle ne me soit pas trop neuve. Une œuvre absolument nouvelle et quelque peu complexe, me procure invariablement de la fatigue, et presque de l'ennui. Aussi réclamerai-je volontiers qu'on me joue ceci ou cela, choisissant immanquablement des œuvres qui ne me soient pas tout à fait étrangères. Je subis celle qu'on m'impose et que l'on veut me révéler; je les écoute avec grand soin, mais en proie à je ne sais quel sentiment pénible qui gâte mon agrément. Je ne chéris vraiment que ce que je reconnais, que ce qui est un peu en moi. Paresse, direz-vous, ou bien *misonéisme*, pour employer un mot mis à la mode par Lombroso...

« ...Si nous lisons un roman de mœurs, qu'admirons-nous? Ces bonnes trouvailles, ces observations justes et vives, ou bien ces idées générales qui savent exprimer des choses que nous sentions sans avoir su les dire. Et de nous écrier : Comme c'est cela! que c'est bien vu! »

éclatera quand plusieurs notions nouvelles solliciteront coup sur coup notre attention. Non seulement ces nouveautés se heurtent et s'entredétruisent, mais il en résulte un désarroi complet dans l'esprit de l'élève. Même si elle est préparée, l'aperception de notions nouvelles trop serrées ne se fait pas. Une machine surmenée s'use et se détruit.

. Les matières de l'enseignement devront être sériées, et leur succession ira en progressant, de clarté en clarté. L'art des transitions est d'une importance capitale, non seulement pour l'instituteur, mais pour tout homme qui veut exercer une action quelconque sur ses semblables, orateur, artiste ou littérateur.

4e *Règle.* — Il ne suffit pas de ménager des transitions entre les aperceptions successives : *Entre deux points culminants de l'attention, il est bon de ménager un temps d'arrêt.*

Ce repos n'est du reste pas du temps perdu, car il faut du recueillement et de la réflexion pour s'assimiler une notion nouvelle ou un groupe de notions. Avant d'aspirer une nouvelle provision d'air, le poumon doit expirer celui qu'il a absorbé précédemment, et même subir un petit temps d'arrêt.

Ces intervalles qui parfois peuvent se prolonger assez longtemps, se prêtent à des méditations plus sérieuses, provoquées par des incertitudes et des doutes accompagnés d'inquiétude. Le doute est un élément très utile de l'aperception. L'enfant peut se demander entre deux leçons s'il est possible de mesurer la hauteur d'une montagne ou la distance du soleil à la terre, ou si la vengeance est permise dans certains cas.

Il faut des alternances d'action et de repos pour tout, même pour d'humbles questions de grammaire.

Le maître et l'élève ont par exemple trouvé que l'imparfait est pris dans des sens différents au cours de leurs lectures. Il y a l'imparfait descriptif, celui qui exprime la durée ou la répétition, celui qui fait fonction de conditionnel, celui qu'on emploie dans le discours indirect.

Lorsque l'élève se sera rendu compte de chacune de ces possibilités, non par des règles, mais par des exemples intéressants tirés des poètes et des prosateurs, il se produira dans son esprit un trouble, une crise : ... la crise de l'imparfait !

Ce trouble augmentera s'il compare l'imparfait français à l'imparfait latin, allemand, anglais. Alors, il ne sera pas bon de passer immédiatement à un autre mode de l'indicatif. Il vaudra mieux laisser à l'élève le temps de la réflexion, pour mieux se familiariser avec les connaissances qu'il aura reçues.

Les maîtres ne tiennent pas toujours assez compte de la nécessité de ménager ce temps d'arrêt. Il faut avouer qu'ils sont souvent pressés par les exigences du programme scolaire. Ils ne peuvent pas toujours attendre patiemment que la lumière se fasse ; ils s'impatientent, s'irritent, reprochent à l'élève sa paresse, incriminent sa sottise, l'accablent de punitions.

C'est regrettable. On ne viole pas impunément les lois de la vie psychique. Mais aussi, il n'est pas donné à tout le monde de pratiquer ce que Rousseau appelle si bien :

L'art de perdre son temps.

§ 10. — DE L'ATTENTION VOLONTAIRE. APERCEPTION, MÉMOIRE, OBSERVATION

Comment, et par quelles gradations, l'attention spontanée devient-elle volontaire ?

Quel est le fonctionnement de l'attention volontaire ?

Voilà les deux problèmes que nous essaierons maintenant d'élucider.

En général, le quatrième degré de l'intérêt implique toujours l'exercice conscient de la volonté. Elle se propose un but, et, tout en s'affranchissant de la vaine agitation du caprice, elle s'inspire de mobiles choisis par elle-même.

Mais c'est aussi le moment où l'instruction éducative a achevé son œuvre, car un élève qui travaille et s'instruit par sa propre initiative, est mûr pour la vie, ou, tout au moins, pour l'enseignement spécial ou professionnel.

Cependant, dès le deuxième degré de l'intérêt, lorsque se forment les associations et les groupements d'idées, on voit entrer en scène, à défaut d'une volonté absolument maîtresse d'elle-même, certaines préférences, et même des volitions proprement dites. Parmi les combinaisons d'idées qui se forment et s'accumulent, il se glisse évidemment des rapprochements et des liaisons dues à l'initiative plus ou moins obscure du sujet pensant ou attentif. Ces volitions, il est vrai, surgissent un peu au hasard, sans plan et sans but précis, mais ce sont néanmoins les premiers essais d'efforts volontaires.

Au troisième degré de l'intérêt, lorsque l'aperception spontanée ou concertée par des tiers enrichit et complète lentement les séries de notions acquises et leur classement systématique, il semble au premier abord que la volonté proprement dite n'ait aucun rôle à jouer.

Et pourtant, c'est bien l'aperception qui est l'école de la volonté.

Qu'arrive-t-il ?

A l'apparition d'une notion nouvelle, des masses de représentations acquises se précipitent au-devant d'elle, pour l'encadrer, l'expliquer et se l'assimiler. Il en résulte un état de tension, que nous appelons l'*attente*. L'esprit guette le fait, la formule, le mot qui mettra un terme à son trouble, qui dissipera ses doutes, qui comblera ses lacunes, qui complétera une série inachevée. Cet état d'âme est accompagné de désirs qui deviendront des volitions. Si, sous la direction du maître, ces volitions se répètent, si ces désirs sont bien dirigés, l'élève aura l'illusion de travailler librement à sa propre instruction. Plus le maître a soin de cacher ses préparations et ses artifices, plus l'élève aura le sentiment que ses progrès sont son œuvre propre. C'est ainsi qu'il prend conscience de sa force, et ce qui était une illusion devient une réalité. Il apprendra à se poser à lui-même un but et à élargir pour son propre compte le domaine de ses connaissances.

Il est aidé en cela par la *mémoire*.

La mémoire comprend deux fonctions mentales très différentes, mais désignées ordinairement par le même mot.

Par la mémoire on entend d'abord la faculté de *retenir* certaines impressions.

En second lieu, c'est la faculté de *reproduire* des notions fixées dans le cerveau, mais momentanément oubliées, en les ramenant de l'état inconscient à l'état conscient.

Les deux opérations, rétention et reproduction, sont tantôt spontanées, tantôt voulues. Elles commencent par être des opérations automatiques, où n'intervient qu'un minimum d'effort.

Parlons d'abord de la faculté de rétention.

Primitivement, et dans le premier âge, l'enfant conserve facilement le souvenir d'une impression forte, d'une sensation vive, d'une image, d'un signe, d'une leçon intéressante, et cela sans effort voulu, et par le simple mécanisme de la réceptivité.

Plus les termes abstraits sont rapprochés des objets concrets qu'ils désignent, mieux on les retient. C'est là une règle générale dont les éducateurs doivent se pénétrer.

Les images et les mots s'impriment dans le cerveau au moyen de la *répétition*.

On constate, il est vrai, que la mémoire est inégalement répartie entre les individus. Les uns retiennent tout avec une facilité surprenante. D'autres ne retiennent rien. Quelques-uns retiennent mieux certains ordres de faits ou de connaissances, et semblent incapables d'en retenir d'autres. En insistant sur ces inégalités on est quelquefois bien près d'en conclure que chacun a des facultés, ou des aptitudes toutes faites, et que loin d'y rien changer, on doit se résigner à cette fatalité.

Nous ferons remarquer à ce sujet que ces inégalités peuvent provenir aussi, soit d'une première éducation défectueuse, soit de la constitution physique, soit des méthodes défectueuses suivies par les maîtres ou usitées dans certaines écoles. Sans doute, l'hérédité et la constitution native peuvent expliquer ou motiver certaines différences entre les individus, mais nous sommes privés de renseignements précis sur ce sujet. Que dire en effet de l'appareil mental de la mémoire chez les enfants ? Peut-on dire qu'il fonctionne bien ou mal, alors qu'il ne fonctionne pas du tout ? Mieux vaudrait remédier dans la mesure du possible aux défectuosités de la mémoire qui sont peut-être dues aux négligences ou aux fautes des hommes : par exemple, refaire la première éducation, adopter une hygiène rationnelle, et surtout remplacer de mauvaises méthodes scolaires par d'autres plus judicieuses et mieux appropriées à la nature et aux aptitudes de chaque individualité enfantine.

On ne peut pas toujours prescrire des règles infaillibles de la mémorisation. Ici c'est l'art souple, délicat, inventif de l'éducateur qui entre en jeu, et qui, parfois, arrive à des résultats étonnants.

On peut dire, en général, que l'art de cultiver la mémoire chez les enfants les plus rétifs est une entreprise relativement facile pour un maître tant soit peu habile. C'est peut-être la partie de sa tâche où, à force de persévérance, il peut remporter les plus grands triomphes. C'est là aussi que la théorie fataliste des facultés se justifie le moins[1].

1. *Nouvelle Héloïse*, 3e partie, lettre III, page 102 :

« Si la nature a donné au cerveau des enfants cette souplesse qui le rend propre à recevoir toutes sortes d'impressions, ce n'est pas pour qu'on y grave des noms de rois, de dates, des termes de blason, de sphère, de géogra-

※
⁎ ⁎

Après ces observations préliminaires, nous examinerons de plus près le mécanisme de la mémoire, en suivant les quatre phases de l'intérêt, car la mémoire n'étant qu'une manifestation de l'attention, il est naturel que pour la cultiver on se conforme aux lois générales de la vie psychique.

1. D'abord l'enfant retient des images et des notions *claires*, correspondant à des objets concrets et sensibles. Plus ces objets sont familiers aux enfants, plus les vocables qui les désignent se gravent facilement dans la mémoire. De cette manière, l'enfant ne retient pas seulement les mots de la langue maternelle, grâce surtout à leur fréquente répétition, mais aussi ceux d'une langue morte ou d'un idiome étranger. La numération, la table de multiplication, les fractions ne s'enseignent bien que si l'on a soin d'associer aux chiffres des objets réels. Pour apprendre par cœur un morceau de prose ou de vers, il faut veiller à une prononciation soignée, et respecter le rythme de la phrase. M. Compayré a dit avec raison : « Vous aurez déjà beaucoup fait pour la culture de la mémoire, si vous avez ménagé à l'enfant des idées claires. »

2. Après la clarté vient l'*association*. La faculté de combinaison aide beaucoup le travail de la mémoire. Elle suggère des procédés mnémotechniques fort utiles qui se pré-

phie ..., mais c'est pour que toutes les idées relatives à l'état de l'homme, toutes celles qui se rapportent à son bonheur, et l'éclairent sur ses devoirs, s'y tracent de bonne heure en traits ineffaçables.

Sans étudier dans les livres, la mémoire d'un enfant ne reste pas pour cela oisive : tout ce qu'il voit, tout ce qu'il entend, le frappe, et il s'en souvient ; il tient registre en lui-même des actions, des discours des hommes, et tout ce qui l'environne est le livre dans lequel, sans y songer, il enrichit continuellement sa mémoire, en attendant que son jugement puisse en profiter. C'est dans le choix de ces objets, c'est dans le soin de lui présenter sans cesse ceux qu'il doit connaître, et de lui cacher ceux qu'il doit ignorer, que consiste le véritable art de cultiver la première de ses facultés ; et c'est par là qu'il faut tâcher de lui former un magasin de connaissances qui serve à son éducation durant la jeunesse, et à sa conduite dans tous les temps. »

sentent d'eux-mêmes à l'esprit, ou qu'on peut imaginer à volonté. Ces combinaisons ont parfois le tort d'aller au rebours du bon sens, ou du vrai sens. Aussi fera-t-on bien de passer rapidement au degré supérieur.

3. *La liaison logique* des choses est très favorable à leur conservation dans la mémoire. Il s'établit une corrélation entre les classes ou séries de faits et les catégories de l'esprit humain : causalité et finalité, antécédance et conséquence, coordination, etc.

4. Enfin, la mémoire récapitule *méthodiquement* l'ensemble de son acquis. Elle le parcourt dans tous les sens. En histoire, on peut suivre la succession des faits, soit en partant des plus éloignés dans le temps, soit en remontant du présent au passé. On peut aussi embrasser d'un coup d'œil les événements contemporains d'une époque donnée, ou extraire de l'histoire générale celle des beaux-arts, celle de l'évolution économique, ou celle des constitutions.

**

L'autre fonction de la mémoire consiste, ainsi que nous l'avons dit, à reproduire les notions ou les groupes de notions qui sont emmagasinées dans le cerveau à l'état inconscient.

Il ne suffit pas de savoir réciter à un moment donné une série de faits ou de notions abstraites. Comme ces faits et ces notions s'expriment par des mots, beaucoup d'élèves se contenteraient tout simplement de retenir un certain nombre de vocables ou de formules, et cette opération, comme on sait, ne développe guère l'intelligence. L'éducation ne peut pas se borner à ce résultat, en vérité peu important pour l'objet qu'elle poursuit.

Elle devra faire servir la faculté de rétention à des fins bien autrement élevées que la simple récitation verbale. L'éducation est aidée en cela par la *faculté de reproduction*.

Peu à peu, l'enfant dont la mémoire a été cultivée, acquiert le pouvoir de tirer de l'oubli, avec ou sans effort conscient, des impressions anciennes qui sont retombées au-dessous du seuil de la conscience.

Qu'on ne se figure pas qu'un effort de volonté soit indispensable pour cela. Le simple jeu des associations suffit très souvent à réveiller des impressions endormies. La seule vue d'une rose peut susciter la représentation d'un rosier ou d'un jardin, et les sons d'un instrument nous remémorent parfois un événement triste ou gai, avec tous ses détails.

Connaître une chose, c'est chercher à établir une relation entre cet objet et la masse de notions qu'on a acquises précédemment. On ne peut donc bien la connaître que si les séries et les groupes de notions se précipitent au-devant d'elle, c'est-à-dire si la mémoire réussit à les tirer momentanément de l'oubli, si elle sait les reproduire.

Le plus souvent, cette reproduction s'accomplit automatiquement, sans effort, spontanément. Si j'aperçois une plante inconnue, ma mémoire me suggère sans peine toute la série de plantes qui peuvent avoir quelque analogie avec l'inconnue, et il se peut que celle-ci soit immédiatement cataloguée dans mon esprit. Sans doute cette classification est sujette à caution, je puis me tromper, mais le phénomène de la mémoire reproductive aura eu lieu, et aura amené un essai d'application, un acte de connaissance quelconque, vraie ou illusoire, vague ou exacte.

Si je fais un achat un peu compliqué, immédiatement j'ai présentes à l'esprit toute la table de multiplication et toutes les combinaisons de chiffres qui m'étaient familières, et cela sans effort, et d'une manière toute spontanée.

Ainsi, dans un grand nombre de cas, la reproduction par la mémoire s'opérera machinalement, et l'aperception spontanée suffira pour aboutir à un acte de connaissance.

D'autres fois, il est indispensable que la volonté mette en branle cette faculté de reproduction et en tire tout le parti qu'on peut en attendre.

Pour connaître une chose, il peut arriver qu'on soit

obligé de faire des efforts considérables dans le but de reproduire les notions presque oubliées et les images presque effacées qui sommeillaient dans la mémoire.

Retenir des impressions isolées ou sériées, peut sembler tout simple. Mais tirer de l'état inconscient une notion qui date de loin, et justement celle qu'on cherche, parmi des milliers d'autres, la ramener à l'état conscient, s'en servir pour de nouvelles fins, c'est une opération intellectuelle d'un mécanisme très compliqué, et qui exige à la fois une grande habitude de l'aperception, et un effort de volonté considérable.

Pour résoudre un problème de mathématiques, j'ai besoin d'une formule que j'ai apprise, il y a de longues années, et qui se trouve en quelque sorte enfouie dans un coin de mon cerveau avec une foule d'autres formules, images, idées, qui s'y sont accumulées, au cours de mes études : règles de grammaire séries de faits, lois et formules de physique, etc.

Ainsi que nous l'avons expliqué plus haut il peut arriver que la formule cherchée se présente toute seule à l'état conscient, par le simple jeu de l'association, sans le moindre effort volontaire.

D'autres fois, on éprouve une certaine difficulté à tirer du tombeau de l'inconscient la formule cherchée, surtout si le maître n'est pas là pour la suggérer.

Dans ce cas, il faut que la volonté intervienne, mais toujours en se conformant aux lois de l'aperception.

Par exemple, l'esprit se servira de ses notions acquises, des formules qui lui sont restées familières, etc., pour remonter de déduction en déduction, de formule en formule, de série en série, jusqu'à la formule qu'on cherchait. Si ce travail est trop long, ou si trop de chaînons font défaut dans la suite des déductions et des raisonnements, il faudra avoir recours à d'autres moyens, consulter des livres, ou un homme compétent.

Ce n'est alors qu'à force d'énergie qu'on reconstitue les associations indispensables pour établir une liaison nouvelle entre le connu et l'inconnu, grâce à laquelle ce dernier trouvera son explication définitive.

Parfois, lorsque les notions préliminaires font défaut, ou qu'elles ont été complètement oubliées, ou qu'elles ont été reconnues défectueuses, il faut créer de toutes pièces de nouvelles associations d'idées, au moyen de lectures prolongées et de travaux acharnés, dans le seul but de mieux connaître un objet nouveau à l'aide de ces nouvelles associations.

On le voit donc : la faculté de reproduire en connaissance de cause les notions tombées à l'état inconscient suppose déjà une volonté en pleine possession d'elle-même, et marque bien le moment où l'attention, de spontanée, devient volontaire.

**

L'attention volontaire ne se borne pas à reproduire des idées, elle sert aussi à l'*observation* des choses sensibles.

Le mécanisme psychique est du reste le même dans les deux cas. Qu'on se propose de connaître un objet matériel ou une idée, il s'agit toujours d'un acte de connaissance, c'est-à-dire de rapprocher l'inconnu du connu, de mettre en contact la chose ou l'idée à connaître ou à observer, avec des groupes ou des séries de choses ou d'idées, acquises précédemment. Car c'est à l'aide du connu que nous expliquons l'inconnu.

J'observe une plante que je n'avais jamais vue. Si je me bornais à noter ses formes, celles de ses parties, sa couleur, son odeur, son goût, etc.; en d'autres termes, si je ne me servais que de l'attention primitive, mes observations ne mèneraient qu'à un résultat assez vague et problématique. Ce qui importe, c'est que je compare les observations que j'ai faites aux autres formes de plantes que j'ai pu observer dans le passé : il me faut reproduire par la mémoire les séries de notions et de formes qui pourraient m'aider à déterminer le genre et l'espèce, et peut-être le nom de la plante que j'étudie. Une fois le nom trouvé, il est probable qu'il réveillera d'autres groupes de notions qui m'aideront à déterminer de nouvelles particularités, organiques ou historiques, de cette plante : par exemple les modifications qu'elle subit sous différentes latitudes, sa propagation, son utilité, sa beauté.

Si ces notions supplémentaires me font défaut, j'en serai quitte pour consulter les livres et les dictionnaires, visiter les collections, interroger des savants, faire des voyages d'exploration, etc. Tout cela est du ressort de l'attention volontaire.

S'il s'agit de mieux connaître un fait historique, j'aurai soin avant tout de le rapprocher d'autres événements contemporains de ce fait, susceptibles de l'expliquer. Si je dispose à cet effet de séries de notions historiques assez exactes et complètes, la reconnaissance, ou l'étude du fait en question sera automatique et plus ou moins inconsciente.

Si je ne dispose pas de séries nombreuses et complètes, si, par exemple, voulant juger l'œuvre politique de César, je ne connais l'histoire romaine que superficiellement, alors l'attention volontaire entre en jeu : il faudra faire des lectures, étudier les monuments, apprendre la langue et la littérature latines.

L'attention volontaire se réserve pour les cas difficiles ; elle intervient dans les opérations intellectuelles qui exigent un long et patient effort.

En résumé, l'école se sert de l'attention spontanée, primitive et aperceptive pour former des hommes capables d'un effort d'attention volontaire.

Le but de l'éducateur est de mettre son élève en état de se passer de lui.

§ 11. — L'attention directe et indirecte. L'attention distributive

Nous appelons *attention directe*, celle qui s'intéresse aux choses et aux idées pour elles-mêmes, sans avoir besoin de stimulants du dehors. Il est évident que si les enfants pouvaient se passionner pour les langues, pour l'histoire, pour les mathématiques, sans contrainte et sans préoccupation ambitieuse, ce serait l'idéal.

L'attention indirecte n'envisage les matières d'instruction que comme des moyens, des instruments, pour atteindre un tout autre but que de s'instruire. Ainsi l'on peut s'astreindre à des études très longues et très difficiles, dans le but d'obtenir une distinction, de conquérir un diplôme, de gagner de l'argent.

Il y a des maîtres qui cultivent avec soin ce genre d'attention, en instituant un système de récompenses et de châtiments, de promesses et de menaces.

Ils ont tort, car ces mesures tendent à annuler le caractère éducatif de l'instruction. Elles nuisent même à l'instruction en général, et au progrès des lumières. Car l'homme qui n'étudie que sous l'aiguillon de l'ambition, et en vue d'un profit, se gardera bien de continuer ses études, une fois que son ambition sera satisfaite et qu'il aura reçu le prix de son travail.

Très souvent d'anciens élèves de nos écoles, qui, à force d'un travail acharné, ont passé brillamment des concours très difficiles, faute d'un stimulant nouveau, prennent en horreur ces études qui leur ont rapporté tant de profit et coûté tant de peines. Dans toutes les écoles supérieures, où l'on n'entre que grâce à un labeur intense, on constate régulièrement un certain déchet provenant d'une catégorie d'élèves, qui, après avoir promis beaucoup, ne fournissent plus que le travail indispensable pour ne pas perdre le bénéfice d'un effort qu'ils entendent bien ne plus renouveler. Ces élèves deviendront sûrement des professeurs, des officiers, des fonctionnaires médiocres.

L'attention indirecte ne saurait donc contribuer à l'éducation morale, ni même à l'éducation de la volonté.

Voici comment Rousseau s'exprime sur ce sujet : « Il est bien étrange que depuis qu'on se mêle d'élever des enfants, on n'ait imaginé d'autre instrument pour les conduire, que l'émulation, la jalousie, l'envie, la vanité, l'avidité, la vile crainte, toutes les passions les plus dangereuses, les plus promptes à fermenter et les plus propres à corrompre l'âme, même avant que le corps soit formé. A chaque instruction précoce qu'on fait entrer dans leur tête, on plante un vice au fond de leur cœur; d'insensés instituteurs pensent faire des merveilles en les rendant méchants pour leur apprendre ce que c'est que la bonté; et puis ils nous disent gravement : Tel est l'homme! Oui, tel est l'homme que vous avez fait! »

Admettons que ce tableau soit un peu poussé au noir. Du moins nous pouvons affirmer que l'attention indirecte n'a pas de résultats plus favorables que l'intérêt direct. Supposons deux lycées : Dans l'un fleurissent les distributions de prix, les retenues, les pensums, etc. Dans l'autre, on s'adresse tout bonnement au sentiment du devoir. Les résultats seront peut-être les mêmes; seulement dans ce dernier lycée, les professeurs auront plus de peine; ils seront obligés de cultiver chez leurs élèves des sentiments bien autrement nobles et délicats que la vanité ou la crainte; et surtout ils devront s'ingénier à rendre leurs leçons plus intéressantes. L'avantage est donc de ce côté[1].

Il se présente pourtant des cas où la nécessité de l'atten-

---

1. *Nouvelle Héloïse*, 5ᵉ partie, lettre III, page 102 :

« Il est vrai que j'aurais besoin de beaucoup moins de soins et d'adresse si je voulais introduire l'émulation entre les deux frères; mais ce moyen me paraît trop dangereux : j'aime mieux plus de peine et ne rien risquer. »

tion indirecte s'impose. C'est lorsqu'on est obligé d'apprendre une science abstraite pour aborder un sujet d'études plus élevé. Au cours de l'enseignement géométrique, on est bien forcé de faire de l'algèbre. Il faut des mathématiques pour étudier la physique. Il faut apprendre un vocabulaire, décliner ou conjuguer les mots, pour lire Virgile et Horace, Schakespeare et Gœthe. Parfois on apprend avec peine des formules fort difficiles, qu'on oubliera plus tard, sans qu'il en résulte le moindre inconvénient.

Mais, dans tous ces cas, c'est toujours l'intérêt scientifique ou moral qui l'emporte. Et même, si telle discipline n'avait qu'une importance passagère, elle pourrait contribuer néanmoins à l'éducation. C'est au maître à rendre ces études transitoires intéressantes et à en tirer parti pour l'éducation de l'intelligence et de la volonté.

Certes, l'alphabet, si pénible pour certains enfants, n'est qu'un moyen pour leur apprendre à lire des histoires amusantes. Mais on peut même rendre l'alphabet intéressant, au moyen d'images coloriées. Et les maitres de Port-Royal savaient bien ce qu'ils faisaient en composant le Jardin des racines grecques.

*
* *

La pédagogie n'est à certains égards que la psychologie appliquée. Mais tous les chapitres de la psychologie ne lui fournissent pas une moisson également abondante.

On peut se demander s'il y a lieu d'utiliser en pédagogie le chapitre qui traite de *l'attention partagée* ou *distributive*.

La psychologie moderne a commencé à étudier les cas où le même sujet dirige son attention à la fois sur plusieurs objets. On a institué des expériences à cet effet : en même temps que le sujet fixe un objet du regard, il écoutera les sons d'un instrument, il respirera plusieurs parfums, etc. Puis on note avec soin le degré de rapidité et d'exactitude de ces impressions, chez différents individus.

En général, les expériences qu'on a faites n'ont pas donné de résultats encourageants. On constate tout simplement que les distractions de l'attention nuisent à la perception rapide et exacte des sensations, et au bon fonctionnement des organes. Or, l'attention partagée n'aurait d'utilité en pédagogie que si, en diversifiant les impressions simultanées, on pouvait en augmenter la netteté et la vivacité.

Ce résultat ne peut être atteint qu'à une condition : c'est que le sujet attentif fût sous l'empire d'une vive excitation cérébrale, d'une certaine exaltation de son être. C'est ce qui arrive par exemple à l'Opéra, où l'on perçoit à la fois, avec une netteté croissante, de la musique instrumentale, des voix, des gestes, des attitudes, des couleurs, des danses, etc. L'officier, dans une bataille, l'alpiniste, dans une ascension périlleuse, vivent de plusieurs vies à la fois dans l'espace d'une minute, et leurs facultés d'attention se décuplent en énergie et en quantité à mesure que le danger grandit.

Tout cela n'est possible que sous l'impulsion d'une vive surexcitation qui, on le comprend, ne peut que présenter de grands dangers à l'école. Celle-ci a surtout besoin de calme.

Toutefois, on a déjà commencé à se servir de l'attention partagée dans les écoles : par exemple en faisant faire de la gymnastique avec musique, ou chanter des rondes et des refrains avec gestes. Un éducateur ingénieux réussira-t-il à tirer plus de parti de l'attention distributive qu'on ne l'a fait jusqu'ici? Nous l'ignorons; mais l'excitation qui est la condition nécessaire de son bon fonctionnement ne devra pas, dans ce cas, dépasser la juste mesure.

C'est plutôt le maître qui aura l'occasion d'en faire

usage : il maintient la discipline, il observe les enfants, il écoute, et avec tout cela il doit enseigner, c'est-à-dire parler, montrer, gesticuler. Tout cela exige une forte dose d'attention distributive. Il est vrai que le maître se trouve dans un état d'excitation qui lui permet de donner libre cours à ses facultés les plus diverses.

CHAPITRE II

LES MATIÈRES DE L'ENSEIGNEMENT ÉDUCATIF

§ 1. — Choix et classement des matières de l'enseignement

Les matières de l'enseignement, que celui-ci soit éducatif ou spécial, lui sont imposées par les exigences de la culture moderne, par la tradition ou la routine, et en dernier ressort par la volonté du législateur qui s'inspire avant tout des besoins de la société et de ceux de l'État.

« Ce sont les institutions, les lois et les mœurs qui peuvent seules fixer pour chaque nation, pour chaque époque, le type d'un pareil enseignement, et lui donner la valeur canonique dont l'épithète de classique n'est que l'expression affaiblie. » (Cournot, ouvr. cité, p. 46.)

Voici une autre sentence du même auteur que nous engageons nos lecteurs à méditer :

« Si jamais l'esprit de l'ancienne bourgeoisie devait tout à fait disparaître, l'ancien système des études classiques, comme institution sociale, comme instrument de civilisation, aurait fait son temps. » (P. 44.)

La pédagogie générale n'a donc pas à formuler un programmes d'études, puisque le meilleur des programmes ne serait que pour un pays et pour un temps, et qu'il cesserait par là d'avoir une valeur universelle.

Mais elle établira, quant au choix et à la disposition générale des matières d'instruction, des règles générales qui seront pour tous les temps et pour tous les hommes, parce qu'elles seront basées sur la science de la psychologie.

Elle risquerait fort de n'être plus générale, si elle voulait fixer une fois pour toutes les branches et les matières de l'instruction.

Si, par exemple, elle statuait que le grec et le latin resteront à tout jamais la condition indispensable de toute véritable culture, les Chinois et les Hindous, les Arabes et les Persans, qui ne sont pas des sauvages, pourraient réclamer à bon droit.

Ce n'est donc pas à la pédagogie générale à fixer canoniquement les matières de l'enseignement, mais aux mœurs, aux traditions, aux gouvernements, aux institutions de chaque peuple.

**

Pour apprécier la valeur éducative des matières de l'enseignement, nous partirons du principe que le but de l'éducation c'est la culture d'une volonté énergique et persévérante, tournée vers le bien et devenant vertu.

Or, la volonté consiste à choisir, dans le cercle des idées, celles qui deviendront les motifs et le but de nos résolutions. Ces idées éveillent des sentiments qui, s'ils sont assez puissants, nous pousseront à convertir nos résolutions en actes réfléchis et moraux. Ces actions n'ont rien de commun avec l'activité désordonnée qui résulte de nos penchants non encore disciplinés par l'éducation. L'activité instinctive n'est pas morale, elle n'est pas même raisonnable. Seule, l'action inspirée par des sentiments, eux-mêmes réglés en dernier ressort par les idées, peut devenir morale.

Le programme de l'instruction éducative se trouve donc bien tracé et défini. Cette instruction, en cultivant l'intelligence, et en lui inculquant ou suggérant certaines idées, devra surveiller et cultiver des sentiments qui, à leur tour, formeront la volonté et le caractère moral.

Pour cela, il faut un enseignement très riche et très varié, qui ne laisse sommeiller aucun d'entre les instincts naturels susceptibles de culture. En principe, l'instruction éducative ne dédaignera aucune des branches du savoir humain, et puisera librement dans ce trésor. Toutes les sciences, toutes les manifestations de la culture littéraire ou artistique, sont utiles à l'éducation, si l'on sait s'en servir judicieusement.

En résumé, l'instruction éducative ne s'inspire, dans le choix et dans la disposition des matières d'enseignement que de l'opportunité de cultiver chez l'enfant des *idées* susceptibles d'agir favorablement, et dans un sens moralisateur, sur les *sentiments* des hommes et de diriger leur *activité* vers des fins dignes de leurs efforts.

**

La première classe des matières de l'enseignement comprend celles qui ont pour objet les relations des enfants avec les êtres animés. Ces rapports donnent naissance à des sentiments, parmi lesquels la sympathie devra occuper la première place. L'ensemble de ces idées et de ces sentiments, c'est la *vie intérieure*, ou le *cœur*. Les Allemands appellent cette institution : *Gesinnungsunterricht*.

La deuxième classe des matières de l'enseignement a pour objet les relations de l'enfant avec *la nature extérieure*. Ces idées éveillent des énergies, non moins efficaces que les autres, pour la formation du caractère.

La troisième classe comprend *les signes :* par exemple les mots qui constituent le langage et qui sont la base de la littérature. Inutile d'insister sur l'importance de cet ordre d'enseignement.

La quatrième classe comprend *les formes*. Dans ce groupe nous trouvons les chiffres, l'écriture, le dessin linéaire.

Enfin on pourrait ranger dans une cinquième et dernière classe des branches plus ou moins complexes, telles que la géographie, la musique, le dessin d'imitation, la gymnastique. La géographie, par exemple, dont l'importance est considérable, met l'élève en contact avec les êtres animés et avec la nature; d'autre part, elle touche au dessin et à l'astronomie.

Si nous nous en tenons aux quatre premières classes, nous aurons donc les branches suivantes des matières de l'enseignement éducatif :

1. *L'instruction historique*, qui cultive le cœur, c'est-à-dire la vie intérieure (*Gesinnung*).

2. *Les sciences de la nature* qui enseignent à l'homme ce qu'il peut et ce qu'il ne peut pas faire.

3. *Le langage et la littérature*, indispensables aux deux premières classes.

4. *Les mathématiques, la géométrie, le dessin*, qui servent surtout à l'étude de la nature.

Ces diverses branches de l'enseignement doivent être cultivées simultanément. Aucune ne doit prédominer à l'exclusion des autres. La culture du cœur sans les sciences engendre la niaiserie. Enseigner les mots, les signes, les formules sans les choses, serait un retour à l'école du moyen âge. La culture scientifique, sans la culture des sentiments n'aurait qu'une très faible portée morale.

Cette classification est empruntée à Herbart et à Ziller qui en ont trouvé eux-mêmes les éléments chez Pestalozzi. (*Wie Gertrud ihre Kinder lehrt.*)

§ 2. — L'instruction qui cultive le cœur

Les relations avec les êtres animés, sources de la vie sentimentale, débutent dès l'âge le plus tendre, et exercent une profonde influence sur l'individualité.

Dès le premier éveil de la vie, l'enfant éprouve à l'égard de ses parents et de tout son entourage, des sentiments diversément nuancés. Il aime, il craint, il admire, il déteste.

Peu à peu le cercle de son entourage s'élargit : les domestiques, le soldat, le policeman, le paysan, le marchand du coin lui laissent des impressions plus ou moins vives, accompagnées de sentiments.

Puis viennent ceux qu'il n'a jamais vus, mais dont il entend parler : son oncle d'Amérique, le Président de la République, les sauvages, etc. Ces personnes, et ces groupes de personnes enrichissent le cercle de ses idées, de ses jugements, de ses sentiments.

Voici aussi les bêtes, non pas comme sujets d'observation, mais comme personnes, car pour l'enfant, le chien, le chat, le serin, sont des amis.

Aux êtres vivants, il faut ajouter les disparus ou les morts : le grand-père, Napoléon, Marlborough.

N'oublions pas les êtres fictifs qui, pour l'enfant, vivent d'une vie plus intense que beaucoup d'êtres réels : le Petit Poucet, le Chaperon rouge, Cendrillon. Ce petit monde est la source de sentiments très profonds : pitié, admiration, sollicitude, etc.

Beaucoup d'objets qui lui sont familiers lui parlent d'êtres vivants ou morts. Une statue, un monument lui parle d'un grand homme, ou lui rappelle le souvenir des luttes, des travaux, et des triomphes des générations passées.

Là-dessus on pourrait greffer un enseignement très fécond. Il n'est pas un coin de la vieille France qui ne soit riche en souvenirs historiques. Rien qu'en se promenant dans son district natal, un enfant, bien guidé, pourrait non seulement apprendre certains faits de l'histoire, mais éprouver toute une gamme de sentiments, depuis la douce émotion jusqu'à l'enthousiasme. C'est une nouvelle branche d'instruction à créer, celle que les Allemands appellent : « La science du pays natal » (*Heimathkunde*).

* *

Lorsque l'instruction entre en fonctions, elle corrige et complète les notions acquises et les sentiments qui y font suite. Elle redresse les idées fausses sur les hommes et corrige les sentiments blâmables qu'elles ont fait naître. Elle épure et favorise les sentiments qui contribuent au développement moral.

Par exemple, elle écartera les vulgaires contes de nourrices et autres, qui entretiennent la peur et la superstition, ce qui ne l'empêchera pas d'amuser les enfants au moyen de récits vrais ou fictifs, s'il s'y mêle quelque idée morale, sans qu'il soit nécessaire que celle-ci fût exprimée nettement.

Un être vivant n'intéresse l'enfant que s'il est en mouvement. C'est en vain qu'on lui fera la description très détaillée d'une chose ou d'une personne au repos, l'enfant guette le moment où cette chose fera partie intégrante d'un récit, où cette personne agira, parlera, souffrira, aura des aventures. Qu'il s'agisse de Cendrillon, de Romulus ou de Christophe Colomb, l'enfant veut les voir en action, luttant, voyageant, agissant.

En un mot, l'enfant demande des histoires. L'instruction, si elle veut le mettre en rapport avec les hommes, devra donc se servir de récits. On commence par des histoires, et l'on continue par l'histoire proprement dite[1].

§ 3. — L'ENSEIGNEMENT HISTORIQUE

Cet enseignement, qui se propose de cultiver les sentiments et le cœur, débute par l'*histoire poétique*.

Presque tous les peuples ont leurs épopées, et celles-ci sont parfois des chefs-d'œuvre du génie national. Le genre épique est en soi la forme la plus authentique et la plus noble de la poésie. Or ce sont précisément les œuvres les plus belles et les plus parfaites qui conviennent le mieux à l'éducation d'un peuple.

Dans l'école on ne peut se servir qu'avec réserve des pièces dramatiques, car celles-ci comportent toujours une part d'exagération ; elles recherchent les gros effets, les coups de théâtre, qui ne sauraient cadrer exactement avec la vie réelle. Quant à la poésie lyrique en tant qu'exaltation du moi, elle convient encore moins à la jeunesse, elle est inintelligible aux enfants. La poésie didactique, dont on a fait un si grand abus, n'intéresse que très rarement. Le plus souvent elle ennuie.

Il ne reste donc que l'épopée, ou plutôt le genre épique qui comprend aussi de très courts poèmes, pourvu qu'ils

---

1. Fénelon, *De l'éducation des filles*, chap. VI :

« Les enfants aiment avec passion les contes ridicules : on les voit tous les jours transportés de joie, ou versant des larmes, au récit des aventures qu'on leur raconte. Ne manquez pas de profiter de ce penchant.

« Quand vous aurez raconté une fable, attendez que l'enfant vous demande d'en dire d'autres ; ainsi laissez-les toujours dans une espèce de faim d'en apprendre davantage. Ensuite, la curiosité étant excitée, racontez certaines histoires choisies ; liez-les ensemble, et remettez d'un jour à l'autre à dire la suite, pour tenir les enfants en suspens, et leur donner l'impatience de voir la fin. Animez vos récits de tons vifs et familiers ; faites parler tous vos personnages ; les enfants, qui ont l'imagination vive, croiront les voir et les entendre. »

offrent une action animée : ballades, contes en vers, chansons « historiques », etc.

Qu'est-ce que la fable? C'est l'épopée des bêtes. Chaque fable forme une histoire complète. Ce n'est point la sentence morale qui intéresse l'enfant, c'est le récit qui l'amuse et qui l'instruit.

A défaut d'une grande et parfaite épopée nationale, nous souhaiterions que notre littérature possédât beaucoup de ces petites pièces poétiques où une action émouvante, dramatique, ou simplement intéressante, mît en scène des personnages dont on puisse juger, aimer, admirer les sentiments et les actions. Malheureusement, ces sortes de poésies sont extrêmement rares chez nous, et nous n'en aurons que du jour où nos poètes consentiront à tailler ces diamants bruts que sont les chansons populaires.

***

L'histoire vraie viendra à son heure. Mais, pour en tirer une instruction morale, il faudra que l'élève soit mieux en état de comprendre la complexité du caractère humain. Il faut un degré de culture assez élevé pour apprécier justement des caractères tels que Thémistocle, César, Brutus, Louis XI, Richelieu, Mirabeau.

Le jeune garçon veut des héros et des monstres, des victimes innocentes et des tyrans qui soient de francs scélérats. Il veut aimer et haïr de tout son cœur.

Or, l'histoire vraie ne peut pas lui présenter des hommes supérieurs à la nature, ou contre nature. Et si même il existait de pareils hommes, ce serait un mauvais service à lui rendre que de lui faire accroire qu'il rencontrera dans le monde des hommes absolument bons ou foncièrement méchants. L'instruction éducative ne doit pas familiariser l'enfant avec des êtres d'exception, ni le transporter dans un monde conventionnel peuplé d'anges et de démons. Elle tend à lui faire connaître les hommes tels qu'ils sont. Il est bon qu'après Corneille, qui décrit les hommes tels qu'ils devraient être, on passe à Racine, à Molière et à Shakespeare qui les montrent dans leur vivante complexité, méritant l'éloge ou le blâme, dignes de sympathie et parfois de pitié.

* *

Rousseau, pour toutes sortes de raisons qui n'ont rien à voir avec la pédagogie, néglige l'histoire poétique. Il n'eût pas trouvé du reste dans la littérature aristocratique du XVIIe et du XVIIIe siècle, les éléments d'une instruction éducative de ce genre. De son temps, la vieille poésie française et la poésie populaire étaient profondément méprisées.

Toutefois, il traite la question de l'enseignement moral et historique avec sa compétence accoutumée.

D'abord il se demande si, pour former le cœur, on ne pourrait pas se passer de l'histoire, et se borner à l'expérience qui résulte des rapports avec les hommes vivants. Ne pourrait-on pas éveiller des sentiments sociaux en frayant tout simplement avec ses semblables, sans avoir recours aux leçons, aux discours, aux livres? Il fait à ce sujet des réflexions fort judicieuses que nous allons résumer (livre II) :

Il remarque d'abord qu'en fréquentant les hommes, l'élève ne les connaîtrait que par leur masque. Il les haïra ou il les prendra en pitié.

« Si même on pouvait choisir les sociétés d'un jeune homme, celui-ci, habitué à observer de trop bonne heure les actions d'autrui, deviendra médisant et satirique, décisif et prompt à juger. » — « Il se fera un odieux plaisir de chercher à tout de sinistres interprétations et à ne voir en bien rien même de ce qui est bien. Il s'accoutumera du moins au spectacle du vice, et à voir les méchants sans horreur, comme on s'accoutume à voir les malheureux sans pitié! Bientôt la perversité générale lui servira moins de leçon que d'excuse : il se dira que si l'homme est ainsi, il ne doit pas vouloir être autrement. »

Reste l'instruction par principe (un cours de morale). Mais alors « vous employez une métaphysique qu'il n'est pas en état de comprendre ». Vous risquez « de substituer dans son esprit l'expérience et l'autorité du maître à sa propre expérience et aux progrès de sa raison ».

Voici maintenant la conclusion :

« Pour mettre le cœur humain à sa portée sans risquer de gâter le sien, je voudrais lui montrer les hommes *au loin*, les lui montrer *dans d'autres temps, et dans d'autres lieux*, et de sorte qu'il pût voir la scène sans jamais y pouvoir agir. Voilà le moment de l'histoire. C'est par elle qu'il lira dans les cœurs, qu'il les verra, simple spectateur, sans intérêt et sans passion. »

« Pour connaître les hommes, il faut les voir agir. Dans le monde, on les entend parler; ils montrent leurs discours, cachent leurs actions; mais dans l'histoire elles sont dévoilées et on les juge sur les faits... En comparant ce qu'ils font et ce qu'ils disent, on voit à la fois ce qu'ils sont et ce qu'ils veulent paraître; plus ils se déguisent, mieux on les connaît. »

Il n'est pas possible de mieux expliquer l'importance de l'histoire pour la culture des sentiments moraux.

§ 4. — Comment il faut enseigner l'histoire

L'histoire étant l'école où l'on apprend à connaître les hommes, Rousseau semble logique, lorsqu'il recommande surtout « la lecture des vies particulières, pour commencer « l'étude du genre humain ». Il cite avec complaisance ce que dit Montaigne : « Ceux qui écrivent les vies, d'autant « qu'ils s'amusent plus aux conseils qu'aux événements,

« plus à ce qui part du dedans qu'à ce qui arrive du dehors.
« ceux-là me sont plus propres ; voilà pourquoi c'est mon
« homme que Plutarque. »

Voici quelques remarques de Rousseau sur ce sujet :
« Il est vrai que le génie des hommes assemblés ou des
peuples est fort différent du caractère de l'homme en particulier et que ce serait connaître très imparfaitement le
cœur humain que de ne pas l'examiner aussi dans la multitude ; mais il n'est pas moins vrai qu'il faut commencer
par étudier l'homme pour juger les hommes, et que qui
connaîtrait parfaitement les penchants de chaque individu pourrait prévoir tous leurs effets continués dans le
corps du peuple. »

Nous ferons des réserves sur ce point : nous ne sommes
pas convaincus que l'histoire gagne à être enseignée par
biographies. L'auteur d'une vie, telle que l'entend Montaigne, sera plutôt tenté d'expliquer, d'analyser, de disséquer le caractère des hommes illustres, et les mobiles de
leurs actions. L'enfant se soucie médiocrement de psychologie, et encore moins du pragmatisme propre à toute biographie. Il aime des récits très animés et très entraînants.
Il saute les pages encombrées de digressions morales ou de
réflexions sentimentales ; il n'aime pas même les conversations et les discours qui interrompent le cours du récit.
Il lui faut des faits, des aventures, des catastrophes, des
crimes qui soient punis, de belles actions désintéressées,
et il n'accepte les enseignements moraux que par-dessus le
marché, à condition qu'ils se glissent très doucement et
très discrètement dans la trame de l'histoire. Il aime assez
à en tirer des conclusions lui-même, mais il lui répugne
qu'on les lui impose.

Ce qu'il lui faut, c'est un récit historique riche en événements intéressants. Plus tard, il lira les travaux de grands
historiens. Dans son jeune âge, la reproduction exacte
des vieux récits traditionnels, par exemple ceux de l'histoire grecque ou romaine, lui suffisent parfaitement. Rien
de plus ridicule que de mettre entre ses mains ces manuels

où l'histoire des faits et des aventures des hommes est maigrement mesurée, vrais squelettes de l'histoire où l'imagination de l'élève ne trouve d'autre nourriture que la description de quelques monuments de l'antiquité, et l'histoire... des découvertes de Schliemann!

Ce fut aussi l'opinion de Cournot :

« Non seulement, dit-il, la matière de l'enseignement, mais la forme changera pendant le cours des études, puisqu'il n'y a pas moyen d'enseigner l'histoire de la même manière à un enfant de dix ans et à un jeune homme de dix-huit. Embrassera-t-on l'histoire tout entière d'une manière sommaire et très élémentaire pour le premier âge, sauf à reprendre ensuite le cours entier d'une manière plus philosophique? Il le faudrait bien, si l'on voulait enseigner l'histoire des premiers temps de la Grèce à la manière d'Offried Müller; ou l'histoire des premiers temps de Rome à la manière de Niebuhr et de M. Mommsen. Mais *est-ce là le but de l'enseignement du collège?* Quand on écarte de si hautes prétentions scientifiques, on trouve que les éléments de l'histoire ancienne, naïvement racontés à la manière du bon Rollin, s'approprient d'eux-mêmes à l'intelligence du premier âge, et qu'on s'adresse à des esprits plus avancés, précisément lorsque leur attention doit être appelée sur l'histoire des temps modernes, plus compliquée de sa nature, et qui requiert des développements plus étendus. » (Ouvr. cité, p. 85.)

§ 5. — LA VALEUR ÉDUCATIVE DE L'HISTOIRE ANCIENNE

L'histoire est donc l'enseignement moral par excellence, parce qu'elle enseigne à mieux connaître les hommes. Elle élargit les cœurs, détruit les préjugés, et constitue l'antidote le plus efficace contre les passions antisociales, et contre toute espèce de fanatisme. Elle favorise les plus nobles sentiments, la sympathie pour les hommes, l'esprit de sacrifice, le patriotisme, la foi en la justice.

Grâce à l'enseignement historique, le Français le plus chauviniste saura ce que le monde moderne doit à la nation anglaise qui sut conquérir sa liberté aux temps de la lutte pour la Grande Charte. Le protestant admirera ou, ce qui vaut mieux, comprendra la grandeur d'un Grégoire VII ou d'un saint François d'Assise; le jacobin le plus farouche rendra justice à saint Louis.

Que font les sectaires et les fanatiques? Ils falsifient l'histoire. La tentation est vraiment trop forte et, plus on se rapproche de l'histoire contemporaine, plus les passions actuelles troubleront la sérénité de l'historien, et, ce qui est plus grave, l'enseignement historique qui se donne au collège et à l'école primaire.

L'histoire de l'antiquité gréco-romaine échappe à ce danger. Aucun homme de bon sens ne s'avisera de la falsifier. Telle qu'elle se donne dans les récits traditionnels, elle est si riche en enseignements moraux que l'on nous dispensera d'insister sur ce point. L'histoire grecque parle plus au cœur et à l'imagination. L'histoire romaine parle plutôt à la raison, et constitue une excellente introduction à l'instruction politique des futurs citoyens. L'histoire ancienne a été écrite par un légion d'historiens anciens et modernes qui méritent l'admiration de tous les siècles. Que de profit ne retire-t-on pas de la lecture des œuvres de Thucydide et de Xénophon, de Tite-Live et de Tacite, de Montesquieu et de Mommsen! Grâce au grand éloignement de ces événements dont les siècles nous séparent, rien ne vient troubler la sérénité du professeur et de l'élève.

L'histoire gréco-romaine n'est sans doute pas la seule qui possède cette vertu éducative. On peut affirmer hardiment que les Chinois, les Japonais, les Hindous trouveront, eux aussi, dans les trésors littéraires du passé, une riche mine d'instruction morale et civique.

D'autre part, ce serait peine inutile de s'obstiner à enseigner dans les écoles une histoire ancienne peu connue, et qu'aucun monument littéraire ou poétique n'aurait illustrée. On a essayé, sans succès, d'introduire dans certaines écoles l'histoire des anciens Gaulois. Même en y adjoignant les chroniques des Bretons et les rares indices de l'histoire des Francs Saliens, on n'aboutirait qu'à un pauvre résultat, faute d'informations suffisamment riches. Le maitre le plus habile n'en tirera jamais qu'un très petit nombre de leçons, assez pour satisfaire quelque peu la curiosité, mais trop peu pour éveiller et nourrir un intérêt moral, ou des sentiments diversement nuancés[1].

*
* *

Un des exemples les plus remarquables de l'emploi de l'enseignement historique pour l'éducation morale et religieuse, nous est fourni par la pratique séculaire de l'Église, laquelle a toujours laissé dans son enseignement une place considérable à l'histoire sainte[2].

Elle n'est pas la seule, du reste, car qu'est-ce que l'histoire de la fondation de Rome et celle des premiers temps, sinon une sorte d'histoire sainte que les pères transmettaient à leurs enfants pour nourrir chez eux le culte des mâles vertus, et la piété envers les dieux nationaux?

Si le peuple juif existe encore, il le doit au soin avec lequel il a conservé non seulement la mémoire des grands faits de son histoire, mais aussi les monuments littéraires où ils sont consignés. Il suffit de mentionner la Pâque juive, pour se rendre compte de la portée immense que peut avoir

---

1. « Donnez-leur (aux filles) donc les histoires grecque et romaine; elles y verront des prodiges de courage et de désintéressement. Ne leur laissez pas ignorer l'histoire de France, qui a aussi ses beautés; mêlez celle des pays voisins et les relations des pays éloignés judicieusement écrites. Tout cela sert à agrandir l'esprit et à élever l'âme à de grands sentiments, pourvu qu'on évite la vanité et l'affectation. »
(Fénelon, *De l'éducation des filles*, chap. XII.)
2. Voy. Fénelon, *De l'éducation des filles*, chap. VI.

pour un peuple, un souvenir historique perpétué à travers les siècles.

L'Église chrétienne a continué cette tradition, non sans de longues intermittences. Au moyen âge, par exemple, l'histoire sainte figure plutôt dans les vitraux et les peintures des églises, que dans les manuels scolaires. Mais l'enseignement artistique peut parfois valoir l'instruction verbale.

Le cadre de cet Essai ne nous permet pas de nous étendre sur ce sujet, quelque intérêt qu'il offre au point de vue pédagogique. Nous nous contenterons de donner la parole à Gœthe qui raconte dans ses mémoires (*Wahrheit und Dichtung*) l'effet qu'a produit sur lui, dans sa jeunesse, l'histoire de l'Ancien Testament.

Pour comprendre ce qui suit, il faut se souvenir que l'éducation de Gœthe a été une des plus étonnantes qu'un homme ait jamais reçue. Son père avait horreur des écoles. Il entreprit donc de faire instruire son fils au moyen de leçons particulières, en ayant recours à des maîtres qu'il recrutait un peu au hasard, sans plan préconçu, sans direction. C'est là qu'on peut constater la vérité de ce fait que le génie se forme tout seul, avec ou sans éducation.

Gœthe, arrivé à un certain point du récit si mouvementé de son enfance, s'arrête tout à coup (Chap. IV) et commence à raconter tout simplement l'histoire des patriarches, dans tous ses détails. Il s'étend longuement et complaisamment sur ce sujet, puis il y mêle des réflexions dans le genre de celle-ci :

« Déjà, pour la religion naturelle, il faut une grande délicatesse de sentiments, car elle se fonde sur la conviction d'une Providence universelle qui dirige l'ordre de l'Univers. Une religion particulière, révélée par les dieux à tel peuple ou à un autre, implique la croyance à une Providence spéciale, favorisant certains hommes, certaines familles, certains peuples. Cette croyance semble s'élaborer difficilement dans les cœurs : il faut pour cela des traditions, des coutumes, des garants d'une très haute antiquité.

« C'est donc une fort belle chose, que la tradition israélite représente les premiers hommes qui se confient à cette Providence spéciale, comme des héros de la foi, qui suivent aveuglément tous les commandements de l'Être suprême, dont ils dépendent, mais qui aussi ne se lassent pas d'attendre l'accomplissement de promesses sur lesquelles ils ne conçoivent pas le moindre doute.

« Les premiers hommes se tenaient de près, mais leurs occupations les séparèrent bientôt. Le chasseur étant le plus libre, devint guerrier et dominateur. Celui qui cultivait la terre et qui construisait des maisons et des greniers, avait déjà une haute opinion de lui-même : sa situation lui promettait la durée et la tranquillité. Quant au berger, son lot était illimité. Les troupeaux se multipliaient à l'infini, et l'espace pour les nourrir s'étendait à perte de vue.

« Les patriarches étaient bergers. Leur genre de vie, dans l'océan des déserts et des prairies, donnait à leur pensée la largeur et la liberté; la voûte des cieux, constellée d'astres, leur donnait l'intuition du sublime. Plus que le chasseur actif et adroit, plus que le cultivateur diligent et sûr du lendemain, ils avaient besoin d'une croyance inébranlable en un Dieu qui assiste les siens, qui les visite, les guide et les sauve. »

Gœthe entre alors dans le détail de l'histoire d'Abraham et de Loth, de Sarah et de Hagar, de Rachel et de Léa. Il faut avouer que ces longues digressions laissent le lecteur assez ahuri.

A la fin, Gœthe condescend à nous expliquer sa pensée, et cette explication est intéressante au point de vue pédagogique.

« On me demandera peut-être pourquoi je rapporte ici dans leur détail ces histoires si connues et si souvent répétées et commentées. Voici ce que j'ai à répondre : Je ne pouvais pas expliquer autrement comment j'ai réussi, étant enfant, à concentrer mon esprit et mes sentiments pour une action intime et discrète, à une époque où tout me portait à la distraction, et où mon instruction ne se continuait que par morceaux. Je ne pouvais décrire autrement la paix, le calme qui m'enveloppait alors, au milieu de l'étrange composition d'un entourage disparate. Quand mon imagination battait la campagne, quand je me trouvais engagé dans un dédale d'histoires et de fables, de mythologie et de religion, j'aimais alors à me réfugier là-bas dans le pays de l'Orient. Je me plongeais dans les récits de la Genèse, et, parmi les tribus des pasteurs nomades, j'avais l'impression de jouir à la fois de la plus profonde solitude et de la société la plus animée. »

Il est difficile de mieux exprimer l'influence profonde et cachée que, non seulement l'histoire sainte, mais aussi toute l'histoire du passé transmise à la jeunesse, peut produire sur une âme enfantine. C'est là, dans la réflexion produite par l'histoire des hommes environnés de l'auréole du souvenir, que naissent ces sentiments profonds et délicats, idéalement purs, et noblement généreux qui plus tard porteront des fruits savoureux, quand l'enfant devenu homme s'élancera dans la bataille de la vie. Celle-ci aura beau lui prodiguer ses souillures et ses dégoûts, il lui restera toujours quelque chose de ces doux sentiments qu'un maître bien inspiré lui aura inculqués dans sa première jeunesse.

§ 6. — La science de la nature

La deuxième classe de matières de l'instruction éducative comprend les sciences de la nature. Celles-ci mettent l'enfant en contact avec les choses. Elles comprennent l'histoire naturelle, la physique, la chimie, l'astronomie, certaines parties de la géographie.

Herbert Spencer voudrait que l'instruction suivît un ordre conforme au schéma positiviste.

Un premier groupe comprendrait les sciences abstraites :

  Logique,
  Mathématiques,
  Géométrie.

Ces sciences ne familiarisent pas les enfants avec les choses, car elles ont pour objet des formes abstraites et des concepts qui ne servent qu'indirectement à l'étude des sciences, et que nous rangeons dans les troisième et quatrième classes des matières d'instruction.

Le second groupe comprendrait les sciences abstraites concrètes :

  Mécanique,
  Physique,
  Chimie.

Il est certain que pour l'étude approfondie de ces sciences, les mathématiques et la géométrie sont indispensables. Mais l'école se contente longtemps de simples leçons de choses, sans avoir recours à l'appareil complexe des sciences abstraites. Et cette étude très simplifiée sera très souvent et très longtemps suffisante pour le but qu'elle poursuit.

Le troisième groupe, qui comprend les sciences concrètes, se rapproche des matières d'enseignement que nous avons en vue, et qui ont pour but de mettre l'enfant en contact avec la nature. Ce sont :

  L'astronomie,
  La géologie,
  La biologie,
  La sociologie.

M. Al. Bain propose un programme bien plus modeste :

  Arithmétique pratique,
  Grammaire,

    Lecture et leçons de choses,
    Géographie,
    Histoire et sociologie.

On remarquera que lui aussi commence par les sciences abstraites pour aboutir aux sciences concrètes.

Nos lecteurs n'ignorent plus pourquoi nous n'attachons aucune importance, au point de vue pédagogique, à l'ordre des sciences susdit. C'est que cet ordre n'est pas fondé sur la psychologie. L'éducation n'est possible que si elle conforme ses méthodes aux lois de la psychologie. Le choix des matières de l'enseignement n'offre aux yeux de l'éducateur qu'une importance secondaire, et cela d'autant plus que ce choix ne dépend pas de lui, puisque les matières de l'enseignement peuvent changer souvent dans le cours de peu d'années, sous la pression des nécessités sociales et par la volonté du législateur.

Pour notre objet, il suffit que nous exigions que les enfants soient continuellement mis en contact avec les choses, car c'est de ce contact que naissent les sciences de la nature.

Quelle est l'utilité des sciences de la nature pour l'éducation de la volonté et du caractère moral?

Cette utilité est très grande, car le *Vouloir n'est possible que s'il a pour condition la croyance au Pouvoir.* (Ziller.)

Pour prendre une résolution, il faut que je sois bien convaincu que j'ai le pouvoir de réaliser mon dessein. Autrement, ce qu'on nomme volonté n'est qu'un agrégat de désirs vagues et de velléités impuissantes.

Sans la connaissance de la nature, on ne se rend compte ni de l'étendue, ni de la limite de ses forces. On se butte à tout instant contre des impossibilités matérielles; on ne sait pas se servir des ressources qui s'offrent à nous de tous côtés. On ne parvient pas à adopter une manière de vivre raisonnable.

Bien des alcooliques auraient évité leur vice, si on leur avait enseigné de bonne heure ce qu'est l'alcool, et quels sont ses effets physiologiques. Une pareille instruction aurait eu parfois plus d'effet que d'éloquentes objurgations.

La physique et la chimie élargissent le champ de l'activité humaine, et par contre-coup les bornes de notre puissance. Les applications modernes de la vapeur et de l'électricité n'ont pas seulement augmenté la fortune publique, elles mettent aussi le plus humble d'entre les hommes de ce jour en état d'accomplir facilement et rapidement des travaux qui, anciennement, eussent semblé impossibles.

Toutes les sciences, physiques et naturelles, bien enseignées, intéressent l'enfant. Celui-ci s'instruit en parcourant la campagne à la recherche de papillons, de coquillages, de minéraux, de plantes. Il observe, il compare, il classe, il raisonne, il admire.

Il est vrai que l'étude de la nature nous met en présence de ses lois, et qu'elle nous fait sentir notre dépendance à l'égard de ces lois. Mais cette dépendance n'est pas de la faiblesse. Au contraire : c'est la volonté sans frein qui est de l'impuissance. Je puis exercer une activité très intense dans le monde, alors même que je sais fort bien que je ne pourrai jamais ni visiter la lune, ni descendre au centre de la terre.

« Il y a, dit Rousseau, deux sortes de dépendance : celle des choses, qui est de la nature ; celle des hommes, qui est de la société. La dépendance des choses, n'ayant aucune moralité, ne nuit point à la liberté. »

« Maintenez l'enfant dans la seule dépendance des choses, vous aurez suivi l'ordre de la nature dans le progrès de son éducation. »

« Ta liberté, ton pouvoir, ne s'étendent qu'aussi loin que les forces naturelles, et pas au-delà. »

Ziller fait à ce sujet la remarque suivante :

« Les phénomènes naturels, bien compris, servent à

contenter les besoins naturels de l'homme et de la société.

— L'homme assure son existence en se soumettant aux lois de la nature et en en tirant parti. »

§ 7. — La marche de l'enseignement des sciences

En général, cet enseignement doit se conformer aux degrés de l'intérêt.

Il commence par l'éducation des sens, qui a pour effet de fournir des notions et des représentations claires.

Rousseau a consacré une étude magistrale à l'éducation des sens. L'œil, l'oreille, le toucher doivent être exercés, autrement l'enfant n'aura toute sa vie que des représentations vagues et défectueuses.

L'instruction vient en aide à l'observation rudimentaire par des échantillons, des images, des leçons de choses, des descriptions détaillées d'objets éloignés ou inaccessibles.

« Nous voilà réduits, dit Rousseau avec une solennité bien appropriée au sujet, à un bien petit cercle relativement à l'existence des choses, mais que ce cercle forme une sphère immense pour la mesure de l'esprit de l'enfant ! O toi qui vas le conduire dans ces sentiers et tirer devant ses yeux le rideau de la nature, assure-toi de ta tête et de la sienne !

« L'île du genre humain, c'est la terre, l'objet le plus frappant, c'est le soleil. Sitôt que nous commençons à nous éloigner de nous-mêmes, nos premières observations doivent tomber sur l'une ou l'autre. »

« Point d'autre livre que la nature, point d'autre instruction que les faits. »

« Rendez votre élève attentif aux phénomènes de la nature. Bientôt vous le rendrez curieux, mais pour nourrir sa curiosité, ne vous pressez pas de la satisfaire. »

Nous sommes encore dans le domaine de l'attention primitive, au premier degré de l'intérêt. Plus tard, des élèves plus avancés auront recours à des instruments, microscope, loupe, lunette astronomique, etc.

Rien ne développe plus la faculté de l'observation que l'étude des sciences naturelles.

Au degré suivant, l'élève se sert de la faculté de discernement qui perçoit les identités et les différences. Il observera les particularités uniques des choses, mais il constatera aussi leurs caractères communs et les répétitions constantes de certains phénomènes.

Al. Bain fait remarquer que le choc des identités, c'est-à-dire la découverte des rapports constants et des caractères communs des choses, agit favorablement sur l'esprit. Celui-ci se sent soulagé, affranchi du poids des représentations accumulées, et il éprouve de ce fait un véritable plaisir. L'abstraction a pour effet de faciliter les opérations de l'esprit.

Voici un conseil pratique de Rousseau :

« Dans la recherche des lois de la nature, commencez toujours par les phénomènes les plus communs et les plus sensibles. »

Tout ceci nous mène à une connaissance empirique de la nature. Il va de soi que l'instruction ne peut s'en contenter. Elle doit assigner à chaque être sa place dans l'ensemble de la nature. La classification des choses et des êtres marque le terme de l'enseignement élémentaire des sciences. Savoir rapidement déterminer les caractères généraux et les signes distinctifs d'une plante ou de tel autre corps très connu, dire son nom, connaître sa forme, sa fonction, son utilité, sa beauté, etc., voilà ce qui suffit à l'instruction éducative.

Certes, le savant de profession trouvera que c'est peu de chose. Et il a raison à son point de vue. Car la science poursuit un tout autre but. Elle étudie la biologie de la plante, la composition des tissus végétaux ou animaux, le devenir d'un cristal, l'expression mathématique d'un phénomène de physique, l'analyse chimique d'un corps. Et ce n'est pas tout. La science aspire à opérer des synthèses, à reproduire artificiellement des corps dont nous trouvons l'équivalent dans la nature. C'est là le triomphe de la méthode, le couronnement de la science.

L'école doit renoncer à de si hautes ambitions. Les enfants et même les adolescents ne sont pas mûrs pour l'expérience scientifique. Ils ne le seront peut-être jamais; car l'immense majorité n'atteindra jamais les hauts sommets de la science.

Et pourtant l'école éducative doit parcourir les quatre degrés de l'intérêt. Si elle négligeait la méthode, elle se résignerait à laisser sommeiller chez l'enfant les forces actives et l'énergie du vouloir, qu'il faut pourtant réveiller et entretenir à tout prix. L'école a donc le devoir de parler à l'esprit des enfants au moyen d'expériences qui soient comme des démonstrations visibles des lois de la nature. Remarquez qu'il le faut précisément au point de vue éducatif, car ce qu'on ne démontre pas par voie expérimentale ne laisse que peu de trace dans la mémoire.

L'école organisera donc des expériences à sa manière, mais nos lecteurs auront compris qu'elles n'auront qu'une valeur éducative.

C'est ce qu'a fort bien compris Cournot. Parlant de l'enseignement de la physique, il dit (Ouvr. cité, p. 106) :

« Il faut éviter deux écueils dans lesquels on tombe trop souvent : l'un qui serait de s'appesantir sur la description des appareils de précision et sur toutes les précautions à prendre dans l'expérience, comme si l'on se proposait de former des expérimentateurs; l'autre, qui est de déflorer le sujet, de le dépouiller d'avance de l'attrait qui soutiendrait l'attention dans le cours d'études sérieuses, en commençant trop tôt l'enseignement des sciences physiques, en s'adressant à des enfants qui n'ont ni le jugement assez fortifié, ni les connaissances mathématiques assez familières pour chercher dans la physique autre chose que des expériences amusantes. »

Cournot n'interdit, bien entendu, nullement l'observation empirique des phénomènes de la nature. Ce qu'il redoute, c'est que ces prétendues expériences, simplement démonstratives, ne soient confondues avec les expériences réelles :

« Peut-on songer à faire ou à simuler dans une classe des expériences de physiologie, comme on fait, ou comme on simule des expériences de physique ou de chimie ? etc. » (p. 108).

« Il reste les classifications qui, en effet, grâce à la prodigieuse richesse du monde organique, ouvrent à l'esprit de l'homme des horizons nouveaux, qui seraient restés fermés pour lui sans les progrès des sciences naturelles, etc. » (p. 109).

« Lorsqu'on veut que les éléments des sciences deviennent un instrument pédagogique à l'usage de la foule, alors l'introduction discrète des applications et de la pratique, non à titre d'application sérieuse et de pratique effective, mais à titre d'exemples concrets et sensibles, d'où l'idée peut sortir dans sa généralité et son abstraction, devient non seulement utile, mais *indispensable*. »

« Toutes les fois qu'une application n'est pas susceptible de suggérer, d'éclairer à titre d'exemple, une conception théorique, elle tient au métier plutôt qu'à la science : écartez-la de l'enseignement universitaire dont l'essence est de tendre au perfectionnement de l'esprit par l'élucidation des idées et par le raisonnement théorique. » (Cournot, ouvr. cité, p. 539 ss.)

En résumé, bien que l'élève ne puisse guère poursuivre l'étude des sciences naturelles jusqu'au bout, il ne s'ensuit nullement que l'enseignement éducatif des sciences doive renoncer à parachever le cycle des degrés de l'intérêt. S'il devait s'arrêter court après les premiers essais de classification, le développement spirituel de l'enfant serait comme arrêté et tronqué.

Rien n'empêche l'élève de faire des réflexions d'un ordre plus spéculatif sur les lois naturelles, sur les causes et les effets, sur la finalité. Il contrôle certaines notions acquises, au moyen d'expériences qu'il imagine, qu'il combine avec méthode, et qu'il met en œuvre de son mieux. La fabrication et le lancement d'un cerf-volant constituent une expérience de physique digne d'efforts.

En se familiarisant avec les objets de la nature, en prenant l'habitude d'observer, son esprit devient plus sensible aux beautés de la nature, aux formes, aux couleurs, aux nuances, aux proportions des choses. Cette éducation esthétique n'est pas inférieure à celle qui procède de la poésie lettrée, de la pratique du dessin et du chant. En apprenant à connaître le vrai, l'élève sera bien près d'apprécier le beau. Car la condition essentielle de toute beauté, c'est son accord avec la réalité. Le beau ne doit jamais être en opposition avec le réel.

Le spectacle de la nature, et de l'ordre qui y règne, fournit un précieux aliment au sentiment religieux. L'idée de finalité qui s'en dégage, sinon toujours dans le détail des choses, du moins dans leurs caractères généraux, et à laquelle un penseur aussi exempt de préjugés que Cournot, le philosophe du hasard, n'a pu s'y soustraire, conduit au même résultat. H. Spencer fait à ce sujet une remarque un peu superficielle que nous ne citons qu'à titre de curiosité. Il prétend que l'esprit d'abnégation qui caractérise le vrai savant n'est pas autre chose que du sentiment religieux.

Toutefois, ce n'est pas au maître à imposer ou à suggérer à l'élève des conclusions toutes faites. C'est à l'élève de les trouver et à en faire son profit. De cette manière, le sentiment religieux conservera toute sa spontanéité.

Quant à la valeur morale de l'étude de la nature, comme école de la vertu, il ne faut certes pas l'exagérer, mais elle est réelle. Rousseau la résume fort bien dans l'aphorisme suivant que nous reproduisons malgré son allure un peu paradoxale :

« La loi de la nécessité toujours renaissante, apprend

à l'homme à faire ce qui ne lui plaît pas, pour prévenir un mal qui lui déplairait davantage. »

§ 8. — Les signes

L'enseignement des signes et des formes diffère totalement de celui qui a pour objet les hommes et les choses.

Les signes et les formes n'ont pas d'existence propre; ce sont des concepts et des inventions d'une valeur purement conventionnelle. Mais ces inventions sont indispensables à qui veut bien connaître l'homme et la nature. Les signes comprennent avant tout les mots et les nombres. Or, on ne saurait se passer d'eux, ni au cours de l'instruction, ni dans la vie réelle. Certes, ce ne sont que des instruments à l'aide desquels on donne l'instruction, mais ces moyens sont indispensables, puisque sans langage et sans écriture il n'existerait ni science ni littérature.

* *

Les mots ou vocables sont des signes, et leur ensemble constitue le langage humain.

Le langage sert à exprimer les pensées et les sentiments. Des pensées et des sentiments qu'on ne sait pas exprimer ne peuvent ni inspirer ni diriger des résolutions et des actions. Tant que les pensées restent inexprimées, elles restent pour ainsi dire renfermées dans l'âme à l'état diffus (Ziller).

Si les représentations de choses ou d'êtres, acquises par l'expérience, ne trouvaient pas d'expression conforme, elles ne pourraient pas même être clairement pensées. Le moi serait incapable de se rendre compte de leur nature et de leur valeur.

Un homme qui ne saurait ni parler ni compter, ne pourrait pas agir comme il le voudrait. Il serait hors d'état de vouloir énergiquement, de se proposer un but, et de trouver les moyens de le réaliser.

Voilà pourquoi il faut que l'élève devienne maître de sa langue et qu'il apprenne à exprimer sa pensée.

*

Lorsque des représentations diverses s'associent dans l'esprit, ces combinaisons, qui sont généralement des abstractions, donnent naissance à des *concepts,* à des idées générales. Ces concepts sont des produits artificiels ou conventionnels.

Par exemple, de la combinaison des sons musicaux naît le concept du rythme, celui de la mélodie, de l'accord, de la gamme, et enfin celui qui les comprend tous : l'idée de la musique. Il faut des mots pour désigner et pour fixer ces inventions de l'esprit, autrement celles-ci n'existeraient pas, ou elles n'auraient qu'une durée éphémère.

Pascal, enfant, lorsqu'il inventa la géométrie, ignorait les termes usuels, mais il les remplaçait par une terminologie de son invention.

Les mots sont les supports des idées (Ziller).

Tant que je n'ai pas d'idées générales, et que je ne puis les exprimer par des mots, je ne puis rien imaginer, je suis hors d'état de raisonner, je ne puis agir.

Le langage est aussi indispensable à l'enseignement moral et historique qu'à l'étude des sciences. Il faut des mots pour fixer les idées générales dont se composent les sciences physiques et les sciences naturelles.

Il faut même plus que des mots, il faut une langue complète pour se mouvoir à l'aise dans la société des hommes et pour se servir des sciences.

La langue est le signe de la maturité.

L'écueil à éviter, ce sont les mots incompris et les phrases toutes faites, car les signes n'ont de valeur qu'eu égard à la chose signifiée. En général, tout ce que les hommes ont acquis dans n'importe quel domaine doit être fixé par le langage.

Le langage sert aussi à cultiver le sens de la beauté. Non seulement il se prête à exprimer de belles choses, mais il peut être beau en lui-même.

La beauté du langage exige d'abord la parfaite clarté, jointe à la conformité du fond et de la forme, de la pensée et de l'expression.

En second lieu, elle consiste dans la pureté du style, dans la correction du langage écrit et du langage parlé.

L'école doit cultiver le langage oral avant l'écriture ; les signes avant les formes. Toutes les branches de l'instruction donnent lieu à des exercices de langage, depuis l'analyse d'une poésie jusqu'à une démonstration de géométrie. Mais il y aura aussi des leçons destinées spécialement à l'étude de la langue. C'est d'elles que nous allons parler.

§ 9. — Vocabulaire, grammaire et rhétorique

L'enseignement du langage se réduit le plus souvent à l'étude de la grammaire, et celle-ci a de tous temps joué dans nos écoles un rôle excessif.

Au fond, la grammaire théorique n'est nullement indispensable pour bien parler la langue maternelle ; mais elle contribue à former le raisonnement. Elle comprend des définitions, des distinctions entre les différentes espèces de mots, des règles et des exceptions, et enfin une syntaxe qu'on peut compliquer à plaisir. Pour appliquer ces principes et ces règles, il faut raisonner, choisir entre plusieurs possibilités, et se décider après réflexion.

La France est certainement le pays où les exercices de grammaire ont été le plus en honneur dans les écoles de tous les degrés, et les mœurs même s'en ressentent. Un homme qui ne sait pas l'orthographe est un homme jugé. C'est sans doute à la prépondérance de l'enseignement grammatical dans les écoles qu'est dû l'amour de la logique formelle qui est un des traits du caractère national. Le Français a été habitué de bonne heure à chercher en tout la clarté, fût-ce aux dépens d'une connaissance approfondie de la réalité. La logique formelle n'est pas toujours conforme à l'ordre réel des choses (Cournot).

Quoi qu'il en soit, la vertu éducative de la grammaire est hors de doute. L'idéal serait d'unir la clarté à la justesse, le raisonnement lumineux à l'observation exacte.

Mais avant de passer à l'étude de la grammaire il importe que l'élève possède un vocabulaire aussi riche que possible.

***

La première chose à faire, c'est d'enseigner aux enfants les vocables qui désignent les choses qu'ils voient, et celles dont on leur parle. Les leçons de choses sont donc aussi des leçons de mots. Elles enrichissent le vocabulaire.

Nous avons déjà dit qu'il importe de ne pas séparer les signes, c'est-à-dire les mots, de la chose signifiée. Il serait absurde d'inculquer à la mémoire des enfants des mots qui n'auraient aucun rapport avec leur cercle habituel d'idées et de sentiments.

Cependant il convient d'observer que dans le premier âge un mot a souvent les apparences d'une chose. Un enfant peut s'amuser à répéter un vocable ou une désinence, uniquement pour le plaisir de prononcer un mot qui sonne bien, comme il répéterait un air musical.

Qu'on exige une articulation nette! Qu'on fasse réciter les enfants en chœur, comme faisait Pestalozzi! Qu'on fasse la guerre aux locutions vulgaires, aux intonations provinciales souvent si déplaisantes!

Il est des mots que les enfants apprennent sans peine, comme par exemple les adjectifs. Car les qualités qu'ils désignent sont des abstractions qui naissent et se forment tout naturellement.

Parmi les mots qui doivent être étudiés avec un soin extrême, je citerai le verbe.

Le verbe est l'âme d'une langue, car il exprime l'action. C'est lui qui donne des ailes à la parole. Les désinences, régulières ou irrégulières, s'apprennent facilement. Mais il importe de bien distinguer les temps et les modes, et d'en régler l'emploi. Dans leurs jeux, les enfants se servent du conditionnel avec une virtuosité parfaite. D'autre part, la logique enfantine aboutit parfois à de singulières incorrections : on les entendra dire, par exemple : j'ai peintu, j'ai boyu, j'ai risu, au lieu de : j'ai peint, j'ai bu, j'ai ri. Ces incorrections passagères ont peu d'importance. Le souci principal du maître sera de bien diriger l'enfant dans l'emploi des temps et des modes.

Le but du maître n'étant donc nullement d'inculquer à l'enfant des règles de grammaire, mais de lui apprendre à parler correctement et à s'exprimer aisément, il s'ensuit que son premier soin sera d'enrichir son vocabulaire. Il atteindra ce résultat par l'emploi des synonymes, par la récitation de morceaux variés, par des exercices de construction de propositions. Une phrase dont le verbe est à l'actif sera retournée de manière à permettre l'emploi du passif. On peut faire ressortir une affirmation par une tournure négative : Mon père est bon, mon père n'est pas méchant.

L'ensemble de ces exercices constituerait une petite rhétorique, dont le besoin se fait vivement sentir, surtout dans les pays libres où la parole joue un si grand rôle. L'école a pour tâche d'enseigner à bien parler avec justesse et avec élégance. Combien d'hommes, pourtant instruits et intelligents, se sentent hors d'état de prendre la parole dans une réunion, fût-elle intime! Beaucoup n'osent pas même porter un toast! Que de conversations embrouillées, où tous parlent à la fois, parce que personne ne sait se faire écouter, ni écouter les autres!

Il est déplorable que dans nos écoles la grammaire l'ait emporté sur la rhétorique, et l'exercice d'orthographe sur le discours parlé[1].

*
* *

Ceci dit, revenons à l'enseignement de la grammaire.

Il faut retarder le moment où l'élève s'initiera à la grammaire théorique. Lorsqu'il aura enrichi son vocabulaire, lorsqu'il aura fait des lectures et lorsqu'il aura fait des efforts pour répondre à des questions, pour raconter une histoire, pour répéter une leçon, pour rédiger une lettre, etc., alors la grammaire sera la bienvenue. Car, au lieu de lui imposer un lourd fardeau et un surcroît de travail, elle lui apportera un soulagement. Grâce aux règles, son travail sera abrégé et facilité; car les règles, au lieu de lui apporter une gêne et une entrave, contribueront à diminuer ses incertitudes, et à lui épargner des tâtonnements fastidieux.

La grammaire est aussi utile pour apprendre à parler et à écrire avec art, et cet art est indispensable pour exprimer les idées et les sentiments de plus en plus complexes qui s'éveillent à mesure qu'on avance en âge, qu'on ocquiert plus de maturité, qu'on a plus de choses à dire, et qu'on entreprend des études plus fructueuses.

---

[1]. Voici quelques conseils que donne Fénelon (*De l'éducation des filles*, chap. XII). On remarquera qu'ils s'appliquent tout aussi bien aux garçons qu'aux filles :

« Apprenez à une fille à lire et à écrire correctement. Il est honteux, mais ordinaire, de voir des femmes qui ont de l'esprit et de la politesse, ne savoir pas bien prononcer ce qu'elles lisent : ou elles hésitent, ou elles chantent en lisant; au lieu qu'il faut prononcer d'un ton simple et naturel, mais ferme et uni. Elles manquent encore plus grossièrement pour l'orthographe, ou pour la manière de former ou de lier des lettres en écrivant : au moins, accoutumez-les à faire leurs lignes droites, à rendre leurs caractères nets et lisibles. Il faudrait aussi qu'une fille sût la grammaire; pour sa langue naturelle, il n'est pas question de la lui apprendre par règles, comme les écoliers apprennent le latin en classe; accoutumez-les seulement, sans affectation, à ne prendre point un temps pour un autre, à se servir des termes propres, à expliquer nettement leurs pensées, avec ordre et d'une manière courte et précise : vous les mettez en état d'apprendre un jour à leurs enfants à bien parler sans aucune étude. »

Quant à l'action de la grammaire pour le développement de l'intelligence, nos lecteurs connaissent déjà notre sentiment, et nous reviendrons du reste sur ce sujet, lorsque nous parlerons de l'étude des langues étrangères et des langues mortes.

Pour le moment, nous nous bornerons à citer les excellentes paroles de Cournot sur cet important sujet (ouvr. cité, p. 56) :

« En thèse générale, rien ne se prête mieux que l'étude grammaticale et littéraire d'une langue au développement graduel et méthodique de toutes les facultés intellectuelles de l'enfance et de l'adolescence, et à l'organisation régulière d'un enseignement reçu en commun, à la faveur d'une discipline qui devient le nerf de l'éducation proprement dite. Cette étude exerce la mémoire, la sagacité, le goût, le jugement sous toutes ses formes, logiques ou non logiques, c'est-à-dire soumises ou non à des classifications, à des déductions, et à des règles précises. Elle forme l'homme tout entier par la variété des pensées et des sentiments exprimés dans les monuments littéraires de la langue qu'on étudie. De pareilles études composent un tissu qui n'est ni trop lâche ni trop serré; chacun peut y profiter plus ou moins, selon sa mesure : l'attention de l'écolier peut sommeiller ou languir par intervalles, sans qu'il soit condamné au découragement ou sans qu'une lacune dans le passé se fasse perpétuellement sentir comme un obstacle aux progrès futurs. »

§ 10. — DE L'INSTRUCTION LITTÉRAIRE

Le langage est le véhicule de l'éducation. *C'est en effet dans la langue qu'est déposé tout le développement historique de la culture d'une nation et de l'humanité* (Ziller).

C'est ici qu'il convient d'examiner le bien fondé du principe de Pestalozzi : que les degrés de l'éducation enfantine doivent correspondre aux phases de la civilisation humaine.

Déjà Pascal a fait remarquer que l'humanité ressemble à un homme qui, parti de l'état d'enfance, atteint peu à peu la maturité et puis à la vieillesse. Loin qu'on puisse les assimiler aux vieillards, les anciens seraient donc les jeunes, puisqu'ils n'avaient pas encore acquis nos connaissances et notre expérience, fruits d'une évolution séculaire. C'est l'humanité actuelle qu'on pourrait à juste titre comparer à un homme très avancé en âge qui posséderait l'expérience accumulée par des siècles de culture.

Cette observation est vraie pour les peuples civilisés. Quelle fraîcheur, quelle délicieuse naïveté ne trouve-t-on pas chez les anciens Grecs ! Tout respire la jeunesse chez eux. Les mots eux-mêmes conservent encore toute leur énergie initiale. Le temps et l'usage n'en ont pas encore effacé le coloris. C'est là, dans la littérature grecque, qu'on trouve des écrits et des poèmes qui s'adaptent au premier éveil de l'intelligence enfantine.

La littérature latine est postérieure. Plus oratoire, plus saturée d'idées politiques, elle convient à un âge plus avancé. En s'inspirant de ces modèles, les jeunes gens apprennent à concevoir et à exprimer de fortes pensées.

Quant à la littérature moderne et contemporaine, elle convient plutôt à l'âge mûr, ou tout au moins à des adolescents très avancés. Sauf exceptions, elle ne convient guère, dans son entier, aux écoles. Et cela pour deux raisons :

Leur style est trop touffu, trop riche, trop recherché. Lorsque les écrivains modernes s'avisent d'être simples, leur simplicité devient de la pauvreté et de la sécheresse. La simplicité d'un vieillard n'a rien de commun avec la candeur de la jeunesse. Tout a été dit et redit de tant de façons, que, pour éviter la banalité, les écrivains modernes sont obligés de renouveler, au moyen de combinaisons nouvelles et imprévues, le vieux bagage de mots, d'expressions, de métaphores qu'on leur a transmis. Quelques-uns sans doute, et ce sont les plus grands, réalisent le miracle d'unir la complexité de la pensée moderne à l'élégante simplicité de la forme. Mais la simplicité d'un Renan cache plus d'art, et un art infiniment plus raffiné que les œuvres plus vulgaires, d'allure franchement emphatique.

Le second motif pour lequel les chefs-d'œuvre littéraires modernes et contemporains se prêtent peu à un emploi dans l'école, c'est qu'ils expriment des idées et des sentiments où se réflète toute la complexité de la culture moderne, avec ses hauts et ses bas, ses vertus singulières et ses vices profonds. Nos lecteurs nous dispenseront d'insister sur cet ordre d'idées, d'autant plus que nous aurons l'occasion, par la suite, de préciser notre pensée.

Remarquons tout d'abord que la poésie moderne, essentiellement lyrique et personnelle, n'a presque jamais parlé la langue du peuple, encore moins celle de l'enfant. En France du moins, elle ne s'est jamais adressée qu'à un public lettré, ou quelque peu frotté de littérature. Dans les chansons les plus populaires de Béranger on rencontre nombre d'expressions et de métaphores qu'un ouvrier ou un paysan ne comprendront jamais. Et si, pour comprendre de telles œuvres, on a déjà besoin d'un commentaire, que sera-ce si nous essayons d'introduire à l'école Victor Hugo et Leconte de l'Isle? Déjà le xviie siècle souffrait de cet inconvénient. Sans doute il y a La Fontaine... mais justement La Fontaine est de ceux qui déconcertent le plus ses admirateurs réfléchis, car ceux-ci se rendent bien compte que l'enfant qui récite ses fables, n'en comprend ni la subtile ironie de la pensée, ni la merveilleuse ordonnance du rythme poétique, ni les rares trouvailles de l'expression verbale.

En résumé, plus les auteurs modernes excellent, moins ils sont à la portée des enfants.

Il semble donc qu'il ne reste pour l'école éducative que les œuvres médiocres ; et l'on ne se fait pas faute d'en bourrer les recueils scolaires. De pauvres produits d'une muse à bout de souffle séduisent les maîtres de l'enfance par un air de fausse simplicité ou par un sentimentalisme assez vulgaire. La valeur pédagogique de ce qui n'est que le rebut de la poésie moderne, est nulle.

Certes, il y a aussi des écrits franchement didactiques, et quelques-uns sont admirables. Des œuvres comme *Télémaque*, comme *Paul et Virginie*, mériteront toujours d'être mises entre les mains des jeunes gens. Mais il faut avouer que ces chefs-d'œuvre ont fait leur temps, et ils ne sont pas les seuls. L'enfant n'aime pas qu'on lui prêche la morale, il préfère tirer lui-même de ses lectures et de son expérience les conclusions et les enseignements qui dirigeront sa vie.

Je ne parle que pour mémoire du genre niais qui jette annuellement sur le marché d'innombrables livres dorés sur tranches et dépourvus de tout caractère littéraire ou éducatif.

Avouons-le : pour les modernes, toujours vieillots par quelqu'endroit, la tâche de parler aux enfants, ou, ce qui revient presque au même, d'écrire pour le peuple, est difficile. En voulant contenter les lettrés on perd de vue les besoins de l'enfance. Et ceux qui écrivent pour les enfants, faisant violence à leur nature, ne produisent souvent, malgré leur talent, que des œuvres médiocres. Il faudrait du génie pour mener à bonne fin une telle œuvre. Mais qui est-ce qui se doute de la beauté et de la portée d'une pareille entreprise ? Le génie se plaît dans les sereines hauteurs, et, s'il s'abaisse, c'est le plus souvent par pure coquetterie, et sans conviction.

C'est dans la littérature ancienne qu'on trouvera les modèles accomplis d'œuvres s'adaptant à la pensée enfantine. Homère et Hérodote, voilà les vrais compagnons de la jeunesse. Il est vrai que les anciens eux-mêmes n'étaient pas tous de cet avis, et ceux-là se plaçaient précisément au point de vue pédagogique. Platon exclut purement et simplement les poètes de la République ; il leur reproche de corrompre la jeunesse.

Il ne s'agit pas ici d'un paradoxe sans conséquence. Platon doit être pris au sérieux, et s'il se trompe, il vaut la peine d'élucider ce cas.

D'abord, il n'est pas exact que Platon bannisse de la République la poésie et la musique. Il les conserve au contraire, à condition que la première exprime le beau et le bien, que la seconde évite les modulations amollissantes et langoureuses. Il exclut Homère à cause des grossières superstitions concernant les dieux, qui foisonnent dans ses poèmes. Aux autres poètes, et en particulier aux poètes dramatiques, il reproche de négliger le vrai et d'entraîner la foule à des illusions et à des passions dangereuses.

Si Platon revenait parmi nous, il pourrait nous tenir le langage suivant : Vous autres, vous êtes bien à votre aise pour jouir tranquillement des beautés dont, je le sais fort bien, foisonnent les poèmes d'Homère et les tragédies d'Euripide. Les scandaleuses histoires qui déshonorent les dieux, les crimes abominables de prétendus héros et qui n'ont d'égaux que ceux dont se repaissent les lecteurs de vos journaux, ne vous émeuvent ni ne vous passionnent. Après plus de deux mille ans, il vous est facile de faire abstraction de toutes ces impuretés et de jouir pleinement des beautés incomparables des chefs-d'œuvre grecs. Mais vous, hommes du xxe siècle, n'agissez-vous pas comme moi? Vous avez eu aussi des poètes, et quelques-uns d'entre eux sont venus me rejoindre aux Champs Élysées. Mettez-vous entre les mains de vos enfants les drames de Victor Hugo, les contes de Voltaire, les romans les plus beaux de George Sand, les œuvres de Flaubert? Et pourquoi ne le faites-vous pas? Est-ce parce que ces ouvrages ne seraient pas assez beaux, ni assez bien écrits? Vous n'y pensez pas. Avouez-le : vous savez fort bien qu'il est imprudent d'exposer la jeunesse au contact de passions trop violentes, de la mettre aux prises avec les laideurs et les mensonges de la vie, avant de l'avoir initiée à la beauté et à la vertu!

*
* *

Le principe qui prescrit de faire concorder la marche de l'instruction éducative avec celle de la culture humaine, peut du reste être appliqué de différentes façons.

Les peuples modernes, tout comme les anciens, ont une histoire, et l'on peut soutenir qu'eux aussi ont connu la période de l'enfance, suivie de celle de l'adolescence, de la maturité et parfois de la vieillesse. A y regarder de bien près, la Grèce antique a atteint la décrépitude après l'aurore de la jeunesse, et Plutarque est à Hérodote ce qu'un vieillard est à un enfant.

Si donc il existait chez les Français, chez les Allemands et les Anglais, une série d'œuvres poétiques correspondant aux différentes phases de leur évolution, on pourrait chercher, et peut-être trouver parmi les trésors littéraires d'un passé éloigné, quelque œuvre, histoire ou épopée, qui convînt à l'éducation morale de la jeunesse.

En France, les épopées et les poésies lyriques surgirent en masse à partir du XIIe siècle. Pour des raisons que nos lecteurs connaissent, nous ferons abstraction de la poésie lyrique de ce temps. La plupart des épopées appartiennent déjà à une époque où la nation française approchait de la maturité, où du moins le goût du romanesque avait étouffé la mâle simplicité des sentiments. Mais quelques-uns de ces poèmes, et ce sont précisément les plus anciens, échappent à ce reproche. Parmi eux, il en est au moins un, *La Chanson de Roland*, qui restera toujours comme un monument impérissable des premiers élans héroïques d'une race appelée à jouer un jour dans le monde un rôle éclatant. Où trouvera-t-on exprimés mieux que dans cet illustre poème les idées et les sentiments dont la jeunesse aime à s'inspirer? l'amour du pays natal, l'honneur poussé jusqu'à l'extrême sacrifice, la religion de l'amitié, la haine de la trahison, la bravoure et la pitié, la joie et les larmes? Chaque caractère, chaque type, dessiné d'un contour précis, ressort avec une netteté étonnante. Quant à la forme, elle est simple et fruste, mais la versification dénote déjà un art consommé[1].

Il est regrettable que l'école n'ait pu encore se servir d'un pareil chef-d'œuvre. Mais d'autres peuples, notamment les peuples du Nord, ont montré par leur exemple, qu'une telle tentative peut réussir. Les Danois font un large usage de leurs antiques épopées dans l'éducation de la jeunesse.

* *

Qu'il s'agisse des chefs-d'œuvre grecs ou des vieilles épopées françaises ou germaniques, on ne saurait les étudier sérieusement qu'en apprenant une ou plusieurs langues mortes : le grec, le latin, la langue romane, le vieil allemand, l'idiome scandinave. Ceux qui en profiteront ne formeront jamais qu'une minorité.

Or, la pédagogie se préoccupe de la totalité des enfants, et non pas seulement d'une élite.

Faut-il renoncer à donner un enseignement vraiment littéraire aux écoles primaires, c'est-à-dire à l'immense majorité des enfants? Faut-il renoncer à trouver, sans remonter aux anciens, une littérature à la fois très belle, et appropriée aux besoins et au tour d'esprit de la masse enfantine?

Nous croyons qu'il existe, parmi nous, une mine inépuisable, riche en morceaux littéraires d'une forme achevée et d'une convenance parfaite.

Ce sont les contes populaires, auxquels nous voudrions pouvoir ajouter la poésie populaire : rimes et dictons, rondes et chansons.

Malheureusement la poésie populaire ne pourra pas

---

[1]. Voyez : E. Rœhrich, *La Chanson de Roland avec une Introduction sur son rôle dans l'éducation de la jeunesse.*

être utilisée dans l'école, telle qu'elle est. Sans doute elle compte des morceaux de grande valeur, et même d'un art très gracieux, mais la langue en est trop fruste et même incorrecte. Cette poésie ne sera appréciée à sa juste valeur que du jour où quelque grand poète la remettra au point d'une main délicate, en se gardant bien d'y ajouter sa note personnelle.

La vraie chanson populaire, où il n'y a jamais ombre de lyrisme, est tout action. Tantôt elle raconte un fait ou un petit drame, tantôt elle se borne à illustrer la vie du peuple : ses joies, ses souffrances, ses fêtes, ses menus incidents. Il y a des chansons d'enfants, des chansons de soldat, des chansons d'amour. Depuis la naissance jusqu'à la mort, toute la vie humaine est exprimée et dépeinte dans ses couplets. Il faut admirer la variété et la coupe de la strophe, le rythme entraînant du vers, et notamment la grâce pittoresque et le charme musical du refrain. Nous ne parlons que pour mémoire de la valeur musicale des mélodies populaires qui n'est plus ignorée des connaisseurs. Les compositeurs modernes n'ont pas imité l'indifférence hautaine des poètes lettrés ; ils ont depuis longtemps commencé à exploiter la mine inépuisable des airs populaires. Ils se gardent bien d'y rien changer, car ils savent ce que valent ces sortes d'embellissements.

Quoi qu'il en soit, la chanson populaire n'est pas encore utilisable dans l'école. Mais nous souhaitons qu'elle y occupe bientôt la place d'honneur qui lui revient, et qu'elle en chasse les produits artificiels, corrects, mais insignifiants, d'une Muse qui a perdu tout contact avec l'âme du peuple, et avec le cœur des enfants.

Par contre, l'école peut fort bien se servir des *contes populaires.*

Je ne m'arrêterai pas aux sept contes de Perrault, admirables en leur genre, mais d'une valeur éducative fort inégale. Tous portent du reste le cachet du littérateur.

On a publié, depuis cinquante ans, une quantité énorme

de contes recueillis dans toutes les provinces de la France, sous la dictée des gens du peuple eux-mêmes. Et ce n'est pas fini, car il en paraît tous les ans de nouveaux. Parmi ces milliers de contes, il serait facile de sélectionner un recueil de récits intéressants, riches en applications morales, admirables par la limpidité et la correction du style.

Redoutez-vous l'intrusion dans les écoles des superstitions et des diableries, et en général du merveilleux fantasque qui foisonne dans les contes et les légendes? Qu'à cela ne tienne! Laissez de côté tous les contes qui vous inspirent de la répugnance! Éliminez-en 95 sur 100. Il en restera toujours assez pour un petit recueil où le cœur et l'imagination des enfants trouveront leur compte.

Chose curieuse! Tandis que la chanson populaire est grammaticalement incorrecte, le conte en prose est toujours d'un style impeccable. On n'y rencontre guère de mots inconvenants, et l'expression, dépourvue d'ornements, est toujours limpide. Çà et là un mot de patois donnera plus de saveur au texte. Tout est sacrifié à l'action. Celle-ci se poursuit sans heurt, les détails sont exquis, les transitions parfaites. C'est de l'art, mais un art inconscient qui procède plutôt de l'instinct esthétique du peuple, que de la volonté du conteur. La personne de ce dernier s'efface. Ce n'est pas le cas, par exemple, pour les contes de Perrault.

Tous les peuples, même les plus barbares, ont leurs contes, et il faut dire que les savants et les littérateurs étrangers ont commencé à collectionner les contes de leur pays, à une époque où personne chez nous ne songeait encore à imiter l'exemple de Perrault, de Molière, de La Fontaine, qui avaient les premiers compris la valeur de la littérature et de la chanson populaires. Aujourd'hui, presque toutes les nations civilisées ont compris leur importance pour l'éducation et l'amusement de la jeunesse.

Et pourtant le conte français est à certains égards supérieur même aux contes de Grimm. Certes, ces derniers respirent un charme poétique incomparable. Mais le conte français possède une qualité autrement précieuse, la plus précieuse de toutes : il est tout action.

Le récit va droit au but, sans rêverie, sans digressions oiseuses ; et en cela il est bien conforme au génie français.

Le peuple moderne, tout comme les anciens, a aussi ses Achille, ses Philoctète, ses Ajax, ses Thersit*. Il a l'équivalent d'Hercule et d'Ulysse. Il aime le finaud qui a son sac plein de malices. Il a ses sirènes, ses géants et ses nains. Il sait célébrer l'amour filial, la tendresse fraternelle, la fidélité conjugale, la constance dans la souffrance, la beauté de la pitié, le courage devant la mort.

Jusqu'ici, l'école n'a vraiment tiré parti que d'une branche de la littérature populaire : celle précisément qui fournit l'enseignement moral le plus défectueux. Ce sont les fables. Il existe aussi une épopée des bêtes : le Roman du Renard, dont nos pères faisaient leurs délices. Il est singulier qu'on ne le connaisse en France que par la traduction du célèbre poème de Gœthe, et qu'aucun littérateur français n'ait jamais songé à mettre à la portée de nos enfants l'épopée française, bien que celle-ci soit beaucoup plus variée et plus amusante que l'épopée allemande.

§ 11. — DE L'ENSEIGNEMENT DES LANGUES VIVANTES ET DES LANGUES MORTES

Généralement, on étudie les langues étrangères modernes pour leur utilité pratique, en vue du commerce, ou pour obtenir l'accès dans une carrière.

Pourtant cette étude peut contribuer à l'éducation, surtout lorsque les éléments de la langue étrangère sont enseignés dans des conditions moins artificielles, par exemple par un maître étranger, ou lors d'un séjour à l'étranger.

Voici les règles à suivre pour l'enseignement éducatif des langues étrangères :

Cultiver et pratiquer le langage oral avant l'écriture et la lecture. Le signe doit être rapproché le plus possible de la chose. C'est en parlant la langue qu'on en saisit le mieux le rythme, l'accentuation, la construction, l'expression idiomatique. En parlant, on apprend ainsi à distinguer entre les mots d'un usage courant et ceux d'un emploi plus rare.

Lire ou faire lire des morceaux littéraires appropriés à l'âge de l'enfant. Les Allemands et les Anglais possèdent une littérature enfantine incomparable : contes, chansons, proverbes et dictons, etc. Gœthe lui-même n'a pas dédaigné de doter l'école de chefs-d'œuvre poétiques, qu'on ne se lasse pas de répéter.

Pratiquer une grammaire, non pas théorique, mais usuelle et pratique, qui, au lieu de compliquer l'étude de la langue, la facilite. La grammaire devient un adjuvant, lorsqu'elle favorise l'aperception. Grâce à elle, un mot nouveau, une expression inconnue se rangent rapidement et automatiquement dans la série préexistante de notions correspondantes.

L'aperception, dans l'étude des langues, ne peut du reste fonctionner qu'assez tard. Il faut avant tout que la mémoire s'assimile et retienne des groupes considérables de mots et des séries très complètes de formes et de désinences. Ces premiers commencements exigent de grands efforts de mémoire, c'est-à-dire d'attention volontaire. Aucune aperception ne pouvant se faire tant que l'acquis n'a pas encore pris assez d'étendue et de consistance, les débuts de l'apprentissage d'une langue sont aussi pénibles pour l'élève que pour le maître, qui doit se borner provisoirement à exiger un pur travail de mémoire.

**

Si nous passons à la question si controversée du rôle pédagogique des langues mortes, et spécialement du grec et du latin, le premier, et même le seul problème qui se pose est celui-ci :

A-t-on intérêt à connaître et à faire connaître dans le texte original les chefs-d'œuvre littéraires de l'antiquité gréco-romaine?

Pour nous cette question se formule ainsi : Les écrits des anciens peuvent-ils contribuer à l'éducation morale?

En général, notre réponse ne peut qu'être affirmative. Nos lecteurs savent déjà pourquoi. Toutefois nous aimons, à défaut d'autres citations que nous pourrions multiplier à l'infini, donner la parole à un penseur français, La Bruyère, et cela d'autant plus volontiers qu'on ne le compte pas ordinairement parmi les autorités en pédagogie. Cependant, si l'on réfléchit qu'il a passé la plus grande partie de sa vie à enseigner, on ne s'étonnera pas que nous le tenions pour un des maîtres les plus compétents en cette matière.

Il s'exprime sur la question de l'enseignement des langues avec sa concision et sa profondeur habituelles :

« Les langues sont la clef ou l'entrée des sciences, et rien davantage; le mépris des uns tombe sur les autres : il ne s'agit point si les langues sont anciennes ou nouvelles, mortes ou vivantes; mais si elles sont grossières ou polies; si les livres qu'elles ont formés sont d'un bon ou d'un mauvais goût. Supposons que notre langue pût un jour avoir le sort de la grecque ou de la latine, serait-on pédant quelques siècles après qu'on ne la parlerait plus, pour lire Molière ou La Fontaine? » (Tome II. *Des Jugements*.)

Voici maintenant quelques observations du même auteur sur la pratique des langues mortes (Tome II, *De quelques usages*) :

« L'étude des textes ne peut jamais être assez recommandée; c'est le chemin le plus court, le plus sûr et le plus agréable pour tout genre d'érudition. Ayez les choses de première main; puisez à la source; maniez, remaniez le texte; apprenez-le de mémoire; citez-le dans les occasions; songez surtout à en pénétrer le sens dans toute son étendue et dans ses circonstances: conciliez un auteur original, ajustez ses principes, tirez vous-même des conclusions, etc. »

La Bruyère connaissait fort bien les difficultés de l'étude des langues. Il est d'avis de commencer le plus tôt possible à les apprendre pour en tirer quelque fruit (*Ibid.*) :

« L'on ne peut guère charger l'enfance de la connaissance de trop de langues, et il me semble que l'on devrait mettre toute son application à l'en instruire; elles sont utiles à toutes les conditions des hommes, et elles leur ouvrent également l'entrée, ou à une profonde, ou à une facile et agréable érudition. Si l'on remet cette étude si pénible à un âge un peu plus avancé, et qu'on appelle la jeunesse, ou l'on n'a pas la force de l'embrasser par choix, ou l'on n'a pas celle d'y persévérer; et si l'on y persévère, c'est consumer à la recherche des langues le même temps qui est consacré à l'usage que l'on en doit faire; c'est borner à la science des *mots* un âge qui veut déjà aller plus loin, et qui demande des *choses;* c'est au moins avoir perdu les premières et les plus belles années de sa vie. Un si grand fond ne se peut bien faire, que lorsque tout s'imprime dans l'âme naturellement, et profondément; que la mémoire est neuve, prompte et fidèle; que l'esprit et le cœur sont encore vides de passions, de soins et de désirs, et que l'on est déterminé à de longs travaux par ceux de qui l'on dépend. Je suis sûr que le petit nombre d'habiles, ou le grand nombre de gens superficiels vient de l'oubli de cette pratique. »

Sans nous arrêter à critiquer telle assertion peut-être un peu hasardée de La Bruyère, comme quand il prétend que les exercices de mémoire se font le mieux dans la première enfance, nous constatons néanmoins qu'il sait fort bien distinguer entre l'étude formelle ou théorique d'une langue, et l'usage qu'on doit en faire pour l'étude des chefs-d'œuvre de cette langue. La première est le moyen, la seconde est le but.

*
* *

S'il est incontestable que l'étude des langues mortes est utile, il ne s'ensuit nullement qu'elle soit d'une nécessité absolue et universelle pour tous les temps. La pédagogie générale se borne à constater sa grande valeur éducative pour celles d'entre les nations civilisées qui se réclament du glorieux héritage de l'antiquité classique. Et encore ne la constate-t-elle que pour le siècle présent, sans préjuger des besoins des générations futures. Elle n'ignore pas non plus que cette étude ne profite en définitive qu'à une fraction assez restreinte de la population scolaire.

Les partisans de l'enseignement classique, qui ne sont du reste pas à court d'arguments, soutiennent que même l'étude grammaticale et formelle d'une langue possède un vertu éducative, puisqu'elle développe le mécanisme du raisonnement. Cela est fort juste : l'enfant qui fait un thème ou une version, pratique le raisonnement déductif ou inductif sur une vaste échelle. A cet égard, on peut même soutenir la supériorité de l'instruction philologique sur l'enseignement des sciences naturelles ou mathématiques. Car celles-ci s'enseignent par une méthode dogmatique, et s'imposent par une voie autoritaire, inconnue dans l'enseignement grammatical ou littéraire. Lorsque l'élève fait un exercice littéraire, il peut hésiter sur le choix d'une expression ou sur le bien fondé d'une règle; il peut même élaborer lui-même des règles d'après la concordance et la régularité des cas particuliers, tandis qu'il ne lui est pas permis de douter de la justesse d'une formule de mathématique ou d'une loi de la physique qu'on lui enseigne; il peut encore moins les élaborer lui-même par voie d'induction.

L'utilité de l'étude des langues pour la formation du raisonnement est donc évidente. Mais, pour obtenir ce résultat, point n'est besoin de recourir exclusivement aux langues mortes. Le grec et le latin n'ont point le monopole de l'éducation du raisonnement. L'étude de n'importe quelle langue vivante fournit aux élèves exactement les mêmes occasions d'apprendre à penser et à raisonner juste.

Nul n'a mieux compris à la fois la solide vertu éducative et le caractère aléatoire, et peut-être transitoire, de l'étude des langues mortes, que Cournot :

« La langue qui réunit au plus haut degré les conditions de perfection organique, de richesse et d'originalité littéraire, c'est le grec; la langue d'où nos langues romanes sont issues, et dont la littérature, par son mâle bon sens, a exercé une influence capitale, même sur le développement littéraire des autres nations de l'Europe occidentale, c'est le latin. » (Cournot, ouvr. cité, p. 59.)

Cournot voit du reste les choses de plus haut. Il expose que toutes les nations civilisées sentent le besoin d'élever la jeunesse selon une certaine méthode de travail, et qu'on a créé pour cela des sciences artificielles, sur lesquelles l'enfant pût exercer son activité et acquérir ainsi des forces destinées à se déployer un jour d'une manière plus utile, pour nous assujettir les forces de la nature et les faire servir à la satisfaction de nos besoins, de nos goûts et de nos caprices.

« Tous les peuples aux yeux desquels l'antiquité est la source de toute sagesse, qui ont entendu fonder leurs institutions sociales sur l'autorité immuable de textes canoniques consacrés par la religion, ou seulement (comme chez les Chinois) objets d'une superstition de lettrés, se sont mis par cela même en contradiction avec les conditions de la véritable science, progressive de sa nature; mais aussi par cela même ils ont donné naissance à une science artificielle, à une philologie archaïque, à une herméneutique, dont les éléments, remaniés de génération en génération, ont pu fournir le cadre et le thème d'un enseignement pédagogique, d'une discipline scolaire, propres à assouplir et à fortifier l'esprit. »

Certes, dit Cournot, ni les Grecs, ni les Romains ne faisaient de l'étude des langues mortes le fond de leur éducation publique, mais « ils ont dû imaginer pour l'éducation de leur jeunesse, pour les besoins de leurs écoles, cette rhétorique si subtile, si technique, si scolastique, qu'Aristote, Cicéron, Quintilien nous font connaître ».

Les clercs du moyen âge, n'ayant que faire de cette rhétorique, se jetèrent sur la logique : nouvelle science artificielle, nouvel instrument technique approprié aux conditions de la discipline scolaire.

A l'époque de la Renaissance, les classes d'humanité et de grammaire prirent à peu près la forme qu'elles ont conservée depuis.

Cournot, quoique partisan convaincu du maintien de l'enseignement gréco-latin, ne se fait du reste guère d'illusions sur les chances qu'il a d'être conservé, dans un avenir plus ou moins éloigné. Il sait fort bien que cet enseignement, dont le caractère artificiel ou conventionnel saute aux yeux, est étroitement lié à l'état de notre société, et surtout à l'existence d'une classe bourgeoise, et il dit expressément que si celle-ci devait disparaître, c'en serait fait des humanités : le grec et le latin seraient relégués dans les écoles spéciales :

« Veut-on rompre décidément ce commerce avec l'antiquité républicaine et païenne? L'entreprise est aisée, il n'y a qu'à céder au courant. Mais pour cela reviendrait-on au moyen âge? Non, sans doute. On irait où de fait nous tendons, où arriveront plus tôt que nous les sociétés que l'émigration européenne a fondées sur d'autres points du globe, c'est-à-dire à un état de civilisation dans lequel l'influence des traditions historiques s'étant beaucoup affaiblie, la curiosité et le goût littéraire s'étant émoussés, la mobilité des conditions ayant remplacé la hiérarchie des classes et laissant peu de loisir aux études spéculatives, il n'y aura plus guère moyen de maintenir un système d'études secondaires dans le vrai sens du mot. »

Voilà des considérations exemptes de préjugés qu'il

sera bon de méditer. Nous ne croyons pourtant pas que les partisans des études gréco-latines aient lieu de désespérer. D'abord les monuments littéraires de l'antiquité classique sont et demeureront toujours le trésor commun de l'humanité tout entière, et non pas seulement d'une portion restreinte de l'humanité. Celle-ci pourrait fort bien se passer des dits de Confucius ou des poèmes des Védas. Mais peut-elle se passer de ces œuvres parfaites nées sur les rives de la Méditerranée? Pourra-t-elle oublier cette superbe floraison de la poésie, de l'histoire, de la philosophie? Et si même les Européens rejetaient cet héritage si admirable, est-il bien sûr qu'il ne se trouvera pas en Chine ou en Australie des hommes décidés à le recueillir?

§ 12. — Les formes

A côté des signes, qui sont le support de la pensée, l'instruction se sert des *formes*, qui en sont les auxiliaires.

Parmi les formes nous distinguons le dessin linéaire, l'écriture, les chiffres.

En général, les formes, qui sont à l'origine la reproduction d'objets réels, tendent à s'affranchir de la sujétion du concret et de l'accidentel pour exprimer des abstractions.

Le dessin, dont la fonction propre est de représenter les choses visibles, devient dans la géométrie un moyen artificiel pour exprimer des formes abstraites et des réalités idéales. Et ainsi le dessin devient l'auxiliaire de la science et de l'action.

L'homme qui ne sait pas dessiner, rencontre à chaque instant un obstacle qui s'oppose à la réalisation de ses idées. L'ingénieur et l'architecte, le menuisier et l'ébéniste ne sauraient se passer de ce talent. Faute de savoir dessiner, beaucoup d'hommes habiles de leurs mains et doués d'une imagination gracieuse et féconde, n'ont jamais pu s'élever au-dessus de la condition d'un ouvrier. Le dessin contribue à augmenter nos moyens d'action et à régler notre vouloir.

Ceci nous conduit tout doucement à la géométrie.

Cournot distingue entre la géométrie élémentaire, qui repose encore tout entière sur le dessin, et la géométrie classique, qui, inspirée par les Grecs, se complaît dans les raisonnements abstraits et subtils.

« L'expérience prouve, d'une part, que le mécanisme de calcul, et une sorte de géométrie intuitive qui fait la base de ce qu'on appelle aujourd'hui le dessin linéaire, sont des choses qui s'apprennent dès le plus jeune âge, et qui s'oublient de même avec la plus grande facilité; d'autre part, que le plus grand nombre des enfants ne sont capables qu'assez tard de raisonnements abstraits et de saisir ce qu'on entend par démonstration. » (Ouvr. cité, p. 92) :

« L'arpenteur qui mesure la surface d'un terrain tel qu'une île, à contour sinueux et irrégulier, en la décomposant en une multitude de petits trapèzes, où l'on considère comme une ligne droite une petite ligne dont la courbure est insensible, cet arpenteur, disons-nous, attaque en réalité, dans son espèce la plus simple, un problème de calcul intégral que l'on connaît sous le nom de problème des *quadratures*. Il raisonne (qu'on veuille bien le remarquer) aussi juste qu'Archimède et Newton, quoiqu'il n'ait pas fallu le génie d'Archimède ou de Newton pour trouver sa méthode, et qu'on puisse en donner la pleine intelligence à qui serait tout à fait incapable de comprendre Archimède et Newton. Or, il est utile que la généralité des hommes instruits aient l'idée d'un artifice si simple, si ingénieux, dont les applications, sous des formes différentes, se reproduisent partout. Il est bon qu'il y reconnaisse une méthode générale d'approximation, que rien ne limite dans l'ordre des conceptions idéales, et qui, dans l'ordre des choses sensibles, n'a d'autres limites que celles qu'apporte à toute opération de mesure l'imperfection de nos sens et de nos instruments matériels. L'École polytechnique ne demande pas cela à ses candidats, bien au contraire : car, comme elle se charge d'exposer à fond la théorie du calcul intégral, elle craindrait qu'on ne leur eût donné là-dessus des idées, une méthode, une nomenclature qui ne cadreraient pas avec son propre enseignement. (P. 96.)

Au sujet des exercices d'arpentage, qu'il recommande vivement, à titre d'exemples concrets et sensibles, Cournot fait l'observation suivante :

« Hors de l'enseignement vraiment professionnel, c'est-à-dire de l'apprentissage, il ne faut voir dans les applications qu'un moyen, le meilleur peut-être, de faciliter l'intelligence de la théorie. Je parlais tout à l'heure du procédé de l'arpenteur pour carrer une surface curviligne : se figure-t-on que l'objet de l'enseignement du collège puisse être de familiariser l'élève avec la manœuvre des piquets, des jalons, de la chaîne, etc.? Pas le moins du monde. Le moindre petit rustre qui aide l'arpenteur en saura là-dessus, au bout de quelques semaines, beaucoup plus que l'élève du collège. Ce que je souhaite, c'est que l'esquisse, le croquis fictif de l'opération de l'arpenteur devienne dans la tête de l'élève le germe d'une conception théorique dont l'arpenteur lui-même se soucie peu, et qui étendra le cercle des idées du futur administrateur, du futur magistrat, du futur philosophe, en lui donnant la clef des choses qui autrement resteraient énigmatiques pour lui. » (P. 95.)

Passant à l'enseignement géométrique, Cournot fait la remarque suivante :

« Il y a au fond deux logiques, l'une que l'on peut appeler *formelle*, dont Aristote est regardé comme le législateur, qui pose les règles des définitions, des classifications, des arguments : sorte d'algèbre ou de *chiffre* où l'on pourrait remplacer tous les *termes* employés dans les raisonnements par des signes abstraits, attendu que la règle formelle est tout à fait indépendante de la nature de l'idée que le signe ou le terme représente.

« Au-dessus de cette logique, dont l'existence, comme son nom l'indique, tient principalement aux conditions du langage humain, il y en a une autre qui considère les idées en elles-mêmes, leurs rapports, leur enchaînement naturel. »

Celle-ci s'affranchit des formes et des formules. Mais la première en use et en abuse à l'occasion.

En général, notre enseignement mathématique est resté foncièrement imprégné de la scolatique grecque.

« Les Grecs, dit M. Cournot, étaient un peuple éminemment subtil et raisonneur : les uns étaient des sophistes, et les autres voulaient réduire les sophistes au silence. Dès qu'ils eurent fait en géométrie un certain nombre d'inventions, ils voulurent faire de leur géométrie un modèle de raisonnements justes, ce dont on doit leur savoir éternellement gré, et de plus, ils s'attachèrent, ce dont nous sentons moins la nécessité aujourd'hui, à *réduire à l'absurde* les contradicteurs sophistiques, » etc.

Suit un examen critique de la géométrie d'Euclide : celle-ci substitue parfois des démonstrations rigoureuses à la simple recherche de l'ordre naturel des choses : « Le novice en géométrie est tenu de démontrer que tous les angles droits sont égaux entre eux, vérité plus évidente pour lui et plus claire par elle-même que les raisonnements qu'on emploie pour la démontrer. On viole donc l'ordre des rapports naturels pour l'avantage tout artificiel et de convention, de compter un axiome de moins ; et la punition de cette faute sera de dégoûter tout d'abord certains esprits de la géométrie. » (P. 99-100.)

On emploie aussi des formes conventionnelles pour exprimer le nombre et la quantité. Quant à l'étendue, au volume et au mouvement des choses, et si les chiffres ne suffisent plus à l'exprimer, on se sert de notations et de formules qui ont toutes pour point de départ la mesure des quantités et de leur vitesse. Telles sont par exemple les expressions algébriques, la notation chimique, les formules qui ont cours dans la physique et dans la mécanique.

Pour exprimer le nombre, on se sert de *chiffres* et on les combine de différentes façons. Mais lorsqu'on a affaire à de très jeunes enfants, il faut éviter de les familiariser trop vite avec les formes abstraites séparées des choses, avec les chiffres qui ne signifient rien. Tous les bons instituteurs suivent cette règle : ils ne disent jamais un quart tout court, mais un quart d'une pomme, d'un franc, d'une longueur.

Avec la règle de trois, on commence à combiner des chiffres sans avoir égard aux objets qu'ils désignent. Ainsi l'on opère allégrement avec des fractions de choses les plus invraisemblables et aussi avec des fractions d'hommes! Par exemple, on raisonnera ainsi : Si pour bêcher trois ares, il faut un ouvrier, pour bêcher un are, il faudra un tiers d'ouvrier.

En général, nous sommes d'avis d'initier les enfants le plus tôt possible à l'emploi de la règle de trois. C'est la base du raisonnement mathématique. Les problèmes sur les quatre opérations qu'on leur fait faire ordinairement avant de les familiariser avec la règle de trois, exigent souvent un effort d'imagination, une virtuosité, dont beaucoup d'élèves restent longtemps incapables de prendre l'initiative. Sans doute, le raisonnement de la règle de trois sent un peu le mécanisme, mais enfin c'est un raisonnement. Il contribuera donc à former son esprit, en attendant qu'il acquière cette virtuosité qui tarde tant à se former.

Peu à peu l'enseignement propose à l'élève des combinaisons de chiffres de plus en plus abstraites. On finit par ne plus désigner les choses que par des lettres, et la notation algébrique entre en scène.

Il est inutile d'insister ici sur les services que la science des nombres rend aux sciences de la nature, notamment à la physique. Son utilité dans la vie pratique, dans le commerce et l'industrie, n'a pas besoin d'être démontrée.

Quant à la valeur éducative des mathématiques, elle saute aux yeux : « Si je demande à un élève de se servir de son arithmétique pour résoudre une question de pratique que je lui pose, et qu'il trouve de lui-même les opérations qu'il faut faire, l'ordre dans lequel il faut les faire, je suis bien sûr qu'il a des idées justes sur la nature des rapports qui lient les nombres, les uns aux autres, et sur le sens des règles générales qu'il applique. » (Cournot, ouv. cité, p. 100.)

La science des nombres, en facilitant à l'esprit toutes sortes de combinaisons, donne plus de jeu à la volonté, favorise la formation des desseins suivis, et contribue à former la volonté en fortifiant son pouvoir.

Mais la nécessité d'employer des formes abstraites souvent fort compliquées, dès qu'on veut dépasser le calcul élémentaire, rend l'étude des mathématiques fort difficile.

C'est ce que devraient se dire ceux qui rêvent de substituer l'enseignement scientifique à l'étude des langues. Si on s'engageait dans cette voie, on s'exposerait à bien des mécomptes. Cournot lui-même, quoique, et peut-être parce qu'il fut un des grands mathématiciens de son temps, l'a fort bien compris :

« Que l'on ne se figure pas non plus (avec beaucoup de gens dont les connaissances en ce genre sont fort superficielles) que la tendance du siècle soit de délaisser les lettres pour les sciences. Les sciences, dans leur partie philosophique et spéculative, dans ce qu'elles ont d'éminemment propre à élever et à fortifier les intelligences, n'ont pas plus d'attrait que les lettres pour une génération avide des jouissances du luxe, occupée de profits et d'applications industrielles... D'ailleurs les sciences, même les moins abstraites, ne sont pas faites pour le très jeune âge... Si l'on évite la spécialité, l'on tombe dans l'encyclopédisme et l'on ne donne que des notions superficielles qui surchargent la mémoire sans fortifier l'intelligence, c'est-à-dire sans remplir le but éminent de l'enseignement classique. » (Cournot, ouvr. cité, p. 45.)

*
* *

Avec l'*écriture* nous passons à une autre classe de formes, non moins abstraites et conventionnelles que les autres.

Primitivement, l'écriture était du dessin, et chaque caractère une image. L'écriture est encore cela pour les jeunes enfants. On sait quel rôle l'art d'écrire jouait chez les clercs du moyen âge, chez les Arabes et chez les Chinois.

Nous avons fait du chemin depuis ce temps. Plus la spiritualité des hommes se développe, plus leur écriture se néglige. Cependant on continue de l'enseigner aux enfants. Il serait à souhaiter qu'ils eussent, durant les leçons de calligraphie, la mentalité d'un copiste de l'ancien temps.

Il faut commencer par exercer l'œil et la main de l'enfant, par exemple au moyen des procédés de Frœbel. D'abord l'enfant s'intéresse à la forme des lettres. Plus tard on lui fera écrire des mots anciens ou nouveaux, mais intéressants. L'enseignement éducatif interdira le griffonnage qui sévit dans tant d'écoles, surtout dans les lycées et les collèges; une belle page de calligraphie dénote chez son auteur des qualités réelles : l'attention, le sens artistique, la constance dans la volonté, la méthode.

Quant aux caractères d'imprimerie, c'est l'affaire du typographe. Les livres destinés aux classes devront toujours être imprimés avec le plus grand soin.

§ 13. — Des autres branches de l'enseignement éducatif

Nous ne reviendrons pas sur ce que nous avons dit sur la *géographie* qui touche à la fois aux sciences morales, aux sciences naturelles, au dessin et au vocabulaire. L'enseignement de la géographie est un des plus riches à tous les points de vue. Qu'on réfléchisse au prodigieux accroissement de connaissances qu'on acquiert par la lecture des innombrables récits de voyage et d'exploration! Et quelle variété dans ce tableau sans cesse en mouvement qui nous montre les hommes à tous les degrés de la culture, habitants des villes, nomades du désert, exposés aux chaleurs tropicales, aux froidures du Nord, toujours dignes de l'intérêt le plus vif! On ne saurait trop insister sur l'utilité de l'enseignement de la géographie.

La *gymnastique* ne doit pas être confondue avec la pratique des sports. Les exercices physiques, dirigés judicieusement, contribuent puissamment au développement de la volonté et de l'énergie. Un homme fort se domine et se gouverne mieux qu'un homme débile. Ce dernier est toujours occupé de lui-même, et son caractère moral s'en ressent. Il devient égoïste, susceptible, et comme il s'habitue à réclamer en tout le secours et l'indulgence des autres, il oublie, peu à peu, qu'il a lui aussi des devoirs sociaux à remplir.

Sans doute, la gymnastique n'est pas précisément l'école de la vertu. Un homme fort n'est pas nécessairement un homme bon. Mais, du moins, l'habitude des mouvements violents exécutés avec grâce contribue à l'éducation esthétique. C'est ainsi que l'entendaient les anciens : unir la grâce à la force, la souplesse à l'élégance, tout en se gardant de la « pose » prétentieuse et affectée, c'est faire preuve de bon goût. L' « art à l'école », dont on se préoccupe depuis quelque temps, pourrait fort bien s'étendre jusqu'à la gymnastique. La beauté d'un geste simple et candide est aussi de l'art.

Le *dessin*, outre sa portée pratique que nous venons d'examiner, a aussi une valeur esthétique. Certes, l'école éducative ne peut pas se proposer de former des artistes. Il existe des écoles spéciales pour cela. Il est difficile de montrer aux élèves beaucoup de belles choses, à moins qu'on ne les conduise dans un musée qui soit riche en œuvres d'art. On a proposé d'orner les écoles, de décorer les murs de belles reproductions de toiles célèbres. Les anciens faisaient bien mieux. A Athènes, chaque place publique, chaque temple contribuait à l'éducation artistique du peuple. Au moyen âge, les églises, les hôtels de ville étaient des musées accessibles à tous. Les statues, les bas-reliefs, les vitraux, les peintures murales, tout concourait à l'instruction du public. Il s'en faut de beaucoup que nos écoles, et même nos lycées soient outillés pour l'éducation artistique de la jeunesse. Et nous sommes de ceux qui le regrettent.

En attendant que les portes de nos écoles s'ouvrent à la Beauté, il faut se contenter d'obtenir que les élèves s'exercent à faire des dessins propres et corrects, surtout d'après nature. C'est peu, mais il ne faudrait pas croire que l'école fût totalement dépourvue de moyens pour cultiver le sens esthétique. Au contraire, elle dispose pour ce but de ressources considérables.

Nous en connaissons déjà quelques-unes : ce sont la littérature et la poésie. Il y a aussi la contemplation directe des beautés de la nature.

Nous n'insisterons pas sur l'action que peuvent exercer les chefs-d'œuvre poétiques anciens et modernes pour réveiller, entretenir, épurer le goût, pourvu que l'école parvienne à chasser les médiocrités du sanctuaire et à y fixer les produits les plus authentiques d'une muse vigoureuse et saine.

Mais la contemplation des beautés de la nature offre aux plus humbles d'entre les enfants du peuple un enseignement toujours vivant et passionnant. Sans doute, tous les paysages ne ressemblent pas à l'Attique, et les beaux sites n'abondent guère dans les environs de Roubaix ou de Berlin. Mais, d'autre part, l'homme moderne ressent plus vivement les beautés de la nature que l'antiquité classique. Au reste, le lever et le coucher du soleil, l'éclat de la lune et des étoiles, le réveil du printemps, la douceur de l'automne s'offrent libéralement à tous les hommes, quel que soit le pays qu'ils habitent. En habituant ses élèves à ouvrir les yeux, en leur montrant ces sublimes splendeurs qui les environnent, et que jusque-là ils contemplaient avec indifférence, en les emmenant dans quelque site pittoresque inconnu jusque-là, le maître peut beaucoup pour éveiller et entretenir le goût de la beauté, sans lequel la vie humaine risque de s'écouler dans une triste monotonie. L'éclosion du sentiment esthétique n'est-il pas un excellent correctif contre les laideurs de l'existence humaine?

Il semble que nous nous soyons un peu éloigné de l'art proprement dit, et de son rôle dans l'école.

Or, il existe un art dont la place à l'école est toute marquée. C'est la *musique*, ou plus exactement le *chant*. C'est bien là-dessus que devraient se concentrer les efforts de ceux qui aspirent à introduire l'art à l'école.

Les nations occidentales, et celles du Nord, ont tenté, avec un succès fort inégal de cultiver la musique dans leurs écoles. Certaines nations semblent avoir plus de sens musical que les autres, et l'on tire cette conclusion de ce fait incontestable que dans certains pays l'on chante mieux et de plus belle musique que dans d'autres. Que de fois n'a-t-on pas opposé à cet égard l'Allemagne à la France! Et pourtant les Français ont eu dès le XVIIe siècle jusqu'à nos jours des musiciens et des compositeurs de premier ordre, qui ne le cèdent en rien aux Allemands. Nous ferons remarquer aussi que la chanson populaire française, quelque informes et frustes qu'en soient les paroles, a conservé des airs d'une beauté et d'une grâce qui ne le cèdent à aucun autre peuple.

Si l'école, en France, ne tire pas assez parti du chant pour l'éducation artistique du peuple, cela tient à des causes tout artificielles qu'il serait relativement facile d'écarter.

D'abord le chant populaire n'a jamais été l'objet de la sollicitude des artistes de profession, sauf dans les tout derniers temps. On a bien essayé de fournir au peuple des chansons toutes faites, mais on n'a pas assez tenté de lui faire aimer, conserver, admirer celles qu'il avait. Substituer de nouveaux chants ordinairement très médiocres, à d'anciens chants parfois très beaux, c'est aller au rebours de l'éducation artistique d'un peuple. [Peut-être faut-il aussi attribuer cet état de choses au fait suivant : la France étant catholique, et l'Église ne tolérant au culte que le plain-chant, devait nécessairement se trouver musicalement inférieure aux peuples protestants, et notamment à ceux qui avaient vu la magnifique efflorescence du Choral luthérien.] *faible*

Quoi qu'il en soit, l'école a dû et doit encore se contenter en France de productions très médiocres.

Or, pour l'école, et surtout pour l'école populaire, les chants les plus sublimes, les mélodies les plus superbes sont tout juste assez bonnes. Tout ce qui est vulgaire, banal et plat devrait être soigneusement banni de l'école. Et cela ne serait pas difficile. La musique est le seul art qui puisse mettre, sans frais, des chefs-d'œuvre parfaits à la disposition de l'école. On ne peut pas montrer aux enfants des tableaux de Raphaël ou de Poussin, des statues de Phidias ou de Michel-Ange. Mais il est extrêmement facile de leur faire chanter des airs de Hændel et de Mozart. Nous pourrions sans doute aussi ajouter des noms français, mais il est probable que jamais ni Saint-Saëns, ni César Frank, ni Vincent d'Indy, ni Debussy, n'ont été sollicités de composer une mélodie pour le peuple.

C'est une tâche magnifique qui incombe aux poètes et aux compositeurs modernes, de doter l'école de beaux chants; et le peuple, qui aime à chanter, et dont le goût se formerait promptement s'empresserait de les adopter.

La musique se rattache aussi, à d'autres égards, à la 4ᵉ classe des matières de l'enseignement, puisque la notation musicale est l'équivalent des formes numériques et de l'alphabet.

Mais tous les enfants n'ont pas besoin de solfier, et l'école élémentaire ne doit pas perdre son temps à enseigner la lecture musicale. On peut fort bien chanter sans savoir lire les notes.

§ 14. — DE LA MULTIPLICITÉ DE L'INTÉRÊT ET DE LA DOUBLE CONCENTRATION

Il résulte de ce qui précède qu'il faut enseigner simultanément beaucoup de matières, et qu'on n'en doit négliger aucune. L'enseignement éducatif est un édifice dont la construction se fait sur tous les points à la fois, et où les corps de métiers les plus divers se coudoient.

Nous voilà loin de l'antique précepte si admiré : *Non multa, sed multum*, puisqu'il est reconnu que l'élève doit apprendre beaucoup de choses, non seulement en vue de la future carrière à laquelle il se destine, mais aussi pour le développement de son caractère moral.

L'école primaire ne pourra pas pousser les études bien loin, mais elle est tenue d'enseigner les éléments de beaucoup de choses, ou du moins de faire naître une curiosité attentive à toutes sortes d'objets. Elle devra entreprendre à la fois l'instruction historique et morale, les éléments des sciences et les leçons de choses, l'étude et la pratique du langage et de l'écriture, de la numération et du calcul, du chant et du dessin, de la gymnastique et de la géographie. Puis il y a le sentiment religieux, et le sens esthétique.

Il y aurait de quoi s'effrayer de la quantité de choses qui concourent à la multiplicité de l'intérêt. Et pourtant l'école éducative ne doit laisser inculte aucun coin du domaine qui lui est confié.

Cette multiplicité de l'intérêt présente un grand inconvénient et un réel danger, car on risque de disperser l'intérêt. L'attention partagée, c'est-à-dire tournée à la fois vers plusieurs objets, ne porte, comme nous l'avons dit, de fruits que si le sujet attentif se trouve dans un état d'excitation extraordinaire. Cela entrainerait pour l'enfant un état de fatigue très préjudiciable à son développement moral. Nous pensons que c'est à ce point de vue que se place Rousseau, lorsqu'il prescrit le *non multa, sed multum*.

Il ne faudrait pourtant pas s'exagérer cette difficulté. Si ces impressions, quoique infiniment nombreuses, sont bien coordonnées, bien liées entre elles, et disposées en un ordre de succession judicieux et en séries complètes, elles trouveront aisément à se loger dans le cerveau de l'enfant. Il ne faudrait pas croire qu'à chaque impression isolée corresponde une empreinte du cerveau. Écartons une fois pour toutes cette conception grossière. Les images des choses et des sensations s'implantent, se conservent, se propagent et se réveillent dans le cerveau, selon des procédés tout autres que ne le feraient supposer des analogies tirées de la mécanique ou de la physique. L'appareil mental de l'homme n'est pas comparable à la plaque d'un piano mécanique où l'on peut voir et toucher un nombre limité d'airs de musique. Il ressemble plutôt au piano lui-même dont un artiste peut tirer à volonté mille symphonies, sans que les cordes qui ont vibré en retiennent la moindre trace visible. Ce qui aide surtout à retenir cette masse croissante d'impressions diverses, c'est le travail d'abstraction qui s'opère de bonne heure au moyen des associations, grâce au concours des signes et des formes, des mots et des chiffres. Par exemple, la notion du million ne nécessite pas un million de sensations, mais une seule d'une espèce particulière.

Donc il est possible d'aboutir, même dans l'école élémentaire, à la multiplicité de l'intérêt sans nuire à l'unité de la personne. Mais il faut pour cela que le maître connaisse son art à fond, qu'il ait du doigté, qu'il sache réaliser avec aisance l'harmonie dans la diversité, comme un pianiste qui sait mettre en branle beaucoup de notes pour produire une seule mélodie.

La personne de l'enfant est une. Le nombre des impressions qu'il reçoit, des expériences qu'il fait, des sentiments qu'il éprouve, des notions qu'on lui enseigne, est immense. Et pourtant cette multiplicité doit aboutir à l'unité. Il faut donc qu'il y ait de l'unité à la fois dans le plan suivi par l'éducateur, et dans la manière dont son élève recevra cet enseignement.

De là, la nécessité d'une *double concentration* : celle qui se fait dans les procédés du maître, et celle qui s'accomplit dans l'esprit de l'élève.

**

La première concentration est celle par laquelle le maître réunit en un faisceau, ou plutôt en un tout harmonieux, toutes les matières de l'enseignement. Or il ne le peut que s'il poursuit un but unique, qui est de former le caractère moral de l'élève.

Pour cela il imagine des cycles symphronistiques d'études, concentrés selon les besoins des enfants d'un certain âge, où certaines leçons d'histoire, de sciences, de littérature, de calcul, marchent de front, en se soutenant mutuellement.

Ces cycles se suivent, en s'élargissant et en s'enrichissant à mesure que l'élève avance en âge et en force.

Ce n'est pas à la pédagogie générale à élaborer un plan d'études complet. C'est plutôt l'affaire de la pédagogie pratique. Pourtant nous en dirons quelques mots : L'école qui se réclame du grand nom de Herbart a établi avec beaucoup de soins ce programme concentrique qui, pour être mis en œuvre, exige la publication de nombreux livres de classe rédigés d'après un plan tout nouveau. C'est là une œuvre de longue haleine, et l'on peut se demander si, même en Allemagne, ce gigantesque effort a abouti à des résultats définitifs. Nous essaierons pourtant de montrer par quelques exemples comment un tel programme pourrait être conçu.

Au premier cycle, l'enfant ne sait ni lire ni écrire, mais il parle, il a des yeux qui observent, des oreilles qui écoutent, des mains toujours en mouvement. Il est capable de retenir des impressions et d'éprouver des sentiments diversement nuancés.

Nous commencerons par lui raconter des histoires appropriées à son développement intellectuel, par exemple des contes bien choisis, naïfs et gracieux, qui mettent en scène hommes ou bêtes. Nous y joindrons des dictons, des devinettes, des chansons au rythme vif, au refrain pittoresque et amusant, à la rime sonore. Chacun de ces petits morceaux, en prose ou en vers, donnera lieu à une leçon intéressante terminée par une pointe ou une moralité. Voilà pour l'éducation du cœur. L'éducation intellectuelle est représentée par des leçons de choses, au moyen d'images coloriées, dans le genre des affiches illustrées, et aussi par des modèles, des dés, des boules, etc. Chaque objet et chaque partie d'objet seront désignés par leur nom. On enrichira ainsi le vocabulaire de l'enfant, et l'on pourrait même l'exercer à formuler certains jugements sous forme de propositions. La numération s'enseigne à cet âge au moyen d'objets concrets, en comptant les jours de la semaine, les dix doigts, les heures de la pendule, le nombre des élèves, etc. Les leçons de choses, les premiers essais du calcul tendront à susciter chez l'enfant des velléités d'activité, première condition du progrès moral. Pour la lecture, il commencera à jouer en quelque sorte avec les lettres de l'alphabet. Peu à peu l'enfant apprendra à les assembler. Quant à l'écriture, il n'est pas encore temps de la pratiquer. Qu'on occupe les mains en attendant, par de frustes dessins.

L'instruction religieuse ne se donnera ni par des exposés de doctrine, ni par des allocutions sentimentales, mais à l'aide d'histoires tirées de l'Ancien Testament.

Passons quelques cycles, et demandons-nous comment on pourrait organiser le programme qui conviendrait à des garçons de dix à douze ans.

Comme base de l'enseignement historique nous proposerions de choisir l'histoire des grandes découvertes du xve siècle. L'élève verrait à l'œuvre Vasco de Gama, Christophe Colomb, Cartier. Des peuples nouveaux, des continents inconnus surgissent. C'est l'époque des grandes aventures. Voici le moment de lire Xénophon, Quinte-Curce, César. L'enfant se passionnera pour Robinson Crusoé et dévorera d'autres livres de ce genre qui mettent en scène des hommes déployant une énergie superbe dans leur lutte contre des difficultés inouïes. L'enfant étudiera la Chanson de Roland, Villehardouin, l'histoire de Charles XII.

A cet âge tout doit pousser l'élève à l'action. La géométrie ne sera pas seulement l'art des démonstrations élégantes, mais un moyen d'essayer ses propres forces par des applications pratiques. Les mathématiques fournissent à l'élève l'occasion d'aborder des problèmes de plus en plus difficiles, et de prendre quelque initiative.

Ces indications, que nos lecteurs peuvent corriger ou compléter eux-mêmes, suffisent pour montrer ce que nous entendons par la concentration du maître. Il s'agit d'éviter la dispersion de l'intérêt sous l'influence néfaste d'un programme d'études hétéroclytes et de sauvegarder l'unité de la personne qu'on instruit au moyen de l'unité du programme d'instruction.

En même temps que le maître élabore la concentration du programme d'études, il se fait dans l'esprit de l'élève un mouvement de concentration parallèle.

Mettons plutôt que cette concentration devrait se faire. Au lieu de disperser son intérêt, l'élève devrait pouvoir se recueillir et se ressaisir, mais plus riche en connaissances utiles, plus fort, mieux en possession de lui-même. Par cette concentration intérieure, la personnalité de l'élève s'affirme, gagne en énergie, prend conscience d'elle-même.

Comment cette immense variété de notions arrive-t-elle à se fondre en une personne unique?

Cela dépend des aptitudes naturelles de l'individualité, de l'éducation première qui lui vient de son entourage, et enfin de l'art de l'éducateur. La part d'influence qui revient à ce dernier est donc restreinte : c'est à lui à tirer le meilleur parti du programme qu'il aura adopté. De plus, il doit laisser s'élaborer cette concentration librement et se garder à la fois de lui imposer de force et de prodiguer inutilement les trésors de son érudition, au risque d'aboutir au désordre, au lieu de favoriser l'unité. Si la concentration ne se faisait pas, toute sa science et tout son art auraient fait faillite.

La concentration intérieure se fait au moyen de l'aperception. Celle-ci suppose l'existence de grandes masses de notions très compactes et très bien ordonnées. Mais ces masses d'espèce différente peuvent se repousser mutuellement, ou du moins ne pas s'entr'aider. Quelles relations peut-il y avoir entre l'histoire des Grecs et la géographie de l'Amérique du Sud? entre la déclinaison latine et la syntaxe anglaise? entre une leçon de physique et une leçon de botanique?

D'autres fois ces masses de notions ont de certaines affinités. Au lieu de se heurter, elles se pénètrent, se soutiennent, se complètent entre elles, et cela pour le plus grand bien de l'éducation intellectuelle et morale :

La géographie de la région méditerranéenne fournit mille points d'appui à l'histoire ancienne. La géométrie s'adjoint tout naturellement à certaines parties des mathématiques. Les démonstrations géométriques favorisent les habitudes de clarté et d'exactitude qui sont indispensables dans les exercices de style et dans le dessin.

Il faut éviter le choc des notions disparates, procéder méthodiquement de clarté en clarté, ménager des transitions, veiller à ce qu'il y ait équilibre entre les différents genres d'intérêt.

On ne peut songer à réduire la multiplicité de l'intérêt. Sans elle, l'école ne formerait que des spécialistes, par exemple des grammairiens ou des mathématiciens. D'autres fois elle formerait le sentiment aux dépens d'autres qualités plus solides. Elle ne formerait pas des hommes complets.

Puisque la multiplicité de l'intérêt doit s'unir à la concentration, la tâche de l'école est très délicate.

Encore si l'école pouvait s'acquitter de sa tâche sans être troublée ni dérangée ! Malheureusement ses efforts sont battus en brèche par des forces presque irrésistibles, parmi lesquelles nous signalerons surtout l'action brouillonne et désordonnée, et parfois démoralisante, du milieu ambiant. Comment l'enfant résistera-t-il à cet entourage auquel l'attachent tant de liens subtils et invisibles[1] ?

Malgré tout, l'école doit lutter, et elle le peut, à condition que le maître ait clairement conscience de ce qui est possible et de ce qui ne l'est pas.

Car il y a des choses qui sont au-dessus de ses forces. Il ne peut ni brider, ni briser les passions qui se réveillent, et encore moins corriger ou réformer la société où il vit. Mais il peut former chez son élève, à l'aide de la concentration, de puissantes associations d'idées et de sentiments. S'il est lui-même un caractère, s'il est maître de son savoir au lieu d'être l'esclave de son érudition, s'il joint à un esprit droit, à une vaste culture, le tact et le charme, il peut amener au moins quelques-uns de ses élèves à réaliser en eux-mêmes cette concentration de l'intérêt qui est la marque de la maturité.

1. On trouvera un exemple remarquable de concentration dans le passage des *Mémoires* de Gœthe que nous avons cité plus haut, page 152.

CHAPITRE III

LA MÉTHODE DE L'ENSEIGNEMENT ÉDUCATIF

§ 1. — L'analyse et la synthèse

Nous ne parlerons pas ici des méthodes pratiques et des procédés adoptés soit dans telle école particulière, soit dans les livres de classe et dans les règlements scolaires. A cet égard, chaque maître a sa méthode à lui, et chaque pays possède ses traditions, et parfois sa routine.

La pédagogie générale ne peut s'occuper que d'une méthode dont la valeur soit universelle, car elle sera conforme aux lois de la psychologie et spécialement de la logique.

Qu'est-ce que l'instruction?

C'est un ensemble de mesures et de dispositions qui ont pour but d'ajouter des notions nouvelles à celles qui existent déjà dans l'esprit et dans la mémoire de l'élève. Cette opération s'appelle la *synthèse*. C'est exactement ce que fait un maçon, lorsqu'il pose une brique neuve à côté d'une autre, ou par-dessus celles qu'il a posées précédemment.

Il faut se garder de confondre la synthèse proprement dite avec la méthode synthétique de l'enseignement. Celle-ci part de principes généraux pour en déduire successivement et avec ordre les conséquences logiques et les applications partielles. La géométrie synthétique prend pour points de départ certaines définitions et certains axiomes d'une valeur générale; l'enseignement dogmatique de la morale pose une affirmation ou une loi universelle pour en tirer toutes sortes de règles et d'applications pratiques.

L'enseignement éducatif évite le plus possible de se servir du procédé synthétique, car il ne veut pas s'imposer d'autorité aux élèves; il tend au contraire à leur faire trouver par eux-mêmes ces principes et ces règles. L'enseignement synthétique a sa place marquée dans l'école spéciale, où l'on ne se préoccupe pas d'éducation. Cependant il n'est pas possible de l'exclure absolument de l'école éducative. Il est des cas où l'on n'a pas le choix entre ce procédé et un autre.

Quant à la synthèse, comme nous l'entendons, elle est tout autre chose qu'un procédé synthétique : elle consiste tout simplement à ajouter une ou plusieurs pierres à l'édifice en construction. Chaque synthèse apporte une ou plusieurs notions nouvelles à l'élève. De même que ces pierres nouvelles peuvent différer par leur nature propre, par leurs dimensions et leurs formes, les notions neuves peuvent être disposées et exposées de différentes façons, et le procédé dit synthétique n'est qu'une de ces façons.

Le maçon, avant de poser une nouvelle pierre, ne se préoccupe pas seulement de sa forme et de sa nature, il doit s'assurer d'abord de l'état où se trouve le mur en construction sur lequel il doit bâtir. Si, par exemple, la maçonnerie qui lui servira de base est mal faite, si elle est sur le point de s'écrouler, il s'abstiendra de la surcharger de matériaux neufs, ces derniers fussent-ils d'excellente qualité. De plus, il est bien obligé de s'assurer si la nouvelle pierre s'ajuste exactement à celles qui ont été posées précédemment, faute de quoi le travail manquerait de solidité et d'élégance.

L'instruction éducative, au moment d'introduire un enseignement nouveau, s'appliquera donc avant tout à vérifier, à constater, à analyser ce que l'élève sait déjà.

Si cela est nécessaire, c'est-à-dire si les connaisssances acquises manquent de solidité, elle commencera par consolider ces notions un peu trop flottantes.

En second lieu, l'instruction éducative ajuste les notions nouvelles aux acquisitions anciennes. A quoi serviraient les leçons les plus intéressantes sur les sujets les plus surprenants, si l'élève n'était pas préparé à les saisir, si les notions nouvelles ne s'absorbaient pas facilement dans la masse des notions préexistantes?

Or, cette double opération constitue l'*analyse*.

Chaque synthèse, chaque leçon nouvelle, doit être introduite par une double analyse. Car l'analyse, d'un côté, examine, critique, corrige et revise l'acquis, d'un autre côté elle en examine les diverses parties constitutives, elle les dispose et les transpose au besoin, en un mot elle les ajuste aux notions nouvelles qui enrichiront le trésor des connaissances de l'élève. Cette double mise au point, c'est l'œuvre de l'analyse.

Ici aussi, il faut distinguer entre l'analyse proprement dite et le procédé de l'enseignement analytique d'une science donnée.

Le procédé analytique part de faits concrets et particuliers pour s'élever peu à peu à des vues d'ensemble, à des lois et à des formules générales. L'école ne peut pas toujours se servir de ce procédé. On ne peut pas imposer aux enfants la longue série des essais et des tâtonnements qui ont rendu possible la découverte d'une loi physique ou l'invention d'une machine. On ne peut ni leur faire réinventer le thermomètre, ni leur faire trouver les lois de Newton. On emploiera donc tantôt le procédé synthétique, tantôt le procédé analytique, selon les convenances du sujet et la commodité du maitre. Cette question relève plutôt de l'art pédagogique que d'une théorie générale.

Mais l'instruction sera toujours une synthèse, autrement elle ne sera rien. Et elle se servira toujours et partout de l'analyse, autrement la synthèse est impossible, ou du moins, elle ne donnera aucun résultat.

§ 2. — Le fonctionnement de l'analyse

L'enfant, si jeune qu'il soit, apporte à l'école des masses énormes, mais confuses, de représentations, d'idées et de sentiments. Il faut débrouiller ce chaos, en tirer des notions claires, et les disposer de telle façon, qu'elles puissent servir de fondement à l'instruction proprement dite, à la synthèse.

Non seulement le maître a intérêt à se renseigner exactement sur ce que son élève sait ou ne sait pas, mais il faut que l'élève lui-même se rende compte de l'état de ses connaissances, et qu'il en sache le fort et le faible. Autrement il n'éprouvera nul besoin de remplacer des notions grossières et informes par des notions claires et justes.

Le meilleur instrument d'analyse est la méthode socratique, dont nous possédons des modèles parfaits dans les dialogues de Platon. Le maître qui sait s'en servir avec virtuosité arrive, au moyen d'interrogations graduées, à démontrer l'absurdité ou le danger d'une idée fausse, et à faire ressortir la justesse d'une notion vraie. L'art d'interroger est un merveilleux outil pour préparer les voies à l'instruction positive[1].

Il ne s'agit pas, bien entendu, de questions d'examen, ni d'interrogations improvisées au hasard, mais d'un système de questions soigneusement préméditées, d'une logique trans-

---

1. *Nouvelle Héloïse*, V, III, page 94 :

« L'art d'interroger c'est bien plus l'art des maîtres que des disciples; il faut avoir déjà beaucoup appris de choses pour savoir demander ce qu'on ne sait pas. Faute de cette science préliminaire, les enfants en liberté ne font presque jamais que des questions ineptes qui ne servent à rien, ou profondes et scabreuses, dont la solution dépasse leur portée; et puisqu'il ne faut pas qu'ils sachent tout, il importe qu'ils n'aient pas le droit de tout demander. Voilà pourquoi, généralement parlant, ils s'instruisent mieux par les interrogations qu'on leur fait que par celles qu'ils font eux-mêmes. »

parente et lumineuse. Nous ne pouvons exposer ici les règles de cet art si subtil et si fécond. Il faudrait un gros volume pour les exposer dans leur ampleur. Mais ce sujet, qui exigerait une étude spéciale et approfondie, serait bien digne de tenter quelque homme d'expérience et de jugement.

Malheureusement, les interrogations les plus ingénieuses ne sauraient rien enseigner de nouveau. Si, comme Socrate le prétend, les hommes possédaient de naissance la science infuse, la méthode analytique suffirait. Mais, l'enfant étant ce qu'il est, l'interrogateur le plus habile ne pourra jamais dépasser les bornes qui lui sont tracées par la nature des choses.

**

Les leçons de choses consistent en partie, et quelquefois en leur entier, en une simple analyse. On prend un objet concret, une plante, une boule, une machine. On le décompose de toutes les manières imaginables. Par l'analyse, on en détermine la couleur, la dureté, la forme, la matière, le mouvement, la dimension, l'utilité, la beauté ou l'agrément. Au fond, ce n'est pas l'objet qu'on analyse, mais l'idée que s'en faisait l'enfant, et ainsi celui-ci prend conscience de ce qu'il savait confusément. L'analyse a exercé ses facultés d'observation.

On peut analyser un fait de l'histoire, un mouvement de gymnastique (Rabelais), un sentiment. Rousseau nous donne un fort bel exemple dans l'analyse qu'il fait de l'action d'Alexandre buvant le remède préparé par son médecin Philippe.

L'analyse se pratique à tous les degrés de l'instruction.

Qu'est-ce que la correction d'un devoir, la vérification d'un calcul, un examen de conscience, sinon une analyse? La plus fastidieuse des analyses, c'est l'analyse grammaticale. Les interrogations et les examens sont aussi des formes de l'analyse.

Il se rencontre pourtant des cas où l'analyse est impossible.

C'est au début de l'enseignement d'une langue nouvelle. Tant que l'élève en ignore les premiers éléments, tant qu'il ne dispose pas d'un vocabulaire, il est évident qu'on ne saurait analyser ce qui n'existe pas.

Cette difficulté, qui n'existe pas du tout pour la langue maternelle, n'apparait du reste qu'au début. On l'éviterait si l'élève apprenait le latin dès sa plus tendre enfance, comme Montaigne, ou si tous les enfants pouvaient avoir une bonne anglaise ou allemande.

Le plus souvent, il se passera un temps assez long avant que l'élève possède assez d'éléments d'une langue pour fournir de la matière à analyser.

Pour apprendre une langue, il faut avoir recours à la mémoire, et ici surgit une difficulté. Sans doute la faculté de rétention est très grande dans le jeune âge, mais la dose de volonté nécessaire pour apprendre par cœur est très petite. Le jeune enfant apprend, avec une facilité surprenante, tout ce qui s'apprend du premier coup, par jeu; mais il manque de persévérance. Voilà pourquoi ses progrès ne sont jamais suivis.

Si l'on attend que sa volonté se soit formée, et que sa mémoire ait été cultivée jusqu'au point où elle donne le rendement le plus fort, on risque de retarder l'étude de la langue jusqu'à un âge où il vaudrait mieux s'adonner à des études d'un autre ordre.

Tout dépend de l'habileté du maitre, et de l'art avec lequel il saura intercaler jusque dans les premières leçons de petites analyses qui en rehausseront l'intérêt.

Au commencement, le maitre choisira avec soin des propositions types; car de courtes phrases intéressent plus que des mots isolés. Il fera ressortir les substantifs, les verbes, le sujet, l'attribut; puis les désinences des verbes. Si c'est possible, il fera ressortir la ressemblance entre le mot nouveau et le mot français correspondant. De fréquentes analyses interviendront de temps en temps.

Peu à peu, l'élève se sentira de force à se passer du maître, par exemple en préparant lui-même un devoir. La préparation d'un devoir ou d'une traduction est un travail d'analyse.

Si l'élève rencontre trop de difficultés, le maître reprendra avec lui le travail, car il faut éviter la lassitude et le découragement. Il faut empêcher que ces devoirs et ces analyses ne lui laissent un souvenir désagréable.

Peu à peu, l'élève préparera tout seul la traduction de textes faciles, car trop de difficultés nuiraient à la clarté de l'analyse. C'est toujours celle-ci qui entretient dans la classe l'entrain et la gaîté.

§ 3. — Le fonctionnement de la synthèse

Après l'analyse vient la synthèse, c'est-à-dire l'apport de notions nouvelles.

Chaque leçon doit se diviser en deux parties. La première sera consacrée à l'analyse : interrogations, revision, répétition, correction des devoirs, etc. La seconde sera consacrée à la synthèse.

La synthèse idéale consisterait à implanter dans la mémoire de l'enfant les notions nouvelles qu'il faut qu'il sache.

Mais la mémoire, comme faculté de rétention, est un instrument bien délicat et encore plus capricieux. D'abord il serait dangereux de s'y fier aveuglément. Ce qu'on apprend vite s'oublie facilement. Il peut arriver qu'un enfant qui s'entretenait fort bien avec sa bonne allemande à 4 ans, ait oublié son allemand dès l'âge de 8 ans. Il y a des enfants dont les souvenirs, quoique très vifs, manquent de précision, et subissent les plus étranges déformations. Parfois la mémoire retient très fidèlement les séries de faits, de chiffres, de noms qu'on lui confie, mais dès qu'il s'agit de s'en servir en vue d'un cas particulier, un peu extraordinaire, elle refuse son service. Alors il faudra, au cours d'une simple addition, ou pour l'application d'une règle de grammaire, réciter une ou plusieurs colonnes de la table de multiplication, ou toute la série des conjugaisons.

Tant que la volonté n'est pas formée, la mémoire ne saurait offrir à la synthèse un point d'appui suffisamment solide.

La synthèse se servira donc aussi, et surtout, de l'aperception, qui consiste, non plus seulement à ajuster l'ancien au nouveau, ce qui est l'ouvrage de l'analyse, mais à ajuster la notion nouvelle au fonds d'idées acquises. Naturellement on suivra les règles de l'aperception : Le nouveau doit paraître nouveau, il sera semblable aux notions familières, sans aller jusqu'à l'identité. On procédera par douces transitions; on ménagera l'éclosion de clartés successives. Bref, l'attention aperceptive sera tenue en suspens.

Quant à la manière de pratiquer la synthèse à l'école, on comprendra qu'il est difficile de formuler à cet égard des règles générales, puisque le savoir-faire du professeur joue en ces matières le rôle principal.

En général, il faut distinguer entre la synthèse qui est l'œuvre exclusive du maître, et celle que l'élève accomplit par lui-même, à mesure qu'il s'assimile le contenu d'une leçon nouvelle. Au fond, chaque synthèse véritable a deux faces : elle est à la fois extérieure, c'est-à-dire imposée ou suggérée du dehors, et intérieure, c'est-à-dire élaborée au-dedans. Si nos lecteurs veulent bien relire notre chapitre sur l'aperception, sur la reproduction par la mémoire, sur l'attention volontaire, ils se rendront compte de ce que c'est que le mécanisme de la synthèse intérieure. Nous n'avons pas à y revenir.

Lorsque le maître enseigne quelque chose de nouveau, il aura soin de faciliter à l'élève le discernement des ressemblanches et des différences entre les notions nouvelles et les anciennes.

Les différences donnent lieu à des *contrastes*.

Les identités favorisent l'*abstraction*.

Il faut distinguer entre le contraste et le contraire ou l'opposé. Il y a contraste, mais non pas opposition irréductible entre les verbes réguliers et les verbes irréguliers, entre César et Auguste, entre la faune de nos pays et celle des pays tropicaux.

La perception des contrastes aide merveilleusement le travail de la mémoire, notamment pour retenir certains noms propres.

La constatation des identités permet de retenir les séries de choses, de mots et de signes.

Parfois les contrastes peuvent être combinées avec les identités, comme, par exemple, RA — RI, dans les premiers exercices de lecture : R est identique, A et I forment contraste.

Il faut distinguer entre la synthèse artificielle pratiquée dans les écoles, et la synthèse naturelle par laquelle l'enfant reçoit un grand nombre d'impressions.

La synthèse artificielle, indispensable pour enseigner le vocabulaire d'une langue, la table de multiplication, les définitions géométriques, offre, comme nous l'avons dit, des difficultés particulières. Pourtant elle a cet avantage de proposer à l'enfant, dès le commencement, des idées claires, ce qui est excellent pour éveiller l'intérêt et faciliter les associations.

La nature procède autrement. Généralement la synthèse naturelle s'impose par masses plus ou moins complexes et confuses. Ce ne sont d'abord que des ébauches assez grossières de synthèses.

Telles sont, par exemple, les synthèses massives représentées par le spectacle des grandes institutions sociales qui produit sur les sentiments et les idées des enfants une impression si profonde : l'armée, la flotte, la poste, le chemin de fer, le tramway, l'église, l'école, etc. Les fabricants de jouets savent bien ce qu'ils font en exploitant cette mine. Peu à peu, ces impressions, d'abord confuses, gagnent en netteté. L'enfant distinguera entre les fantassins et les cavaliers, il saura ce qu'est un régiment, un bataillon, une compagnie, il reconnaitra les gradés; il s'élèvera à l'idée de patrie, il sera fier de ses gloires, il suivra les soldats aux colonies, il appréciera les vertus militaires, courage, discipline, endurance, etc.

L'apport de la synthèse ne consiste pas seulement en représentations et en images de faits et de choses, mais aussi en règles abstraites. Le maître, à un certain moment, est bien obligé d'inculquer à ses élèves des règles de grammaire et de calcul. Sans doute, il aura soin de les leur faire trouver par leurs propres efforts. Mais il faudra bien qu'ils les sachent, d'une façon ou d'une autre.

Le tout n'est pas de savoir réciter ces règles, il faut les savoir de manière à les appliquer dans chaque cas particulier. Il est clair qu'une synthèse bien réussie est la condition essentielle de ce talent que nous appelons le *jugement.*

A ce sujet nous croyons utile de citer le passage suivant de la *Critique de la Raison pure* de Kant (6ᵉ édition, Leipzig, 1818, P. 125) :

« La raison est en général la faculté d'émettre des règles.

« Le jugement est la faculté de distinguer si un cas se rapporte à une règle donnée, ou s'il ne s'y applique pas *(casus datæ legis).*

« La logique générale ne formule aucune prescription quant au jugement, et elle ne le peut pas. Car elle fait abstraction de tout le contenu de la connaissance; il ne lui reste qu'à expliquer analytiquement la simple forme de la connaissance en idées, en jugements logiques et en raisonnements, et à élaborer ainsi des règles formelles de tout raisonnement. Si elle voulait montrer en général comment on peut appliquer ces règles, c'est-à-dire distinguer si une chose lui est soumise ou non, — elle ne le pourrait qu'en élaborant une nouvelle règle. Mais celle-ci, précisément parce qu'elle est une règle, exige une nouvelle intervention du jugement, et ainsi il est démontré que la raison est susceptible d'être instruite et éduquée par des règles, mais que le jugement est un talent spécial qui ne peut pas être enseigné, mais qui s'apprend par l'exercice. Ceci est le caractère spécifique de ce qu'on appelle le Bon Sens (*Mutterwitz.*)

« Lorsque le Bon Sens ou Jugement fait défaut, l'école ne peut pas remédier à cette lacune. Elle peut inculquer à une intelligence médiocre des masses de règles, mais quant à la faculté de s'en servir, c'est l'affaire de l'élève; aucune de ces règles qu'on pourrait prescrire n'est à l'abri d'un usage abusif, si l'élève manque de ce talent naturel. Un médecin, un juge, un homme d'État, peuvent avoir la tête meublée de belles règles pathologiques, juridiques, politiques, au point de pouvoir même devenir en ces matières des professeurs émérites, — et pourtant ils se trompent facilement dans l'application de ces règles. Ou bien ils manquent de jugement naturel (sans toutefois manquer d'intelligence), et alors ils voient l'universel *in abstracto*, sans distinguer si un cas *in concreto* s'y rapporte, — ou bien ils n'ont pas été suffisamment préparés à se servir de leur jugement naturel, soit par des exemples, soit par la pratique. Voilà la seule et la grande utilité des exemples : c'est qu'ils aiguisent le jugement.

« En ce qui concerne la justesse et la précision du raisonnement, les exemples sont en général plutôt nuisibles, parce qu'ils sont rarement exactement conformes à la règle, et qu'en outre, ils affaiblissent l'effort que la raison doit faire pour reconnaître en général les règles pour ce qu'elles sont, indépendamment des circonstances particulières de l'expérience. De sorte qu'on ne reconnaît plus les règles comme des principes, mais comme des formules.

« Les exemples servent à tenir le jugement en lisière. Ceux qui manquent de ce talent naturel, ne peuvent pas se passer du secours des exemples. »

Voici ce que Kant ajoute en note :

« Le défaut de jugement est proprement ce qu'on appelle la bêtise. Il est impossible de remédier à cette infirmité. Quand un homme a l'esprit obtus et borné, et que néanmoins une certaine dose d'intelligence ne lui fait pas défaut, on peut fort bien venir à son secours en l'instruisant, et en faire même un érudit. Malheureusement, les gens de cette sorte manquent aussi fréquemment de jugement (*secunda Petri*). Il n'est pas rare de rencontrer des hommes très érudits qui laissent paraître trop souvent cette lacune. »

Il ne nous semble pas nécessaire de poursuivre plus loin l'exposé de ce qu'est la synthèse et de son fonctionnement.

L'école d'Herbart aime, à l'exemple du maître, à intercaler ici un nouveau programme d'instruction, conçu à un tout autre point de vue que celui que nous avons exposé dans le chapitre précédent. La synthèse, disent-ils, a pour objet l'instruction ou l'éducation esthétique, philosophique et religieuse. Certes l'école éducative donne le branle à des réflexions philosophiques et ne néglige pas de favoriser l'essor du sentiment religieux. Mais, s'il s'agit d'inculquer aux élèves un système philosophique ou religieux, nous estimons qu'il vaut mieux charger de ce soin des philosophes de profession, ou des théologiens qui traiteront ces questions en s'inspirant des principes de leur confession religieuse particulière.

Quant à la synthèse qui a pour objet l'enseignement du beau et la culture du goût, nous nous bornerons aux quelques observations suivantes :

En général, le goût du beau, comme l'amour de la justice et le sentiment religieux, ne s'enseignent pas par des leçons théoriques. Toute l'instruction dans son ensemble tend à jeter des semences qui contribueront plus tard à faire lever une riche moisson de sentiments élevés, et de réflexions touchant à une saine philosophie pratique. Pour toutes ces fins, et notamment pour la culture esthétique, le mieux est de recourir aux exemples.

C'était aussi l'opinion de Rousseau :

« Le goût ne s'exerce que sur des choses indifférentes ou d'un intérêt d'amusement. »

« La mesure du goût dépend de la sensibilité qu'on a reçue ; sa culture et sa forme dépendent de la société où on a vécu. »

Pour avoir du goût, dit-il, il faut faire beaucoup de comparaisons, soit au cours des voyages, soit par un commerce fréquent avec le monde.

« La mode étouffe le goût, et l'on ne cherche plus ce qui plaît, mais ce qui distingue. »

« Il y a une certaine simplicité de goût qui va au cœur et qui ne se trouve que dans les écrits des anciens. Dans l'éloquence, dans la poésie, dans toute espèce de littérature, on les retrouvera, comme dans l'histoire, abondants en choses et sobres à juger. Nos auteurs au contraire disent peu et prononcent beaucoup. »

« Émile prendra plus de goût pour les anciens par cela seul qu'étant les premiers, les anciens sont plus près de la nature et que leur génie est plus à eux. »

Rousseau recommande donc de chercher les modèles du goût chez les anciens. Cependant cela est impossible pour la musique et pour la peinture. C'est l'art moderne qui fournira des modèles en tous genres, sur lesquels pourra se former le bon goût.

Le goût est aux règles du beau ce que le jugement est aux règles de la logique. L'observation de Kant s'applique aux deux cas. Les règles du beau peuvent s'enseigner à la rigueur, et l'on peut former des érudits en cette matière. Mais le goût, comme le bon sens, est une chose innée, et ne peut se former que par la fréquentation assidue des modèles.

La synthèse, en matière esthétique, consisterait donc à montrer des exemples : des monuments, des tableaux, des statues, chose parfois difficile. Mais la littérature et la poésie, ancienne et moderne, et la musique, offrent une mine inépuisable d'exemples instructifs pour qui sait s'en servir. La profusion des exemples sert à la fois à vérifier la justesse des règles enseignées, et à encourager les élèves à élaborer eux-mêmes des règles particulières, qui, à défaut d'une valeur absolue, auront du moins l'avantage de pouvoir être corrigées et perfectionnées.

LIVRE TROISIÈME

DE L'ÉDUCATION DIRECTE DU CARACTÈRE MORAL

CHAPITRE PREMIER

LA DISCIPLINE ET L'ÉDUCATION PHYSIQUE

§ 1. — Le gouvernement ou la discipline

Après l'éducation indirecte, qui agit sur les idées au moyen de l'instruction, il nous reste à étudier l'éducation directe qui se propose d'exercer sur l'élève une action immédiate en vue de former son caractère moral. Ce n'est pas que cette sorte d'éducation ne se serve pas, elle aussi, de certains moyens. Mais ces moyens n'ont point pour but comme l'instruction éducative, de créer ou de compléter un ou plusieurs cercles d'idées. Ils tendent plutôt à donner une impulsion directe aux sentiments et aux résolutions des élèves, et à les munir d'une volonté constante et énergique tournée vers le bien. Cette énergie persévérante, c'est la vertu.

Parmi les moyens qu'on croit pouvoir employer, pour former le caractère moral, figure en premier lieu la *discipline*. Nous pensons que c'est à tort. Car les mesures disciplinaires ne contribuent pas à former le caractère moral, et elles n'ont pas été inventées pour cela.

Aussi Herbart relègue-t-il la discipline dans un tout

autre chapitre que l'éducation morale, et nous eussions pu faire de même. Toutefois, nous estimons que les quelques observations que nous aurons à faire sur ce sujet peuvent fort bien servir d'introduction au chapitre sur l'éducation directe, ne fût-ce que pour faire ressortir le contraste entre les deux.

L'éducation morale tend à former, à émanciper la volonté. La discipline, que Herbart appelle le gouvernement des enfants, tend au contraire à réprimer les écarts de la volonté. La première n'a en vue que le progrès moral de l'élève. La discipline n'a d'autre but que de protéger la société, en maintenant l'ordre dans la famille et dans l'école.

Lorsque dans un collège anglais, le maitre inflige à un délinquant un châtiment corporel, — lorsque dans un lycée français, un répétiteur fait une abondante distribution de pensums et de retenues, personne n'appellera cela de l'éducation; le maître moins que tout autre. Celui-ci n'a recours à ces moyens de coercition que contraint et forcé, et parce qu'il lui faut bien maintenir l'ordre dans sa classe. Pour que l'instruction soit possible, il est indispensable que les élèves se tiennent tranquilles, qu'ils écoutent en silence, et qu'ils ne se gênent pas entre eux.

La discipline dans les écoles correspond exactement à ce qu'est la police dans l'État. Celle-ci est indispensable dans tous les pays, et aussi dans les pays libres; mais si elle intimide les malfaiteurs, elle ne se charge pas de les amender. Et si elle protège les paisibles citoyens, elle ne se mêle pas de les corriger de leurs défauts. La police prévient ou réprime les crimes, mais ce n'est pas elle qui fait régner les bonnes mœurs. On ne mesure pas la moralité d'un pays d'après le nombre de ses gendarmes, et les dimensions de ses prisons.

Déjà dans la famille, la discipline est indispensable. Ce sont les petits enfants qui ont le plus besoin d'être gouvernés. Il faut bien les empêcher de troubler la maison par leur turbulence excessive, de jouer avec le couteau ou avec des allumettes, de casser la vaisselle, de déchirer leurs habits.

Sans la discipline, non seulement les enfants troubleraient l'ordre, mais ils se feraient du mal à eux-mêmes. Si on les abandonnait à leurs instincts et à leur inexpérience, leur santé, leur vie même, serait en danger.

Il y a deux moyens de réprimer les désordres causés par les enfants : les *châtiments* et la *surveillance*.

*
* *

Le châtiment revêt les formes les plus diverses. Un regard sévère suffit souvent pour contenir un petit garnement et pour maintenir l'ordre dans la classe. Un maître expérimenté ne tourne pas le dos à ses élèves; il n'a point les yeux fixés sur son livre ou sur ses notes; il ne regarde pas dans le vague, mais il regarde ses élèves bien en face, de manière que rien ne lui échappe.

Une forte mesure d'attention partagée est indispensable au maître, puisqu'il doit en même temps surveiller les élèves et appliquer toute son attention à son enseignement. C'est l'excitation particulière à l'exercice de ses fonctions qui lui permet de mener de front ces deux opérations totalement différentes.

En second lieu, le maître se sert de la *parole*, sous forme de commandement bref, ou de réprimande. Ce moyen suffit généralement pour maintenir l'ordre.

Enfin, il est des cas où interviendra le *châtiment* proprement dit.

Nous ne nous étendrons pas sur la description ou l'énumération des châtiments possibles, ni sur leur légitimité et leur efficacité respective. Cela dépend beaucoup des traditions et des mœurs. En Angleterre, les châtiments corporels n'ont rien de déshonorant, et les jeunes gentlemens de ce pays valent bien les nôtres sous le rapport de la dignité de leur attitude. En France, il serait impossible de rétablir les châtiments corporels, mais on y pratique d'autres punitions qui répugneraient beaucoup aux Anglais. Il faut distinguer aussi entre les châtiments dits pédagogiques, que préconise Rousseau, et qui ont pour but l'éducation proprement dite, — et les châtiments purement disciplinaires, les seuls dont il soit question pour le moment. Car ici nous ne parlons que des punitions qui ont pour objet le maintien de l'ordre, et la répression des délits.

En général, il ne faut employer les châtiments sévères qu'avec discernement et fort rarement, parce que la sensibilité des enfants s'émousse par l'abus des punitions. Des châtiments trop forts et trop souvent répétés n'effraient plus. De plus, il est très difficile de les proportionner exactement à la gravité du délit.

La Bruyère s'élève aussi contre les punitions excessives :
« C'est perdre toute confiance dans l'esprit des enfants et leur devenir inutile, que de les punir des fautes qu'ils n'ont point faites ou même sévèrement de celles qui sont légères; ils savent précisément et mieux que personne ce qu'ils méritent, et ils ne méritent guère que ce qu'ils craignent; ils connaissent si c'est à tort ou à raison qu'on les châtie, et ne se gâtent pas moins par des peines mal ordonnées que par l'impunité. »

Les dangers qui résultent de l'abus des mesures de discipline sont connus. Ils engendrent et entretiennent des vices extrêmement graves : la ruse, le mensonge, l'hypocrisie, la délation, etc. Les enfants élevés sous ce régime deviennent sournois, ils aiment à se cacher, ils contractent des habitudes de violence, ils n'ont nulle affection pour leur maître.

**

Voilà pourquoi il vaut mieux, partout où c'est possible, employer l'autre moyen de discipline : la *surveillance*, parce que celle-ci cherche à prévenir les méfaits et à les empêcher.

La surveillance des enfants est parfois difficile. Admettons qu'on réussisse à l'organiser et à la mettre en pratique, on constatera tôt ou tard qu'elle engendre des inconvénients très graves.

Le plus souvent, il y a une lutte sourde entre le surveillé et le surveillant. C'est à qui déploiera le plus de ruses pour arriver à ses fins, et ce n'est pas toujours le surveillant qui a le dernier mot.

La Bruyère, qui connaissait bien les enfants, fait la remarque suivante (*Caractères*, t. II, De l'homme) :

« Il n'y a nuls vices extérieurs, et nuls défauts du corps qui ne soient aperçus par les enfants : ils les saisissent d'une première vue... L'unique soin des enfants est de trouver l'endroit faible de leurs maîtres, comme de tous ceux à qui ils sont soumis : dès qu'ils ont pu les entamer, ils gagnent le dessus, et prennent sur eux un ascendant qu'ils ne perdent plus. »

La surveillance présente un autre inconvénient. C'est que, en prévenant certains écarts, elle étouffe toute espèce d'initiative. L'enfant toujours tenu en laisse devient incapable d'une activité intelligente. En lui faisant perdre tout sentiment de responsabilité, on brise le ressort de sa volonté, et le gouvernement devient un obstacle à l'éducation morale.

Sans doute, la surveillance est indispensable dans de certaines limites. Elle peut du reste s'allier à d'autres mesures qui en atténuent considérablement le caractère vexatoire.

D'abord il faut satisfaire aux besoins et aux instincts légitimes des enfants. On veillera à ce qu'ils obtiennent une nourriture appropriée à leur complexion physique; on se gardera, par exemple, de leur donner des boissons alcoolisées, qui communiquent aux enfants une fausse excitation, et qui finissent par les plonger dans la torpeur. Ni le vin ni la bière ne conviennent à l'enfance. Les instituteurs des contrées ravagées par l'alcoolisme en pourraient dire long sur ce chapitre. On a fait en Allemagne des enquêtes méthodiques à la suite desquelles on a constaté que des fractions notables de la population scolaire des villes et des campagnes dénotent tous les lundis matin des signes non équivoques de trouble et d'engourdissement dus aux abondantes libations du dimanche.

L'école tiendra aussi compte du besoin de mouvement, surtout chez les jeunes enfants. Des gestes en cadence, des exercices et des jeux donnent satisfaction à ce besoin.

En général, il faut occuper l'enfant. Dans les écoles où l'on pratique le travail manuel, presque toutes les mesures de discipline, châtiment ou surveillance, deviennent superflues. C'est le cas, par exemple, pour l'école américaine, où ces sortes de travaux sont en honneur.

Voici quels en sont les résultats, d'après M. Pierre Brizon (*L'École américaine*, Pages libres, n° 413) :

1° Les travaux manuels retiennent les élèves à l'école, parce qu'ils les intéressent passionnément;

2° Ils facilitent la discipline matérielle, malgré l'allure indépendante de la jeunesse américaine;

3° Ils accroissent l'instruction, parce qu'ils fournissent, sans intermédiaire, un grand nombre de mots, d'idées, de notions, d'expériences personnelles, de connaissances vécues, profondes et durables;

4° Ils stimulent vigoureusement l'esprit d'initiative et d'invention;

5° Ils ennoblissent les professions manuelles;

6° Ils facilitent l'acquisition d'un gagne-pain;

7° Ils révèlent des aptitudes, non seulement mécaniques, mais intellectuelles. Car les travaux qui exigent de l'observation, du jugement, de l'habileté, éveillent ou mûrissent des facultés qui ne sont pas toujours touchées par l'enseignement verbal de la classe.

Bien que ce plaidoyer en faveur des travaux manuels dépasse de beaucoup le cadre de la discipline proprement dite, nous avons tenu à faire connaître à nos lecteurs ce morceau tout entier, dont ils sauront apprécier la haute valeur.

>   *
>   *   *

Nous avons dit plus haut que le regard du maître suffit parfois pour maintenir l'ordre dans une classe.

Il ne faut pas nécessairement que ce regard soit terrifiant ou dominateur. Il peut aussi exprimer tout simplement la bienveillance. Il en est de même de l'emploi de la voix. La discipline peut s'imposer sans de grands éclats de voix ; il suffit que la voix ait du charme.

Cela dépend de la personnalité de celui qui dirige la classe, et aussi de certaines qualités, naturelles ou acquises Certains maîtres inspirent tout naturellement aux enfants le respect craintif ; d'autres sont l'objet d'une admiration fanatique, ou d'une affection sans bornes. On dirait que ces maîtres usent d'un charme ou d'un sortilège.

Ce phénomène, rare et curieux, est tout simplement la *suggestion*. Nous avons déjà constaté que celle-ci n'est pas à proprement parler un moyen d'éducation morale, puisque l'éducation s'adresse à la réflexion, au cœur, à la conscience. Mais, comme moyen d'imposer la discipline, la suggestion est parfaitement légitime, et nous devons estimer heureux les maîtres qui possèdent ce don singulier de se faire aimer et obéir.

§ 2. — Quelques remarques sur l'éducation physique

Nos lecteurs sont instruits des raisons pour lesquelles nous nous abstiendrons de traiter au long et en détail l'éducation du corps. Sans doute, Rabelais, Locke, Rousseau, après Xénophon et Platon, l'ont considérée comme une partie essentielle de la pédagogie. Mais nous estimons qu'il n'y a plus lieu, à notre époque, d'insérer dans la pédagogie générale un traité de médecine ou d'hygiène enfantine. Il vaut mieux s'en remettre aux ouvrages spéciaux sur cette matière. Car, de nos jours, l'éducation physique comprend aussi l'hygiène, l'alimentation, l'habillement de l'enfant.

On peut consulter sur ce sujet, et avec fruit, l'ouvrage de Herbert Spencer.

Nous nous bornerons aux trois remarques suivantes :

1° Pour les enfants de constitution faible, il serait dangereux de les astreindre à un travail intellectuel intense. Sans doute, la tentation est grande, car c'est dans les rangs des enfants débiles que se recrutent les élèves phénomènes. Les enfants scrofuleux, en particulier, montrent souvent une grande vivacité d'esprit entre 7 et 12 ans. Ces enfants précoces, dont on est si fier, ont parfois l'air de petits vieillards[1]. Mais tout d'un coup la flamme s'éteint, peut-être à la suite d'un surmenage auquel l'enfant lui-même s'était complaisamment prêté. Pour cette catégorie d'enfants, il vaut mieux attendre la crise inévitable qui surgira au début de l'adolescence, ralentir les études, et se borner à des soins physiques très minutieux. Non seulement on a des chances de conserver une vie précieuse, mais ces sortes d'enfants regagneront facilement le temps perdu.

Qu'on n'objecte pas le cas de Newton et de Pascal, qui furent des enfants prodiges, quoique délicats. Le génie se fraie toujours sa voie. Mais la pédagogie ne peut pas se proposer pour but de cultiver le génie.

2° Les exercices physiques qui ont pour but de rendre le corps robuste et souple, ne sont pas tout à fait les mêmes que les exercices du sport. Ceux-ci ne sont pas seulement destinés à cultiver la vigueur et l'adresse, mais aussi, et surtout, à mériter les applaudissements de la foule, ou du

---

1. Fénelon, *De l'éducation des filles*, chap. V :
« Tel a été célèbre par son esprit à l'âge de cinq ans, qui est tombé dans l'obscurité et dans le mépris, à mesure qu'on l'a vu croître. »

moins, d'un public de connaisseurs. Les sports surexcitent la vanité, et substituent des devoirs artificiels aux devoirs de conscience. L'idéal est de devenir vigoureux, mais pas du tout de s'être couvert de gloire dans tel match mémorable.

3º Il faudrait aussi réagir contre la méthode de l'endurcissement du corps, qui sévit de temps à autre. Couvrez tout bonnement les bras et les jambes durant les grands froids. Rousseau va beaucoup trop loin : il fait coucher, par exemple, son élève sur le sol humide. Sans doute, cette méthode réussit parfois, et c'est tant pis; car ces succès partiels sont souvent achetés au prix de la santé des autres enfants, victimes de ces procédés trop rudes.

*
* *

Les exercices physiques donnent à l'enfant la conscience de sa force. Plus il est vigoureux et adroit, moins il abusera de son avantage. Se sentant responsable, il réfléchira aux conséquences de ses actions et fera preuve de jugement et de prudence.

Voici sur ce sujet quelques passages de l'*Émile* :

« Voulez-vous cultiver l'intelligence de votre élève? Cultivez les forces qu'elle doit gouverner. Rendez-le robuste et sain, pour le rendre sage et raisonnable. Qu'il soit homme par la vigueur, et bientôt il le sera par la raison.

« L'élève de la nature, exercé de bonne heure à se suffire à lui-même autant que possible, ne s'accoutume point à recourir sans cesse aux autres. Il ne jase pas, il agit. Il est forcé d'observer beaucoup de choses, de connaître beaucoup d'effets; il acquiert de bonne heure une grande expérience. Ainsi son corps et son esprit s'exercent à la fois. Plus il se sent fort et robuste, plus il devient sensé et judicieux. C'est le moyen d'avoir un jour ce qu'on croit incompatible et ce que presque tous les grands hommes ont réuni : la force du corps et celle de l'âme, la raison d'un sage et celle d'un athlète. »

« Plus un corps est faible, plus il commande. Plus il est fort, plus il obéit. Un corps débile affaiblit l'âme. Il faut que le corps ait de la vigueur pour obéir à l'âme, un bon serviteur doit être robuste. »

CHAPITRE II

COMMENT SE FORME LE CARACTÈRE MORAL

§ 1. — LE CARACTÈRE OBJECTIF ET LE CARACTÈRE SUBJECTIF

Nous arrivons maintenant aux grands problèmes que suscite l'éducation du caractère moral, car l'instruction éducative n'est au fond que l'auxiliaire de l'éducation proprement dite. Mais dès qu'on entreprend de cultiver directement la vertu, il n'est plus possible d'éluder les questions qui s'imposent à tout homme qui réfléchit sur la possibilité de rendre les hommes vertueux.

Il ne s'agit nullement d'une phase ou d'une période nouvelle de l'éducation, intervenant à un âge fixe, et faisant suite à l'éducation par l'instruction. Car l'instruction éducative n'arrive jamais à son terme. En quittant les bancs de l'école, le jeune homme continue à ses risques et périls sa propre instruction, au moyen de lectures, et au cours de ses relations avec la société humaine et avec la nature.

D'autre part, l'éducation directe du caractère se fait à tout âge, même en un temps où l'enfant ne fréquente pas encore l'école. Dès son âge le plus tendre, on lui inculque certaines habitudes morales, telles que la sincérité, la modestie, la bienfaisance. Il y a plus : des éclairs de volonté, des velléités honnêtes et généreuses peuvent prendre naissance, longtemps avant que l'enfant sache l'A B C.

Néanmoins, nous sommes bien obligés, par la force des choses, de consacrer des chapitres séparés à l'instruction éducative, et d'autres à l'éducation directe du caractère. Si l'on confondait les deux ordres d'idées dans un exposé continu, il faudrait renoncer à donner à nos lecteurs un aperçu clair et systématique de la pédagogie générale.

A vrai dire, nous eussions pu à la rigueur commencer par l'éducation directe, et, suivant l'exemple de Marion et de Rousseau, traiter d'abord de l'éducation de la volonté. Il nous a semblé préférable de commencer par l'instruction éducative, parce que les principes de celle-ci sont une excellente préparation à l'étude de l'éducation directe.

Dans la réalité, les deux méthodes éducatives sont inséparables. Et puisqu'elles se soutiennent mutuellement, elles doivent être menées de front. Le maître qui instruit, doit aussi exhorter, blâmer, louer, encourager. Il élève la jeunesse non seulement par son enseignement, mais aussi par l'influence qu'il exerce directement, par l'exemple et par l'ascendant de sa personnalité.

L'éducation du caractère moral, même si l'on fait abstraction de l'instruction, suscite des problèmes fort délicats de psychologie et de morale. Certes on peut, à la rigueur, concevoir un système de morale qui se tienne. Et la psychologie tend de plus en plus, en devenant une science, à éliminer de son sein les hypothèses hasardées et les préjugés dont la fausseté est reconnue. Mais ici il s'agit de morale et de psychologie appliquées à l'éducation. Cette mise au point nous force à quitter le terrain où nous marchions jusqu'ici, pour nous livrer à des tâtonnements au cours desquels la science nous laissera bien souvent en défaut.

Le problème est le suivant :

Comment se forme le caractère moral ?

Si même, faisant momentanément abstraction de la moralité, nous nous bornons à rechercher les lois de la formation du *caractère* en général, notre embarras sera grand.

Nous savons à peu près comment naissent les représentations, les idées, les sentiments, et même les résolutions partielles.

Mais, s'il s'agit d'une volonté stable, énergique, et pourtant libre dans certaines limites, où trouver les lois de son devenir?

Tout conspire à nous dérouter et à confondre nos calculs.

On peut avoir, par exemple, des idées très claires, très bien associées et classées; on peut être savant, judicieux même, — et n'avoir en partage qu'un caractère faible.

On peut avoir des sentiments très vifs et très élevés. On peut être « sensible » dans le sens où on l'entendait au XVIIIe siècle, avoir la larme facile, céder aux entraînements du cœur; — et cependant les hommes les plus sensibles sont parfois les plus faibles.

On peut avoir le sens du beau, être artiste consommé. On peut être philosophe, métaphysicien, moraliste, — et ne posséder qu'un caractère faible.

On rencontre des caractères faibles même chez les hommes d'action, chez les militaires, les chefs d'industries importantes. Leur esprit, tout tendu dans une direction exclusive, semble se détendre pour tout le reste.

Le langage usuel va même plus loin. On ne dit pas : Tel homme est faible de caractère. On dit : Tel homme n'a pas de caractère du tout.

Au cours de notre exposé de l'instruction éducative, on eût pu croire que, grâce à elle, du moins, on formerait une génération d'hommes énergiques.

Je voudrais bien le croire, mais je crains que là aussi il n'y ait bien des mécomptes, et que, malgré les efforts de l'école, les hommes de caractère ne soient toujours en minorité.

Il reste, il est vrai, l'éducation morale directe, dont nous allons parler, mais il serait présomptueux de lui attribuer je ne sais quelle vertu magique, même si elle pouvait se fonder sur des principes plus évidents et moins fragiles que ceux que la psychologie et la morale peuvent lui fournir.

Il faut s'y résigner : l'éducation morale peut bien contribuer à relever le niveau moral d'une génération donnée, et exercer ainsi une lente et discrète influence sur la masse. Mais elle ne portera tous ses fruits que dans une fraction assez restreinte de la totalité de ceux auxquels elle est donnée. Mais cette minorité vaut à elle seule plus que tout le reste. Quelques hommes énergiques finissent toujours par entraîner la multitude.

Et c'est ce qui nous préserve du découragement. Si, sur cent élèves, l'instruction éducative, jointe à l'éducation morale, ne portait tous ses fruits que chez un seul, ce serait déjà un résultat assez beau, d'autant plus qu'il est probable, et même certain, que cette même éducation aura exercé une influence bienfaisante, quoique moins décisive, sur les quatre-vingt-dix-neuf autres.

Le problème de l'éducation du caractère moral peut donc être scindé en deux :

D'une part, on étudiera les lois de la formation du caractère en général, abstraction faite de sa moralité.

D'autre part, on étudiera la moralité du caractère.

Nous commencerons par le premier problème.

Tout d'abord, nous distinguons avec Herbart entre le *caractère objectif*, et le *caractère subjectif*.

Le caractère objectif, c'est la manière de vivre et de se comporter, non pas accidentelle, mais habituelle et constante, d'un individu. Cette manière d'être dépend de son tempérament physique, de ses désirs et de ses penchants innés, des habitudes contractées, des qualités et des défauts acquis, des relations sociales habituelles, et du degré d'instruction. Comme le caractère se ressent surtout des habitudes, on peut dire que le caractère objectif, c'est l'ensemble de nos habitudes, bonnes ou mauvaises, vieilles ou récentes, physiques ou mentales.

Le caractère subjectif, c'est l'ensemble de nos jugements en tant qu'expression de l'opinion que nous nous faisons sur nous-mêmes. Le caractère objectif se forme de lui-même, automatiquement et inconsciemment. Mais, au fur et à mesure que l'homme observe, souffre, jouit, agit et s'instruit, il prend conscience de lui-même, il réfléchit sur ce qu'il est et sur ce qu'il fait, il apprécie, il critique, il excuse, il loue ou condamne ses propres actions et sa manière d'être habituelle. Il se forge des lois et des maximes, il se propose de les suivre ; il aspire à la perfection. L'ensemble de ces opinions, de ces jugements, de ces règles de conduite, forme le caractère subjectif.

Le caractère objectif est en voie d'évolution constante, et cette évolution ne s'arrête qu'avec la mort. Avec l'âge, avec l'expérience, sous les influences venues du dehors et du dedans, les instincts se modifient, les goûts changent, les habitudes se font et se défont. Après dix ans écoulés, un enfant est méconnaissable. Certes, ses traits individuels subsistent, et un œil exercé saura fort bien les reconnaître, mais sa manière de se comporter, d'agir, de sentir, se sera modifiée.

Le caractère subjectif suit cette évolution, pas à pas. Lorsqu'un homme éprouve des sentiments nouveaux, lorsqu'il contracte d'autres habitudes, ses jugements et ses maximes se renouvellent parallèlement. L'éveil des passions, le contact du milieu social, la vie intense avec son cortège obligé d'actions, de luttes, de souffrances et de joies, non seulement modifient le caractère objectif, mais produisent aussi une ample moisson de jugements diversement nuancés, soit pour justifier ou excuser les actions habituelles des hommes, soit simplement pour condenser ces jugements en formules, en règles et en maximes qui soient comme l'expression de cet état général et habituel que nous appelons le caractère objectif.

Il y a pour ainsi dire en tout individu deux hommes, différents et opposés à certains égards, celui qui agit et celui qui juge, et cette dualité est la condition même de l'évolution intérieure qui oscille entre l'inconscience et l'état conscient, entre la réalité et l'idée, entre la dépendance et la liberté.

Le caractère objectif comprend tous les éléments inconscients et déterminés de la nature humaine, non seulement les vieux instincts innés, mais aussi les habitudes acquises devenues peu à peu inconscientes.

Le caractère subjectif comprend le domaine de la conscience, car émettre une sentence, une opinion, un jugement, une règle, c'est agir dans la plénitude de l'état conscient.

Pour qu'un homme complet et parfait puisse se former, il faut que ces deux moitiés de l'homme se rencontrent et s'unissent. Il ne suffit pas de raisonner juste, d'émettre des jugements subtils, il faut que ces jugements puissent s'appliquer à quelque chose; le caractère objectif qui représente l'homme tel qu'il est, voilà la matière sur laquelle s'exerce ces jugements où se reflète l'homme tel qu'il devrait être, ou du moins tel qu'il voudrait être.

Le côté objectif du caractère représente à la fois la force active et la force d'inertie, la vigueur physique, l'énergie passionnelle, la persévérance de l'habitude.

Le côté subjectif du caractère représente la raison théorique, la conscience qui juge, et la moralité idéale.

Il faut que l'homme parvienne à un état tel que la raison et la moralité s'unissent à la force et à la constance.

Il faut qu'il y ait équilibre entre le caractère objectif et le caractère subjectif de l'homme.

L'homme de caractère est celui qui a beaucoup d'énergie à mettre au service de la raison, et une saine raison pour diriger sa force.

§ 2. — La formation du caractère en général

De quelle manière l'éducation peut-elle intervenir dans l'évolution parallèle du caractère objectif et du caractère subjectif?

Ou plutôt, posons le problème avec plus de précision :

Jusqu'à quel point l'éducation peut-elle hâter la formation du caractère? Quelle méthode suivra-t-elle pour développer l'énergie du caractère objectif et la moralité du caractère subjectif?

Avant tout, il convient de nous prémunir contre une double erreur de tactique :

Les uns se préoccupent exclusivement de cultiver le caractère subjectif, c'est-à-dire les jugements et les maximes.

Les autres se bornent à cultiver le caractère objectif, c'est-à-dire les habitudes et la conduite de l'homme.

La première erreur est la plus répandue.

On croit avoir fait le nécessaire, lorsqu'on a inculqué à l'enfant des sentences morales, des règles et des idées, des principes et des jugements tout faits. Ces conseils, ces exhortations, ces leçons de morale ont certes l'heureux effet de rendre un jeune homme capable d'énoncer des maximes impeccables, des jugements austères, et de juger avec clairvoyance le détail de ses propres actions et celles des autres. Il deviendra un moraliste parfait. On aura formé son caractère subjectif.

Mais sera-t-il un homme vertueux? Pourra-t-il résister avec courage, avec persévérance, à l'entraînement des passions, à la séduction des mauvais exemples, aux assauts de son entourage?

Eh bien, non! il sera impuissant, s'il n'oppose à ces attaques et à ses séductions d'autres digues que les sentences et les maximes dont on l'aura saturé. Et il sera digne de blâme et de pitié. Car, qu'y a-t-il de plus méprisable qu'un jeune homme dont les mœurs donnent un démenti perpétuel à ses principes? Mais combien ne devons-nous pas plaindre celui qui, grâce à la clairvoyance qu'il aurait acquise, et grâce à l'excellence de ses principes, passerait sa vie à se juger et à se torturer lui-même? Dans ces cas il n'y a d'autre alternative que l'hypocrisie ou le tourment d'une conscience troublée.

Eh quoi! dira-t-on : les leçons de morale, les conseils, les exhortations, tout cela sera-t-il en pure perte? La morale n'aurait-elle d'autre effet que de faire des menteurs ou des malheureux?

Si l'éducation n'avait pas d'autre ressource que d'influencer nos idées, elle serait en réalité impuissante, car elle n'aurait rien fait pour fortifier la volonté et pour affranchir l'homme de l'état de dépendance où il est naturellement placé. Les idées ne deviennent des forces que si elles font naître des sentiments, et si elles réveillent les énergies qui sommeillent chez tous les êtres humains.

*

Puisque la culture exclusive du caractère subjectif offre tant d'inconvénients et de dangers, il est clair qu'il faudra débuter par l'éducation du caractère objectif, c'est-à-dire par la culture des instincts et des sentiments de l'enfant, et en général par une action concertée sur ses habitudes, ses mœurs, son genre de vie. On le placera dans un milieu favorable et on l'éloignera d'un entourage corrupteur[1].

On ne débutera pas par lui prêcher la morale, mais on l'astreindra à la pratique de la morale, ou du moins à une activité et à des habitudes qui ne soient pas en contradiction avec la morale. On ne lui expliquera pas encore les principes, mais on les lui fera mettre en pratique. On connaît le dicton populaire : Tout bon Français est censé connaître la loi. Certes, tout bon Français n'a pas étudié le code, mais il le pratique, sans le savoir. S'il fallait attendre que l'enfant eût écouté une leçon de morale ou de catéchisme avant d'honorer ses parents, ce serait le renversement du cours naturel des choses.

Avant tout, l'enfant contracte des habitudes de propreté, d'ordre et de moralité, et ceci est l'affaire de l'éducation qui, déjà au sein de la famille, commande, règle, réprime, et obtient des résultats pratiques, et cela directement, sans l'aide de l'instruction, longtemps avant que la moralité théorique ait pu élever la voix.

L'action précède la réflexion, puisqu'elle la conditionne. Avant de juger, il faut qu'il y ait matière à jugement, et cette matière c'est le caractère objectif, c'est-à-dire l'action.

Mais en même temps que ce dernier il convient de cultiver le jugement moral. Le caractère objectif, dût-il se composer d'habitudes correctes et d'instincts très purs, a besoin de sentences et de maximes pour progresser. L'enfant le mieux stylé, s'il n'a pas l'idée de la perfection morale, se contentera d'être ce qu'il est, mais ne saura jamais aspirer vers un but plus élevé. Il faut qu'un certain idéalisme vienne secouer, inquiéter, révolutionner le caractère objectif trop enclin à se complaire dans un conservatisme stérile et paresseux.

Nous examinerons maintenant comment l'éducation

---

1. *Nouvelle Héloïse*, V. Lettre III :
« La première et la plus importante éducation, celle précisément que tout le monde oublie, est de rendre un enfant propre à être élevé. »

du jugement critique et de la moralité raisonnante peut se greffer sur celle qui dirige les actions et les habitudes des enfants :

Au début, l'enfant n'a que faire de maximes toutes faites qui lui seraient imposées du dehors. Cependant il a des maximes : ce sont celles qu'il se forge à lui-même et qu'il formule tout seul, de sa propre initiative. Ses premières maximes sont tout simplement l'expression de sa manière d'être habituelle[1].

Si l'enfant a reçu une mauvaise éducation, ou pas d'éducation du tout, s'il est habitué à suivre de mauvais exemples, à céder à ses caprices, à se livrer à ses penchants vicieux, ses maximes seront détestables.

Écoutez les règles de conduite émises par certains enfants de la rue, livrés à tous les vices, et vous serez édifiés sur ce point. Ces règles ne valent du reste pas beaucoup moins que les maximes que se forgent à eux-mêmes certains enfants de famille riche, habitués à faire leur volonté, corrompus par la valetaille, prêts à exploiter la faiblesse de leurs parents. Quelles maximes!

Si, au contraire, le caractère objectif a été cultivé avec soin, si l'enfant a pris de bonne heure des habitudes de véracité, de modestie, de bonté, de travail, etc., soyez sûrs que ses règles de conduite seront excellentes.

Sans doute ces maximes ne seront bonnes que relativement. Il faut les corriger et les épurer, et c'est à ce moment qu'intervient l'éducation du caractère subjectif dont la tâche consiste à élever peu à peu le niveau moral des idées, mais qui devra toujours veiller à ce qu'il n'y ait pas une distance trop grande entre la conduite de l'enfant et la formule qui y correspond.

Cependant les deux faces du caractère ne se développent pas toujours symétriquement. Il s'en faut de beaucoup que la réalité réponde en tout aux espérances de l'éducateur. Des vices très graves, des défectuosités invé-

---

1. C'est dans ce sens que Kant entend le terme de *maxime*.

térées peuvent subsister et même s'aggraver à un âge où le jugement moral est déjà fortement développé. Il peut aussi arriver que chez tel homme de mœurs honnêtes il y ait des lacunes stupéfiantes dans les jugements moraux. On dit alors que ces hommes valent mieux que leurs principes. C'est un genre d'hypocrisie à rebours assez répandu dans certains milieux. On aime à scandaliser les honnêtes gens par des maximes saugrenues. Certains littérateurs affectent ce genre, et l'on ne peut pas dire que leur influence soit bonne. Il faut surtout blâmer les professeurs qui jugent utile de soutenir des paradoxes pour étonner et secouer l'esprit un peu paresseux de leurs élèves. En général, ni les enfants, ni les adolescents ne comprennent le paradoxe, et l'ironie les déconcerte.

Pour nous résumer, nous dirons que l'évolution du caractère objectif précède la formation du caractère subjectif. Mais la culture des idées morales doit suivre ce progrès pas à pas, d'étape en étape. A l'amélioration des habitudes doit correspondre exactement celle des principes et des maximes.

§ 3. — La mémoire de la volonté

Jusqu'ici nous avons plutôt posé que résolu les termes du problème de la formation du caractère. A mesure que nous essaierons de le résoudre, les difficultés iront en s'accumulant. Essayons pourtant.

Il est clair que le caractère objectif se forme à l'aide des habitudes que l'on contracte au cours de la vie.

Habitude vient de *habitus* : manière d'être constante du corps et de l'esprit. L'art de l'éducateur consistera donc en gros à remplacer de mauvaises habitudes par de bonnes, ou à créer des habitudes là où régnaient le caprice et l'inconstance.

Nous trouvons dans l'ouvrage de M. Marion une excellente étude sur l'habitude, et nous allons en résumer les idées principales :

D'abord, il distingue entre les habitudes passives et les habitudes actives, distinction peu importante pour notre sujet, car, pour nous, il est tout aussi nécessaire que l'enfant s'habitue à supporter la fatigue et la souffrance, qu'à exercer une aptitude, comme la course à pied.

En second lieu, M. Marion parle des effets de l'habitude pour l'activité. « L'activité, dit-il, d'abord hésitante et imparfaite, s'exerce avec une facilité et une perfection croissantes grâce à l'habitude. Celle-ci rend l'action plus facile, plus rapide et plus parfaite, qu'il s'agisse d'un simple mouvement musculaire ou des plus hautes opérations de l'esprit. Elle donne à tout une sorte de perfection automatique. En devenant habituelles, nos actions tendent à devenir inconscientes. L'habitude les fait descendre du domaine de l'esprit et de la réflexion dans celui de la nature et du mécanisme. Grâce à elle, l'émotion qui accompagne l'acte est de moins en moins ressentie. A la première audition d'une symphonie, on éprouve une impression complexe et fatigante. A la quatrième audition, l'œuvre étant devenue plus familière, la peine a disparu, et il ne reste que le plaisir devenu de plus en plus vif. »

Nous ferons remarquer que cette dernière observation, juste en elle-même, ne saurait convenir ici. Ce n'est pas l'habitude, c'est l'aperception qui explique ce phénomène.

« La nature, continue M. Marion, vient donc par l'habitude, au secours de la volonté. La sérénité, la bonne grâce dans la pratique du bien, c'est cela même qui achève de donner à la vertu son prix et son charme, et cela est le fruit de l'habitude.

« Ce qu'on fait d'habitude entraîne bientôt et nécessairement, une modification correspondante dans la pensée, dans l'opinion, dans la façon de voir et de sentir. Comme nous sommes essentiellement des êtres raisonnables, logiques, nous avons besoin de nous mettre d'accord avec nous-mêmes.

M. Marion fait donc lui aussi en ces mots la distinction entre le caractère objectif et le caractère subjectif, entre les habitudes prises et les pensées qui les expriment. Il le dit en passant, sans insister, mais il le dit, et confirme ainsi la théorie de Herbart qui, du reste, remonte à Kant.

Remarquons surtout ce qu'il dit de l'influence des habitudes sur les jugements et les sentiments correspondants, et de la concordance qui tend à s'établir entre les habitudes (*habitus*) et les idées : *Nous avons besoin de nous mettre d'accord avec nous-mêmes.*

A vrai dire, il faudrait distinguer entre les habitudes voulues et consenties, et celles qui s'imposent d'autorité, par la contrainte. Ces dernières sont plutôt du ressort de la discipline, et n'ont rien de commun avec l'éducation du caractère, c'est-à-dire d'une volonté consciente et libre. Un enfant bien stylé qui se tient droit sur les bancs de l'école, qui observe le silence et garde l'immobilité, qui procède avec une exactitude minutieuse à sa toilette, qui répète docilement les formules de politesse obligées, passe généralement pour un enfant bien élevé, quand il est tout au plus bien dressé.

Les habitudes qui concourent à l'éducation morale sont d'une tout autre espèce. Aussi Herbart évite-t-il même d'employer ce mot qui prêterait à bien des malentendus. Il ne connaît que la *mémoire de la volonté*.

C'est qu'il s'agit d'amener l'élève à un état d'âme tel qu'il puisse vouloir fermement et constamment la même chose dans toutes les circonstances possibles.

La simple habitude transforme des actes volontaires en actes inconscients, automatiques.

Mais la mémoire de la volonté, qui rend les actions plus faciles, en supprimant certains efforts et en atténuant certaines émotions douloureuses, permet à la volonté de faire abstraction de toutes sortes d'éléments accessoires qui pourraient la distraire et l'empêcher d'aller droit au but. Cette forme de l'habitude que nous appelons la mémoire de la volonté aboutit donc à un *affranchissement de la volonté* et à un *accroissement de force*.

Si, habitué à prendre de l'alcool, j'ai résisté une fois, dix fois, cent fois à la tentation, ma volonté aura acquis, avec la fermeté, une plus grande stabilité. Grâce à la mémoire de la volonté, je serai devenu plus libre, non seulement parce que je me serai affranchi d'un esclavage gênant, mais parce que j'aurai moins de peine à faire triompher constamment et en tout ma volonté. Dans ce cas particulier une habitude donnée aura été détruite, mais grâce à la mémoire de la volonté, elle aura été remplacée par une autre sorte d'habitude, intelligente et voulue. Cet habitus moral sera bien différent de l'automatisme inintelligent engendré par de vulgaires accoutumances naturelles ou imposées.

Pour cela, il faut qu'il y ait accord intérieur entre le côté subjectif du caractère et son côté objectif. Il ne doit plus exister de contradiction entre les maximes et la pratique habituelle, entre les idées et les actions.

* *

Il peut survenir plusieurs cas d'accord ou de désaccord entre le caratère subjectif et le caractère objectif :
Les voici :
1° Les maximes sont morales et les actes habituels sont immoraux.
2° Les actions sont bonnes, mais les maximes sont mauvaises.

Dans ces deux cas, le sujet est en contradiction avec lui-même (Marion). La volonté, tiraillée en sens contraires, ne connaît pas la stabilité. Le caractère ne peut pas se former. C'est ce qui arrive dans les époques de crise morale ou de relâchement des mœurs. Au XVIIIe siècle on professait des maximes pompeuses et magnifiques, mais on ne les pratiquait guère. Rousseau lui-même en est un triste exemple. Quant aux fanfarons du crime, tels que sont par exemple de nos jours certains anarchistes, personnellement fort inoffensifs, on ne peut pas dire d'eux qu'ils sont des hommes de caractère.

3º Les maximes sont mauvaises et la conduite l'est aussi.

Dans ce cas il y a concordance entre le caractère subjectif et le caractère objectif. C'est une harmonie monstrueuse, mais c'est de l'harmonie. Harpagon est un caractère, Shylock aussi. On remarquera que ces sortes de personnages se rencontrent plutôt au théâtre que dans la vie réelle. Cependant, lorsque Louis XIV disait : « L'État c'est moi », il formulait bien une maxime qui n'était que l'expression de sa constante manière d'agir. Louis XIV était un caractère.

4º Les actions sont bonnes et les règles de conduite le sont aussi.

Voici le véritable caractère moral. Malheureusement on ne rencontre cette variété d'hommes qu'au théâtre et dans les romans. La vie réelle n'offre guère d'exemples d'une harmonie parfaite entre les actions et les maximes d'un homme. Il se mêle toujours quelques imperfections aux actions les plus nobles et aux maximes les plus pures.

Dans la pratique, la mémoire de la volonté s'obtient :

1º Par la répétition constante des mêmes actions dans les mêmes circonstances;

2º Par la persistance dans les mêmes règles de conduite.

§ 4. — LES OBJETS DU VOULOIR

Le tout n'est pas d'acquérir une grande persévérance de la volonté, jointe à de l'énergie. Il faut aussi se rendre compte des choses qu'on peut vouloir.

Nous ne parlons pas des objets qu'une morale théorique

peut proposer comme but aux individus, mais de ceux que les hommes se proposent eux-mêmes.

Entendons-nous bien : Les enfants, comme les adultes, peuvent désirer et vouloir beaucoup de choses. Ils peuvent même en désirer de très dangereuses et de très répréhensibles. La discipline à l'école, et la police dans l'État, se chargent d'empêcher la réalisation de ces vouloirs. Lorsque l'enfant se sera aperçu qu'il y a danger ou impossibilité à accomplir une action répréhensible, il s'abstiendra d'en faire l'objet de ses désirs, absolument comme un homme enclin au crime s'abstient par crainte de voler ou de tuer.

Encore une fois, ceci rentre dans les attributions de la discipline.

Quant à l'éducation morale, elle se préoccupe avant tout de ceux d'entre les objets possibles du vouloir qui sont moralement indifférents, mais qui peuvent par la suite revêtir un caractère moral.

Si j'observe un enfant, je remarque qu'il aime par-dessus tout à se mouvoir, à se servir de ses mains, à courir çà et là, à toucher à tout, sans but, pour le seul plaisir de se mouvoir. Ses jeux les plus chers sont ceux où il est acteur, soit en imagination, soit en réalité. Pour une petite fille, la poupée qui l'amuse le plus, ce n'est pas la plus neuve ni la plus pimpante, c'est souvent la plus vieille et la plus informe. L'essentiel n'est pas de l'admirer, mais de la bercer, de la promener, d'*agir* en un mot. Les enfants aiment beaucoup les petits théâtres de guignols. Mais j'ai remarqué que les jeunes garçons aiment surtout à le construire et à l'orner de leurs propres mains, et parfois ils s'en désintéressent complètement dès qu'ils ont réalisé leur plan. L'enfant préfère une histoire aux plus belles descriptions. Le peuple est enfant sous ce rapport : voyez le succès des cinématographes !

Nous ne pouvons nous empêcher de reproduire, au moins en partie, le délicieux morceau suivant de La Bruyère (*Caractères*, t. II, De l'homme) :

« Les enfants ont déjà dans leur âme l'imagination

et la mémoire, et ils en tirent un merveilleux usage pour leurs petits jeux, car c'est par elles qu'ils répètent ce qu'ils ont entendu dire, qu'ils contrefont ce qu'ils ont vu faire; qu'ils sont de tous les métiers, soit qu'ils s'occupent en effet de mille petits ouvrages, soit qu'ils imitent les divers artisans par le mouvement et le geste; qu'ils se trouvent à un grand festin, et y font bonne chère; qu'ils se transportent dans des palais et dans des lieux enchanteurs; que, bien que seuls, ils se voient un riche équipage et un grand cortège; qu'ils conduisent des armées, livrent bataille, et jouissent du plaisir de la victoire, etc. »

Le premier objet du vouloir, c'est donc l'*activité* pour elle-même, indépendamment d'un but précis.

En second lieu, l'enfant veut *posséder* quelque chose, n'importe quoi. Dans le premier âge, il veut tout prendre, la barbe de son père et jusqu'à la lune. Peu à peu, il y met un peu plus de discrétion. Il exercera parfois son droit de propriété jusqu'à la dernière limite, c'est-à-dire jusqu'au droit de détruire ce qui lui appartient. Rousseau a consacré à l'instinct de la propriété une étude très importante, après laquelle il ne reste plus rien à dire.

Herbart mentionne un troisième objet du vouloir qu'il appelle la patience, ou la volonté de supporter un mal pour obtenir un bien. Nous y viendrons dans un instant, mais nous ne pouvons ranger cette forme du vouloir parmi les instincts primitifs. Je ne trouve chez le petit enfant qu'impatience.

Mais je rencontre chez tous le goût du *plaisir*. L'enfant veut rire, s'amuser, manger des friandises. Il n'y a rien à reprendre à cela en principe. Le goût du plaisir est tout aussi susceptible d'être épuré que le goût de l'activité et celui de la propriété.

En dehors de ces trois stimulants qui provoquent les premières velléités d'un vouloir conscient, je ne vois rien. Agir, posséder, jouir, voilà les premiers éléments avec lesquels se forme le caractère objectif.

Ces trois vouloirs ne sont pas nécessairement d'accord.

Le besoin du mouvement offre des dangers : on tombe, on se fait des contusions, et alors, adieu plaisir! On voudrait posséder un jouet, mais alors il faut renoncer à acheter un gâteau. L'enfant apprendra donc tôt ou tard à se priver pour posséder, à souffrir pour mieux s'amuser, à patienter pour mieux agir.

C'est à ce moment qu'intervient la *patience*, ou la faculté de subir certaines contrariétés en vue d'une fin. Et ce vouloir-là devient de bonne heure un des facteurs essentiels du caractère objectif. Sans la patience, l'enfant ne peut ni persévérer dans ses jeux, ni continuer une action quelconque.

Cette vertu n'a du reste pas encore un caractère moral déterminé. Les grands criminels sont souvent des hommes très patients, et certains hommes sont parfois capables de supporter beaucoup et d'attendre longtemps, pour exercer une vengeance ou pour satisfaire à leur ambition.

Lorsque l'enfant, bien dirigé, sentira sa conscience s'éveiller, son jugement se rectifier, il apprendra à *choisir*, parmi les objets possibles de son vouloir, ceux pour lesquels il vaut la peine de souffrir, et dont la conquête ou la conservation est digne de ses efforts.

La patience est la mesure qui sert à évaluer le prix d'une jouissance. Or, la préférence accordée à un objet ou à un plaisir est toujours le résultat d'un *choix* entre plusieurs objets, plusieurs occupations, plusieurs amusements.

Il s'établira tout naturellement une hiérarchie entre les objets du vouloir, selon leur plus ou moins de valeur relative. Un jouet qui reste vaut plus qu'un gâteau qui disparaît; une somme d'argent représente plus de jouissances que le jouet et le gâteau réunis. L'estime des camarades est plus précieuse que l'argent. Mais plus on aura patienté et souffert pour obtenir un objet, plus la valeur en paraîtra grande.

Parmi les plaisirs, un enfant choisira les plus vifs, ou les plus durables, ou les plus légitimes. Le choix dépend des maximes qu'il professe, du degré d'énergie de sa volonté, et aussi de ses habitudes. Mais tout choix implique des sacrifices.

Un peintre qui m'entretenait des procédés de son art ne se lassait pas de me dire : « Il faut faire des sacrifices! » Il voulait dire que pour faire une œuvre d'art, il faut renoncer à reproduire la totalité des belles choses qu'on voit et qui nous enchantent : il convient de se borner. L'enfant aussi saura bientôt qu'il ne peut pas tout posséder, ni accumuler tous les plaisirs, ni faire tout ce qui lui plait et tout ce qu'il brûle d'accomplir. Plus sa volonté gagnera en énergie, moins il laissera son désir s'étendre partout à la fois. Il choisira, il patientera, il fera des sacrifices.

Passons maintenant au caractère subjectif, c'est-à-dire au moi en tant qu'il exprime des opinions et qu'il élabore des règles de conduite.

Là aussi la mémoire de la volonté, jointe à la faculté de rétention, doit jouer un rôle important.

Les règles de conduite sont le reflet de nos goûts, de nos préférences, de nos habitudes, de notre *habitus* moral. Aux habitudes qui conditionnent nos actions, correspondent certaines habitudes de penser et de juger. Non seulement nos actes, mais aussi nos idées sont susceptibles d'acquérir une certaine fixité, grâce au jeu de la mémoire ou de la faculté de rétention. Si le caractère objectif est vicieux, les règles de conduite érigeront en maximes ces pratiques immorales. L'avare se dit « économe », l'orgueilleux veille à sa « dignité », l'égoïste dira : « Charité bien ordonnée commence par soi-même ». Le colérique fera l'apologie de sa « vivacité ». Le rustre expliquera qu'il est « franc ». Le lâche et l'indolent trouveront qu'ils sont « trop bons ». L'homme qui est dur et sans pitié dira qu'il est « juste ».

Chacun imagine des maximes pour expliquer, pour excuser, pour justifier, et même pour glorifier ses défauts et ses vices. Parmi les hommes, les uns pratiquent leurs maximes, les autres « maximent » leurs pratiques.

Certes l'éducation, aidée en cela par l'instruction, peut et doit corriger ces maximes fausses et trompeuses, et les remplacer même par d'autres maximes irréprochables. Mais alors celles-ci ne sont plus l'expression du caractère objectif. Celui-ci est l'arbre : S'il produit de mauvais fruits, il ne sert de rien de suspendre à ses branches les fruits les plus exquis cueillis sur un autre arbre. Ce qu'il faudrait, c'est qu'au lieu de porter de mauvais fruits, ce même arbre en produisît de lui-même de bons. Aux maximes artificielles, quoique excellentes, nous en préférerions d'autres qui fussent à la fois excellentes et naturelles, c'est-à-dire l'expression loyale de mœurs pures et d'intentions honnêtes.

Il faut donc laisser à l'instruction le soin d'épurer les maximes, c'est entendu. Mais, à côté de cela, l'éducation directe agira sur le caractère objectif, par l'exemple, par l'action directe, par l'influence bienfaisante du milieu, et en général par les moyens d'action dont elle dispose et dont nous parlerons plus loin.

Mais il ne faudrait pas croire que l'éducation du caractère subjectif cède en importance à l'autre. Car on ne saurait se passer de règles de conduite, et il est nécessaire qu'elles se rapprochent le plus possible de la morale idéale. Le mot seul de « dérèglement » suffit pour peindre l'état où se trouve un homme sans principes sûrs, livré à tous les caprices. Les maximes nous aident à choisir en connaissance de cause les mobiles de nos actions, et à prévoir les conséquences futures de nos résolutions. Elles nous montrent une route sûre. Peut-être n'aurons-nous pas l'énergie de la suivre. Mais que nous nous y engagions ou non, il est indispensable que notre devoir nous soit clairement tracé.

Prenons comme exemple la maxime qui prescrit le pardon ou l'oubli des injures. Certes il est bon de s'assurer avant tout que ce précepte est conforme à la morale idéale. Mais l'homme ne l'adoptera pleinement que si, par l'exemple des autres, et par sa propre expérience, il a bien constaté que cette maxime, évidente pour la raison, est aussi la plus avantageuse, la plus belle, la plus féconde en résultats bienfaisants pour l'individu et pour la société.

En résumé, c'est à l'éducation directe à former le caractère objectif, et c'est l'instruction éducative, telle que nous l'avons exposée au Livre II qui, tout en agissant incidemment sur les mœurs et les habitudes, a pour tâche spéciale de former le caractère subjectif et d'élaborer les règles qui doivent diriger et inspirer les hommes[1].

§ 4. — La formation du caractère moral.

Nous essaierons maintenant d'étudier de quelle manière se forme la moralité du caractère, la persévérance dans le bien, la vertu.

Nous avons parlé plus haut d'un désaccord possible entre le caractère objectif et le caractère subjectif, entre la réalité et l'idéal, entre la pratique et la règle.

Ce désaccord se manifeste par une *lutte intérieure* souvent pénible et douloureuse, toujours nécessaire.

Plus l'homme possède une volonté ferme et stable, jointe à des maximes bien établies, moins il échappe à ces luttes intérieures qui ne sont du reste épargnées à personne, pas plus à l'homme vertueux qu'au scélérat.

Déjà, même sans tenir compte des maximes, il peut naître au sein du caractère objectif des conflits entre les

---

1 Rousseau, *Correspondance*, lettre 198 :

« Les préjugés qui ne tiennent qu'à l'erreur se peuvent détruire, mais ceux qui sont fondés sur nos vices ne tomberont qu'avec eux. Vous voulez commencer par apprendre aux hommes la vérité pour les rendre sages; et tout au contraire, il faudrait tout d'abord les rendre sages pour leur faire aimer la vérité. La vérité n'a jamais rien fait dans le monde, parce que les hommes se conduisent toujours plus par leurs passions que par leurs lumières, et qu'ils font le mal, approuvant le bien. Le siècle où nous vivons est des plus éclairés, même en morale; est-il des meilleurs? »

instincts qui se contrarient, entre diverses passions qui tendent à se supplanter mutuellement. Harpagon a ses habitudes, son système, ses principes, et cependant il souffre, parce qu'une passion nouvelle se met en travers de son vice principal.

Toutefois, le cas qui se présente le plus fréquemment est le suivant : L'homme, tel qu'il est, s'est mis dans sa conduite en contradiction avec ses propres principes.

Tous les gens de bien, et les plus illustres, ont connu cette lutte intérieure. Saint Paul l'a décrite avec des accents tragiques : Deux hommes se font la guerre en nous, et nous sommes tiraillés en sens contraire par une double loi, la loi de la chair et celle de l'esprit[1].

C'est que les maximes, surtout dans leur expression la plus haute, sont simples, et la vie est complexe. Il arrive donc que les règles de conduite n'embrassent ou ne semblent pas embrasser la totalité des éléments dont se compose le caractère objectif.

Il arrive aussi ceci : Les maximes pures et parfaites, s'élançant sur les ailes de l'esprit, gagnent forcément une avance considérable sur la somme de vertus qu'on réalise dans la pratique. L'idéal devance la réalité. On connaît son devoir, mais on est loin d'avoir le pouvoir de le réaliser en son entier. Voilà la source des pires souffrances pour les hommes les plus loyaux et les plus probes. Même à l'approche de la vieillesse, et jusqu'à la mort, il subsiste en nous des penchants indisciplinés et des passions sauvages qui n'attendent qu'une occasion pour faire éclater le désaccord intime du moi.

On peut concevoir un état chimérique où l'accord entre le moi déterminé et le moi déterminant mette fin à la lutte intérieure. Encore faut-il bien préciser qu'une vraie harmonie ne saurait exister là où des maximes criminelles tendent à justifier la corruption des mœurs. Car, dans ce cas, les passions criminelles se combattraient entre elles,

---

1. Épître aux Romains, chap. VII.

et la lutte intérieure, dépourvue du reste de tout caractère moral, n'en serait que plus âpre et plus violente. En Néron, le tyran est en contradiction constante avec le comédien.

La lutte intérieure ne pourrait prendre fin que là où la vertu la plus haute inspirerait à la fois les maximes et la conduite

Tant que la vertu ne dirigera pas d'une façon absolue nos actions et nos idées, tant que nous offrirons la moindre prise à un défaut de caractère, à des jugements faux, il y aura lutte intérieure, et nous manquerons de la sérénité qui est la marque suprême de la force du caractère moral.

Or cette lutte n'est pas seulement nécessaire, elle est utile, honorable, car elle est la condition essentielle du progrès, et la loi de la vie morale.

*
* *

La moralité subjective parfaite consisterait à définir et à prendre pour règle ce qui est bien dans le sens absolu.

Qu'est-ce que c'est que le bien?

Voilà donc le problème qui se précise, car nos maximes seront parfaites ou médiocres, selon qu'elles se rapprocheront ou s'éloigneront de la notion du bien.

Remarquons avant tout que la morale idéale nous apparaît presque toujours sous sa forme *négative*, car elle se formule ordinairement en défenses : « Tu ne tueras pas. Ne faites pas à autrui ce que vous ne voudriez pas qu'on vous fît. » L'éducation fait un constant usage de ces commandements négatifs.

Sans doute, il est facile de leur donner une tournure affirmative. C'est ce qu'a fait Kant en formulant la règle suivante : « Agissez toujours de telle manière que vos maximes puissent devenir une loi universelle. » Et cette loi, c'est l'Impératif catégorique.

Toutefois, il ne faut pas se payer de mots : la loi morale, telle que Kant l'a énoncée, ne nous dit nullement ce qui est bien. Elle nous donne tout au plus un signe infaillible auquel nous pouvons reconnaître qu'une chose n'est pas un mal. On dit que Kant lui-même avait conscience de cette lacune. Ce n'est qu'après de longues hésitations, et dans l'impossibilité logique d'établir un principe positif de morale qui fût d'une valeur absolue, qu'il se résigna à en énoncer uniquement le principe formel ou négatif.

La plupart des penseurs, anciens et modernes, ont eu l'ambition de découvrir et d'énoncer les principes positifs de la morale, car enfin l'homme ne peut pas se contenter de savoir ce que le bien n'est pas, il voudrait connaître exactement ce qu'il est.

Beaucoup d'entre eux ont emprunté les principes de la morale à la religion. Ceci est le cas, par exemple, pour les positivistes français, car l'altruisme n'est que la charité rationalisée. Leur morale, du reste, n'a pas fait faillite, elle a eu même ses saints. Mais le positivisme n'étant rien moins qu'un hommage rendu au christianisme, d'autres positivistes, plus conséquents, ont eu recours à la morale utilitaire. On ne se demandait plus : Qu'est-ce qui est absolument bien? mais : Qu'est-ce qui est utile? Mais là on se trouve placé devant deux alternatives : Ou bien l'on cherche à définir exactement les choses et les actions qui sont utiles, et alors on en est réduit à émettre des opinions subjectives susceptibles d'être contredites. Ou bien on se borne à dire : Le bien c'est l'utile, ce qui nous ramène au principe formel et négatif de Kant, à moins que ce ne soit qu'un simple truisme.

Nous passons rapidement sur la morale de la résignation stoïque dont la pédagogie n'a que faire : Un homme de caractère ne se résigne jamais aux choses qu'il peut éviter. Quant à l'inévitable, il ne s'y résigne pas, il l'accepte virilement.

La morale qui se résume dans la théorie du surhomme ne saurait prétendre à l'universalité. Nous ne voyons pas du reste quel parti l'école pourrait en tirer.

La morale fondée sur la solidarité a eu une fortune plus

éclatante. Malheureusement il est prouvé que la solidarité n'est pas le privilège des honnêtes gens, et que les malfaiteurs savent aussi la pratiquer fort bien. La solidarité est une de ces grandes lois de la nature qui n'ont en soi aucun caractère moral, et qui ne deviennent morales qu'accidentellement, et par l'application pratique qu'en font les hommes.

En désespoir de cause, il s'est formé une école qui se contente, en fait de morale, d'une simple description des mœurs existant à un moment donné, manière élégante d'éluder le problème, car des maximes inspirées uniquement par les idées des contemporains, et peut-être par les préjugés régnants, ne sauraient avoir aucune valeur absolue.

En présence de tant d'incertitudes, nous essaierons de suivre un chemin différent qui peut-être nous rapprochera du but que nous poursuivons, qui est la connaissance du bien absolu.

*
* *

Que se propose l'éducation en général, abstraction faite de son but moral? Elle veut rendre l'enfant capable de concevoir, de vouloir et d'exécuter un ou plusieurs desseins. Qu'il s'agisse de résoudre un problème d'arithmétique, ou d'écrire une page sans fautes, l'élève apprendra à se proposer un but et à le réaliser.

L'éducation morale, elle aussi, amène l'enfant à se proposer et à réaliser un but, mais ce but sera moral. Durant toute sa vie il devra choisir, parmi plusieurs fins possibles, celles qui sont le plus conformes à l'idéal moral.

La première obligation qui s'impose à l'enfant, et aussi à tous les hommes, c'est le choix. Or, en morale, le choix s'inspire de règles analogues à celles du goût.

C'est Herbart qui fait ressortir la concordance entre la certitude inhérente aux jugements moraux et celle des jugements esthétiques. Les lois morales sont, à certains égards, la résultante de nos jugements moraux, comme les règles du beau sont le produit des jugements esthétiques. Mais il faut ajouter que le jugement relève plutôt du bon sens, c'est-à-dire d'une certaine intuition, que de la science (Kant). Ce qui forme la faculté de jugement, ce ne sont pas les raisonnements, mais les exemples[1].

En dernière analyse, le jugement moral qui dirige notre choix, est donc affaire d'intuition. L'homme qui fait son choix entre diverses possibilités morales marque sa préférence avec une certitude au moins égale à celle qui est propre aux jugements esthétiques, et cette certitude, pour être différente de la certitude logique ou mathématique, n'en est pas moins valable.

On peut essayer de classer ces fins morales, entre lesquelles l'homme peut choisir, d'après les idées morales qui en sont l'expression. C'est ce qu'a fait Herbart en proposant les cinq idées qui suivent : la liberté intérieure, la perfection, la bienveillance, la justice, l'équité.

Ce serait donc là le code idéal de la morale que Kant n'a pas réussi à formuler, et qui comblerait la grande lacune de son système.

Pour nous, nous demanderons avant tout si ces cinq idées représentent bien des fins réalisables, et si ces fins sont nécessairement morales. Et tout de suite nous constatons que la liberté, même limitée, n'a pas nécessairement un caractère moral; elle est la condition de la vertu, mais elle n'est pas une vertu. Quant à la perfection, elle s'applique également au beau et au bien. Pour lui imprimer un caractère moral, pour en faire un objet digne d'efforts, nous la ferons descendre des hauteurs inaccessibles où

---

[1] « C'est un fait digne de remarque que, malgré le caractère instinctif de la vérité morale, nous n'avons cependant pas d'idée innée de la parfaite vertu. Nous reconnaissons avec promptitude et fidélité la vertu et le vice d'une action qui se présente, mais il nous faut une expérience consommée pour connaître tous les éléments qui entrent dans la parfaite vertu. Plus d'un penseur, après avoir étudié pendant vingt ou trente ans les hommes et les livres, a trouvé dans l'histoire d'un ancien héros une qualité, une nuance de valeur morale qui ajoute à son idée de la vertu, à ce dieu qui grandit en lui. »

Emerson (*Revue bleue*, 5 févr. 1910).

elle plane, et nous y adjoindrons l'idée de perfectibilité et de progrès. L'équité est le trait d'union entre la justice et la bienveillance.

Pour le moment, nous laisserons de côté cet ordre d'idées pour voir s'il n'est pas possible de nous élever plus haut et de découvrir une idée morale supérieure qui comprenne toutes les autres.

*
* *

Pour découvrir et formuler le contenu de la loi morale, ne vaut-il pas mieux se demander si le principe suprême de la morale n'a pas été découvert depuis longtemps, et si, en consultant l'histoire, nous ne le retrouverons pas, plus vivant et plus actuel que jamais.

C'est ce qu'a fait le plus grand moraliste du XIXe siècle, Schleiermacher, qui a repris, après Platon, la notion du *Souverain Bien*.

Pour Platon, le Souverain Bien, c'est la Justice, qui consiste « à rendre à chacun ce qui lui est dû ». Peu nous importe ici la description un peu particulière qu'en fait Platon. Il distingue en effet : 1º la justice ou la justesse de la pensée, qui est la sagesse ou la philosophie ; 2º la justice du cœur ou le courage ; 3º la justice des sens ou la tempérance ; 4º la piété qui est la justice dans nos rapports avec la Divinité [1].

Sans suivre Platon dans ces distinctions, nous pouvons retenir ceci : Le contenu de la loi morale, c'est la justice, comme connaissance, comme principe d'action et comme objet de pieuse vénération.

Schleiermacher ne se contente pas de cela. Il essaie de donner du souverain bien une définition plus scientifique. Mais tout de suite, il est contraint d'avouer la difficulté d'en donner une qui soit inattaquable, car on est obligé d'employer le même terme pour désigner à la fois le sujet

---

1. Voyez : A. Weber, *Histoire de la philosophie européenne*, 3e éd., page 86.

et l'attribut. On sera toujours obligé de dire : Le souverain bien est un bien.

Que si l'on statue que le vocable « Bien » a un sens un peu différent, selon qu'il est pris comme sujet ou comme attribut, que le premier désigne ce qui est parfaitement, idéalement bon, que l'attribut désigne plutôt le bien dans le sens d'une chose possédée, la définition, sans prétendre à une valeur absolue, devient en somme fort acceptable, surtout si l'on tient compte du commentaire qu'en donne Schleiermacher.

Le Souverain Bien, dit-il, est un bien à la fois individuel et universel. Ce qui est un bien pour un homme doit l'être aussi pour l'humanité. L'individu peut donc reconnaître qu'une chose est bonne, au caractère universel de son utilité. Si un bien me profite à moi tout seul, et qu'il soit un mal pour les autres, je sais que ce bien particulier est indigne de moi.

Quant au Souverain Bien en lui-même, ce ne peut être, d'après Schleiermacher, que la perfection absolue en toute chose, dans l'homme et dans la société, dans la nature, et en dernière analyse, en Dieu.

*
* *

Voilà certes un ordre d'idées dignes de nos méditations. Pour nous, nous sommes à la recherche d'une définition du Souverain Bien qui fût plus à la portée de ceux qui donnent et qui reçoivent l'éducation. Il faudrait qu'elle fût plus simple et plus pratique.

Nous reviendrons donc aux idées morales de Herbart, moins pour les adopter sans critique, que pour suivre une méthode qui nous semble éminemment propre à exposer clairement le contenu positif de la loi morale.

D'abord, nous dirons avec Platon : Le Souverain Bien, c'est la *justice*, et la justice dans sa forme la plus élémentaire, nous dirions presque la plus populaire. La justice, disions-nous, est l'état d'un homme qui rend à chacun ce qui lui est dû[1]. Si l'esprit du dilettante y trouve à redire, l'instinct populaire, dans ce qu'il a de plus sain, et dans son robuste bon sens, y revient toujours, même lorsque par excès de sensiblerie il s'en est écarté pour un moment. On n'a pas trouvé mieux que cela, car la justice n'admet ni l'esprit de vengeance, ni la veulerie qui se fait complice inconsciente de l'injustice. C'est pour la justice que des milliers d'hommes, et non des moindres, ont lutté, souffert et offert leur vie. Cet idéal n'appartient du reste pas en propre à Platon. D'autres hommes, formés à l'école de la loi de Moïse, et vivant aux bords du Jourdain, ont lutté et souffert pour ce même idéal. Et si l'on allait à l'autre extrémité du monde, si l'on consultait Confucius, on ne trouverait guère un idéal moral sensiblement différent.

Mais la justice n'est pas tout le Souverain Bien. Au cours des temps, l'humanité s'est élevée à un autre idéal, qui, sans supprimer la justice, la complète et l'élargit. C'est la *bienveillance*. Cette conquête, qui, à certains égards, est comme une révélation, a été faite sous les auspices du christianisme, et est devenue, elle aussi, partie intégrante du patrimoine moral de l'humanité. On peut tout aussi peu répudier cet héritage, qu'on pourrait songer à répudier les inventions des anciens et des modernes qui ont fondé la civilisation dont nous vivons. Nous ajouterons donc tout bonnement la bienveillance à la justice, sans nous préoccuper le moins du monde des antinomies que des logiciens subtils pourraient découvrir entre ces deux ordres d'idées.

Enfin, nous emprunterons aux hommes de la Renaissance et de l'humanisme en général, dont l'action pédagogique fut si décisive, l'idée de la *perfection*. Non pas d'une perfection conventionnelle, fictive, imaginaire, achevée une fois pour toutes, mais d'un perfectionnement continu, d'un progrès qui a pour but non seulement de

---

[1]. « La justice de l'homme est de rendre à chacun ce qui lui appartient, et la justice de Dieu, de demander compte à chacun de ce qu'il lui a donné. »
(*Profession de foi du vicaire savoyard.*)

former des hommes complets, mais aussi de guider le peuple, la société, le genre humain vers une efflorescence toujours plus belle de la vertu. C'est cette idée que Schleiermacher a si admirablement exprimée, car, pour lui, l'action morale s'étend depuis le sanctuaire de la conscience, par la constitution d'une humanité régénérée, jusqu'aux sphères les plus mystérieuses de la nature, que l'homme devra pénétrer d'esprit. Et si l'idée de perfection devait envelopper l'idéal moral de je ne sais quelle auréole de beauté, si à la perfection morale devait se rattacher la perfection esthétique, nous ne le regretterons pas.

Le Souverain Bien, c'est donc la justice, la bienveillance et la perfection réunies. Ceux qui ont reconnu le bien fondé de l'idéal moral ainsi conçu, possèdent sur cette matière une certitude, qui, pour n'être pas d'essence logique, n'en a pas moins tous les caractères et tous les effets d'une certitude absolue. L'éducateur, s'il poursuit cet idéal, s'il l'enseigne et s'il le propose aux jeunes générations, aura le sentiment de marcher sur un terrain sûr, car il n'est pas de tâche plus nécessaire et plus belle que de contribuer à répandre dans la famille, dans l'école, et dans la sphère élargie de l'humanité et de la nature, toujours plus de justice, plus de bonté, plus de beauté! On ne peut pas se tromper, lorsqu'on travaille de toutes ses forces au renouvellement de toutes choses par le triomphe du Souverain Bien. A ces hauteurs, les aspirations de la foi religieuse sont en harmonie avec les inspirations de la loi morale.

**

Le Souverain Bien est donc le seul but moral digne d'être proposé aux hommes et aux enfants. Mais il faut le leur présenter sous une forme appropriée à leur âge.

Par exemple, les hommes faits, artisans, magistrats, soldats, auront chacun leur manière à eux de pratiquer la justice. Cela dépend du milieu, des circonstances et des nécessités de la vie. Quant aux enfants, on ne saurait songer à leur proposer cet idéal dans sa complexité et dans son imposante grandeur. On ne saurait exiger des enfants d'être les égaux des héros et des saints. Cela serait dangereux, car on ferait violence à leur nature.

En général, l'enfant ne doit jamais être traité comme une future grande personne (Rousseau), et cela par la simple raison qu'on ne sait pas même s'il atteindra l'âge mûr. Un maître qui réfléchit ne voit jamais en son élève l'homme fait ou le vieillard qu'il sera un jour, mais toujours l'enfant ou le jeune homme qu'il est maintenant[1]. Son activité et ses affections n'ont pas d'autre cadre que le milieu étroit et modeste où il se trouve : la famille, l'école, le village, le jardin, la basse-cour, etc. C'est là qu'il doit s'efforcer d'être juste, d'être bon, et de s'exercer à une perfection toute relative, et parfois très humble.

Le Souverain Bien se décompose donc en une foule de *biens partiels*. Chaque âge, chaque sexe, chaque individualité réalise à sa façon et selon ses forces les fins particulières dont l'ensemble formera le Souverain Bien.

Chaque être humain ayant une fin en soi, il en résulte qu'on ne doit jamais le traiter comme un instrument pour réaliser une autre fin. Agir autrement serait un attentat à la dignité humaine (Kant).

Napoléon ne voyait dans la jeune génération qu'une future chair à canon. Tel politicien ne considère un jeune garçon que comme un futur électeur, et rien que cela. Nous estimons qu'il faut le traiter simplement comme un enfant. Plus tard il saura tout comme un autre courir à la défense de la patrie en danger, ou déposer dans l'urne un vote réfléchi. Le bonheur que nous voulons procurer à

---

1. Rousseau, *Nouvelle Héloïse*, V, Lettre III.

« La nature veut que les enfants soient enfants avant que d'être hommes ». Si nous voulons pervertir cet ordre, nous produirons des fruits précoces qui n'auront ni maturité, ni saveur, et ne tarderont pas à se corrompre; nous aurons de jeunes docteurs et de vieux enfants. L'enfant a des manières de voir, de penser, de sentir, qui lui sont propres. Rien n'est moins sensé que d'y vouloir substituer les nôtres; et j'aimerais autant exiger qu'un enfant eût cinq pieds de haut que du jugement à dix ans. »

l'enfant, n'est pas un plaisir futur et incertain, mais un bonheur actuel dont il puisse jouir sans délai, et qui soit conforme aux besoins de son âge. L'instruction que nous lui offrons, c'est un enseignement mis à sa portée et dont il puisse profiter immédiatement. La moralité que nous exigeons de lui, ce ne sera pas la vertu d'un vieillard, ni la constance d'un Caton, mais une moralité franchement enfantine.

L'enfant réalisera donc le Souverain Bien dans la modeste mesure où il le pourra. Il sera juste, bon et parfait, autant qu'un enfant peut l'être, ou du moins il s'efforcera de le devenir. Il saura de bonne heure que ce qu'il peut faire de plus louable, c'est de connaître et d'accomplir consciencieusement ses devoirs partiels, nettement circonscrits.

Connaître le Souverain Bien, c'est se sentir obligé de le réaliser. La loi morale s'impose à tous par l'ascendant de sa majesté. Mais cette obligation générale, et nécessairement un peu vague, ne prend corps que lorsqu'elle se traduit par des devoirs très clairs, très pressants, très touchants. Par eux, la loi morale s'empare de l'esprit de l'enfant, règne dans son cœur, et l'excite à s'en montrer digne par ses résolutions et par ses actions.

Il n'est pas nécessaire que le devoir nous apparaisse sous l'aspect le plus austère. Kant, lorsqu'il écartait systématiquement l'*hédonisme* ou l'attrait du plaisir de l'enseignement moral, raisonnait peut-être en profond philosophe, mais aussi en pauvre pédagogue.

Laissons la bienveillance s'épanouir à côté de la justice! Que la justice et la bonté fleurissent dans le jardin de l'enfance! et que la perfection s'épanouisse dans les moindres actions de l'enfant!

La plupart des hommes ne réclament la justice que dans les cas où ils sont, ou se croient victimes d'une injustice. On veut la justice pour soi, et contre les autres. L'enfant apprendra de bonne heure à désirer le règne de la justice, même s'il devait en souffrir, et si les autres devaient en profiter. Quant à la bienveillance, il ne faudrait pas l'identifier avec le simple sentiment qui, par sa nature, est mobile et changeant. C'est plutôt un état d'âme fondé autant sur la réflexion que sur les entraînements du cœur, consolidé par la répétition constante des bonnes actions, et par l'habitude de se sacrifier au bien d'autrui.

Ce n'est que par l'emploi de la raison que l'idée du devoir peut se former et persister. Grâce à la mémoire de la volonté, à la constance dans les maximes, à la persévérance dans une conduite juste et bienveillante, le devoir acquiert une autorité croissante, un prestige plus éclatant, car l'homme de caractère se place d'autant plus résolument sous le joug de la loi morale, que celle-ci est plus librement acceptée et plus sincèrement respectée.

Encore une fois, l'enfant ne peut pas être mis en demeure de réaliser le Souverain Bien dans toute sa majestueuse grandeur. Il suffit qu'il réalise la menue monnaie de ce trésor : c'est-à-dire les biens partiels qu'il rencontre sur sa route, les devoirs proportionnés à ses forces. Étant fidèle dans les petites choses, il apprendra à le devenir dans les grandes. Proposez à un homme des devoirs trop lourds et trop difficiles : il reculera effrayé, ou bien il sortira brisé et vaincu de la lutte surhumaine où il se sera imprudemment engagé.

CHAPITRE III

LES MOYENS DE L'ÉDUCATION DU CARACTÈRE MORAL

§ 1. — Des chatiments pédagogiques

La ligne de démarcation entre la théorie et l'art tend désormais à s'effacer. Certes, le maître, s'il veut agir directement sur les sentiments et sur les résolutions de l'élève, doit s'inspirer, avant tout, de l'ensemble des principes psychologiques et moraux que nous venons d'exposer, mais il faut qu'il les applique dans chaque cas particulier avec tact, avec à propos, avec chaleur, avec art. Et ce sont là des qualités qui ne se laissent pas réduire en formules.

Nous essaierons néanmoins de passer en revue les moyens dont l'éducateur peut disposer pour *soutenir* et pour *maintenir* ses élèves dans la bonne voie; et aussi pour les *contenir* et les *retenir* lorsqu'ils risquent de s'égarer.

Le principal moyen d'éducation restera toujours l'*instruction éducative*, grâce à laquelle l'élève est doté d'un cercle d'idées qui facilitent l'éclosion des sentiments moraux et sociaux, et de désirs qui engendrent à leur tour des résolutions fermes.

Mais les idées sont par elles-mêmes impuissantes. On a parlé des idées-forces, et, dans un sens très général, et aussi un peu vague, on peut adopter cette terminologie. Mais, en réalité, les idées ne deviennent des forces qu'après avoir subi une transformation; de même que les aliments que nous prenons ne deviennent des agents de force musculaire et nerveuse qu'après la transformation chimique de leurs éléments, à la suite de laquelle il se forme, à la place des substances absorbées, d'autres composés que l'organisme s'assimile et d'où il tire sa subsistance.

De même, par une série de phases successives, les idées se transforment en désirs et en volitions, et contribuent même à inspirer, à redresser, à diriger nos actions.

Par exemple, l'idée du Souverain Bien donne naissance au sentiment du devoir, elle allume le feu de l'enthousiasme; si nous déméritons, elle donne lieu à des sentiments infiniment douloureux, tels que la honte, le regret, le repentir. Ces sentiments ne seraient qu'un feu de paille, si nous ne possédions pas déjà un fond d'habitudes morales, une énergie native ou acquise. Car chez les êtres faibles, le sentiment n'est qu'une source de faiblesse qui s'ajoute aux autres. Mais chez les natures fortes, les sentiments deviennent des stimulants puissants de la vie intérieure et de l'activité externe.

Réciproquement, les sentiments naturels, y compris ceux qui se forment en marge de l'instruction, par le seul effet de nos rapports avec les hommes, gagnent en fixité et en énergie durable, à mesure qu'ils se transforment en idées.

Voici donc en gros le fonctionnement du mécanisme de la transformation des idées en forces.

1. D'abord l'enfant ressent des émotions diverses: plaisir, douleur, crainte, espoir, etc. Ces émotions se trouvent être toujours les mêmes, notamment lorsque certaines circonstances se reproduisent régulièrement.

A ces émotions viennent s'adjoindre des sentiments : amour, antipathie, confiance, admiration, etc., qui s'attachent à certaines personnes, ou à certaines collectivités, et qui ont aussi une tendance à persister.

2. Ces émotions et ces sentiments survivent par le souvenir, et leur image se perpétue dans l'appareil mental sous forme d'impressions d'abord très vives, et ensuite de plus en plus inconscientes. Ce ne sont donc pas les sentiments eux-mêmes qui persistent, mais les représentations, les images, les idées de ces sentiments. Ces idées se comportent comme toutes les autres idées : elles peuvent retomber à l'état inconscient ou s'élever au-dessus du seuil de la conscience. Elles peuvent s'associer, se classer, prendre une forme abstraite. La mémoire peut les reproduire à volonté. Alors l'idée d'une émotion ou d'un sentiment éveille un sentiment analogue ou correspondant, qui, selon les cas, sera ou bien l'écho affaibli de la sensation primitive, ou bien une reproduction très grossie de l'émotion passée, mais rarement un sentiment identique à celui dont l'idée fut originairement l'expression.

3. Dans le cours des rencontres, fortuites ou voulues, de la vie pratique, et par le choc des circonstances prévues ou imprévues, ou concertées par nous-mêmes ou par d'autres (par exemple par le maître), ces souvenirs, ces impressions plus ou moins effacées, ces idées en un mot, se réveillent. Grâce à la loi de l'association, elles ressuscitent le souvenir des anciens sentiments et des émotions du temps jadis, et par surcroît, elles suscitent des sentiments nouveaux et des émotions, non point imaginaires ou idéales, mais réelles, qui sont la reproduction exacte ou modifiée, affaiblie ou exagérée des sensations primitivement éprouvées.

Ces sentiments-là, s'ils se reproduisent fréquemment dans les mêmes circonstances ou dans des circonstances différentes, après qu'ils ont acquis plus de force et de stabilité par la répétition (à supposer qu'ils ne se soient pas usés et qu'ils aient conservé toute leur fraîcheur), ces sentiments, dis-je, finissent par actionner la volonté et lui servent de stimulants.

En résumé, il peut se produire deux cas.

Dans le premier cas, les sentiments se transforment en idées, dont la reproduction ramène ces sentiments ou leurs équivalents en vue d'une action voulue.

Dans le deuxième cas, ce sont les idées qui s'imposent d'emblée à la conscience et qui sont accompagnées ou non de sentiments. Si ces idées n'éveillent aucune émotion, elles restent impuissantes et n'ont aucune influence sur la volonté. Si elles sont accompagnées de sentiments et que ceux-ci soient assez intenses, elles peuvent indirectement stimuler l'action. C'est ce qui arrive à un orateur : s'il s'adresse exclusivement à la raison de la foule, c'est-à-dire aux idées, personne ne le contredira, mais personne ne fera ce qu'il conseillera. Un orateur ne met les hommes en mouvement que s'il s'adresse à leurs passions.

**

Les meilleurs moyens d'éducation morale sont ceux qui consistent à provoquer des chocs, grâce auxquels l'idée morale sort de l'état inconscient, pour ramener, par le jeu de l'association, à l'état conscient, non seulement le souvenir des impressions et des émotions du passé, mais aussi un afflux de sensations fraîches et de sentiments très vifs. Ces chocs sont analogues à ceux que nous avons observés au cours de notre étude de l'attention aperceptive où le maître ménage aussi le choc des aperceptions se heurtant aux associations concertées.

Pour cela l'éducateur peut suivre deux méthodes :

Tantôt il provoquera des incidents, des crises, des conflits, qui nécessiteront son intervention et qui lui permettront de redresser ou de consolider le caractère moral de son élève par ses conseils, par le blâme, ou de quelque manière que ce soit.

Tantôt il profitera de rencontres fortuites ou de circonstances accidentelles pour agir dans un sens favorable sur ses élèves.

L'occasion d'intervenir qui se présente le plus souvent,

et le plus naturellement, c'est une faute commise par l'élève, un manquement dans sa conduite.

Que fera le maître? Se contentera-t-il d'un châtiment disciplinaire? Mais alors il ne corrige pas, il risque même de perdre quelque chose de son autorité morale.

Il ne lui reste donc que l'emploi des *châtiments dits pédagogiques*.

Ce genre de punition, inventé et largement exposé par Rousseau, consiste à faire subir à l'enfant les conséquences naturelles de ses fautes. Rousseau en donne des exemples fort bien étudiés : un garçon qui s'annexe un carré du jardin et qui se trouve aux prises avec le jardinier; un gamin qui imagine de tenir son précepteur éveillé durant la nuit, et que celui-ci finit par enfermer dans un cabinet noir, non pour le punir, mais pour avoir la paix, etc.

L'idée est excellente, mais elle demande à être réalisée avec habileté, et aussi avec précaution, car, si on l'abandonne aux conséquences de ses fautes, il peut arriver que l'enfant souffre vraiment trop. D'autre part, si l'on prend trop de précautions contre l'éventualité d'une issue tragique, l'enfant s'apercevra que tout cela n'était que comédie.

Herbert Spencer attache une importance énorme à ce genre d'éducation, un peu, sans doute, par esprit de système, parce qu'il y voit je ne sais quelle vague imitation du jeu de la nature.

Il est incontestable que dans une foule de cas, les punitions pédagogiques sont très faciles à appliquer : le paresseux se prive de mille amusements; le menteur s'empêtre dans des difficultés inextricables. L'indiscret, le bavard, le gourmand peuvent être « corrigés » de la manière la plus élégante.

Parfois la même punition peut devenir à la fois disciplinaire et pédagogique. Il m'est arrivé plus d'une fois d'élever le vulgaire pensum au rang honorable de stimulant éducatif. Je disais à mon élève : « Vous copierez ce mot, ou ce verbe, tant de fois ; toutefois sachez bien que je ne vous impose pas ce devoir pour vous punir ou pour vous vexer, mais uniquement pour vous aider à éviter à l'avenir telles fautes. »

Aux punitions pédagogiques correspondent naturellement les récompenses ou les encouragements pédagogiques : l'élève, s'il est franc, poli, discret, serviable, se procure mille avantages fort agréables, l'estime de ses camarades, la confiance de son maître, etc. Celui-ci s'arrangera de manière à ce que son élève ne soit pas privé du bénéfice de ses louables efforts.

§ 2. — DE L'ACTION DIRECTE DU MAITRE UR LE CARACTÈRE MORAL [1]

Le maître dispose d'autres moyens encore, soit pour agir sur les sentiments de son élève, soit pour stimuler, ou du moins pour soutenir son bon vouloir. Parlons d'abord de ce dernier point.

Il développera la *mémoire de la volonté* en maintenant l'élève dans une direction constante, en l'empêchant de s'égarer à droite et à gauche, et de s'engager à la fois dans une foule d'entreprises sans suite, et en exigeant qu'il achève ce qu'il a commencé. Lorsque l'enfant se sera habitué à ne suivre qu'une piste à la fois, il deviendra persévérant.

En second lieu, le maître dirigera l'élève toutes les fois que celui-ci est mis en demeure de faire un choix. Herbart recommande d'avoir soin que l'enfant connaisse la *véritable valeur* des choses, ne fût-ce que celle d'un objet insignifiant. La vie de l'enfant se passe en partie à faire un

---

1. Dans ce paragraphe, nous suivons pas à pas le dernier chapitre si admirable de la *Pédagogie générale* de Herbart.

choix entre plusieurs amusements, entre plusieurs occupations sérieuses, entre plusieurs peines plus ou moins fécondes en profits, entre plusieurs devoirs et plusieurs biens. Mieux il saura apprécier la valeur de ces biens au point de vue moral, ou utilitaire, ou sentimental, ou pratique, ou simplement pécuniaire, mieux il saura motiver ses résolutions et agir avec discernement. Plus tard, il choisira entre des opinions, entre des sentiments ou des résolutions souvent contradictoires. C'est un mauvais système de dicter leur choix aux enfants et aux jeunes gens. Il vaut mieux les instruire, les avertir, les conseiller, les encourager, mais sans exercer une pression, à moins que cela ne soit absolument nécessaire. Laissez à l'enfant une certaine liberté, surtout dans les choses moralement indifférentes. Qu'il s'habitue de bonne heure à chercher par lui-même ce qui lui convient le mieux, et surtout à se rendre compte des motifs qui le portent à certaines préférences!

Si nous passons à l'éducation du caractère subjectif, nous remarquerons que le maître devra inspirer ou suggérer à l'élève des règles de conduite plus judicieuses, des maximes d'un ordre de plus en plus élevé. Il faudra aussi battre en brèche les maximes fausses et superficielles, et en démontrer le danger ou l'absurdité. Voilà donc le moment venu de la *discussion amicale*.

Sans doute, on rencontre parfois une catégorie d'enfants particulièrement insupportables. Ce sont les raisonneurs, qui se recrutent généralement parmi les plus ignorants. Tant qu'ils n'ont pas encore acquis un cercle d'idées justes, toute discussion avec eux est inutile. Ils ne sauraient ni émettre des opinions tant soit peu défendables, ni comprendre les objections qu'on pourrait leur faire. Il importe donc de couper court au flot de paroles qui n'a d'autre but que de masquer le vide de la pensée.

Ce cas n'est du reste pas très fréquent, et n'apparaît guère à l'école. Ce sont plutôt les éducations particulières qui en souffrent. Le plus souvent le maître se plaindra du défaut contraire : il éprouve plus de peine à faire parler son élève qu'à le faire taire. Ici, l'analyse, le procédé socratique rendront des services, car, si l'élève ne fait pas volontiers des discours, il répondra du moins à des questions (à condition qu'elles soient bien posées), et celles-ci peuvent se rapporter tout aussi bien à des cas de la vie pratique qu'à la répétition d'une leçon de grammaire ou de géométrie.

* *

Arrive le moment de la lutte intérieure. Les passions peuvent balayer tout : maximes, conseils, directions. C'est à ce moment que le maître, malgré l'orage, doit tenir bon. S'il est un homme de cœur, et s'il y a quelque possibilité d'intervenir, il ne pourra pas assister indifférent à cette crise[1]. Avant tout il en démêlera les causes profondes, mais aussi certaines causes accidentelles. Ces dernières sont plus faciles à prévenir que les premières.

La première condition à observer pour conjurer le choc des passions, ou simplement pour refréner la turbulence de la jeunesse, c'est de procurer aux enfants un *entourage calme*. Heureux les enfants qui jouissent d'une vie de famille tranquille et bien ordonnée! Certaines familles malheureusement offrent un spectacle tout différent. Les parents en ont le sentiment, puisqu'ils se décident fréquemment à se séparer de leurs enfants, soit pour les mettre au collège, soit pour les confier à quelque éducateur éprouvé logé à la campagne. L'observation de Rousseau est juste : le séjour des villes, centres de corruption et d'agitation, n'est pas favorable au développement normal de la jeunesse.

Mais dans l'école aussi, il convient d'éviter toute agitation malsaine, tout bruit malsonnant, les disputes, les criailleries, les compétitions jalouses. Un maître expéri-

---

1. « Vigilance, patience, fermeté », voilà les trois qualités sur lesquelles vous ne sauriez vous relâcher un seul instant sans risquer de tout perdre. » (Rousseau, *Correspondance*, lettre 913.)

menté sait y faire régner la simplicité, la naïveté même, le calme, mais aussi, et surtout, la bonne humeur, l'entrain, la franche gaîté.

Le moi est haïssable. Les enfants uniques, les enfants riches, les enfants maladifs, ou gâtés, sont difficiles à élever, car ils sentent que les yeux de tous sont fixés sur eux. Ils se considèrent comme des personnages. Leur moi se gonfle et grossit démesurément, et cette hantise du moi est la plus impérieuse des passions.

De même qu'un homme bien portant n'écoute pas les battements de son cœur, et ne se sent pas vivre, de même un enfant élevé dans la simplicité s'ignore lui-même, et oppose aux orages et aux conflits du dehors le calme naïvement indifférent qui règne en son cœur.

Faisons un retour sur l'éducation du caractère subjectif.

Le sens moral est renforcé par la *délicatesse du jugement*. Ce serait une chose excellente si l'on réussissait toujours à représenter un objet immoral dans toute sa laideur, et à le dépouiller de tous les oripeaux dont un art morbide tend à le masquer. Le maître peut beaucoup pour associer dans l'esprit des enfants le beau et le bien, pour leur inspirer le dégoût du vice raffiné et fardé, pour leur faire découvrir le charme de la vertu, qui, pour s'imposer à notre admiration, n'a besoin ni de masque, ni d'ornements. La jeunesse est capable d'un généreux enthousiasme, mais aussi de haines vigoureuses, et la répulsion instinctive contre tout ce qui est bas et vulgaire est un des traits les plus caractéristiques d'une âme vertueuse.

Après cela, le maître peut s'adresser aux sentiments de l'élève par des *exhortations* et des objurgations émouvantes. Mais il n'usera de ces moyens qu'avec une grande réserve. Sans doute il est des enfants qu'il semble assez facile d'émouvoir. Mais l'extrême sensibilité est parfois une marque de faiblesse. Il vaut mieux ne pas abuser des émotions trop fortes et trop répétées, et s'adresser plutôt à ceux d'entre les sentiments qui dérivent directement des grandes idées qui doivent diriger la vie. Rousseau lui-même, pourtant si enclin à déployer en toutes circonstances sa rhétorique sublime, n'use de ce moyen qu'à la dernière extrémité et, semble-t-il, sans grande conviction.

Aussi le maître, après qu'il aura conseillé et averti, fera-t-il bien d'avoir plutôt recours à l'*approbation* et au *blâme*. Il ne s'agit ni de récompenser, ni de flatter l'élève méritant, mais d'approuver simplement ce qui est bien, et cette attitude discrètement élogieuse aura d'autant plus de prix que le maître sera plus respecté et qu'il se montrera plus avare de l'éloge comme du blâme.

C'est un art beaucoup plus rare qu'on ne le pense de savoir approuver avec à propos. Beaucoup de maîtres sont vraiment trop avares de louange, et nous avons connu tel élève qui a cruellement souffert en secret de la froide réserve d'un maître qu'il aimait et dont l'approbation eût été pour lui d'un prix immense. On peut blesser une âme enfantine tout aussi bien en s'abstenant de l'approuver, qu'en l'accablant de reproches excessifs. Quant au blâme, il peut affecter toutes les formes, excepté l'ironie féroce dont tant de maîtres aiment à user et qui, plus que les reproches les plus violents, contribuent parfois à gâter les jeunes années d'un pauvre enfant qui n'en peut mais. Si même le blâme ne se manifestait que sous la forme d'un refus d'approbation, il est des cas où cette abstention voulue du maître équivaut au pire des reproches, et produit plus d'effets utiles que le blâme le plus sévère.

A mesure que l'œuvre de l'éducation s'achève, les ressources qu'offrent ces moyens directs d'éducation vont en diminuant. Et cela est bon, si, avec l'âge, le caractère moral de l'élève s'est quelque peu affermi. Le maître s'efface de plus en plus en tant qu'éducateur, et bientôt le jeune homme, livré à lui-même, et poursuivant sa carrière, n'aura plus qu'un souvenir ému et reconnaissant pour celui qui fut pour lui un guide et un conseiller, en attendant qu'il devienne un modèle à imiter et un ami à vénérer.

CONCLUSION

Nous croyons avoir démontré que les principes philosophiques de la pédagogie forment un corps de doctrine, une théorie qui peut prétendre à l'universalité.

La science de la pédagogie générale est possible et utile, à condition qu'on la distingue nettement d'avec l'art de l'éducation.

Notre essai de pédagogie générale présente-t-il des lacunes? Peut-être. Mais nous tenons à faire observer que telles omissions qu'on pourrait nous reprocher sont voulues.

Par exemple, nous n'avons pas voulu aborder, ni traiter à fond, la question des institutions scolaires. Nous eussions risqué d'élaborer quelque système d'instruction, privée ou publique, d'un caractère par trop chimérique. Ou bien, en critiquant les institutions scolaires d'un pays particulier, et en proposant de les remplacer par d'autres institutions, nous eussions perdu de vue le caractère général et philosophique d'une science qui par définition doit s'appliquer à tous les pays et à tous les temps.

Un autre reproche, plus fondé en apparence, serait celui de n'avoir pas consacré un ou plusieurs chapitres à l'éducation des filles.

Nous ne le pouvions pas, et voici pourquoi :

La morale est une, la même pour les deux sexes. Nous repoussons formellement toutes les tentatives qu'on pourrait faire pour sanctionner le préjugé, malheureusement fort répandu, qui veut qu'il y ait une morale différente pour les femmes et pour les hommes. Donc ce que nous avions à dire sur ce sujet s'applique également aux deux sexes.

Pour la psychologie, on pourrait être tenté de soutenir le contraire, car on ne saurait nier qu'à certains égards, la psychologie de la femme diffère de celle des hommes. Mais cette différence n'importe nullement à la pédagogie générale. Il n'y a pas pour les filles une manière spéciale d'entretenir l'intérêt, de cultiver la mémoire, d'éveiller l'attention primitive, aperceptive ou volontaire.

Sans doute, il y a la nuance. La moralité d'une jeune fille porte une teinte un peu différente de celle d'un jeune homme. Les filles s'intéressent à d'autres objets que les garçons; leurs jeux, leurs occupations, leurs sentiments diffèrent. Mais tout cela est du ressort de l'art pédagogique, et non de la science. C'est un domaine à explorer, domaine fort intéressant à connaître, que nous abandonnons à des gens plus compétents que nous en matière d'éducation pratique. S'ils veulent bien tenir compte des principes généraux que nous avons essayé d'énoncer, il n'est pas douteux qu'ils ne réussissent à fournir de solides contributions à l'art si délicat d'élever les filles.

Il est à remarquer que ni Platon, ni Rabelais, ni Herbart n'ont jugé nécessaire de faire de l'éducation des filles une discipline spéciale. Rousseau, qui semble si bien qualifié pour cela, en raison de sa profonde connaissance du caractère féminin, l'a bien essayé dans le 5ᵉ livre de l'*Émile*, intitulé : *Sophie ou la femme*. Il débute par des réflexions très fines sur le rôle de la femme et sur sa complexion particulière, mais sans aboutir au moindre aperçu général. S'il a eu un moment l'intention d'écrire un traité sur l'éducation des femmes, il y a promptement renoncé, puisqu'il eût fallu se répéter. Voilà pourquoi il se contente de composer un petit roman, où il insère quelques leçons destinées surtout à Émile; notamment un résumé du contrat social.

Reste Fénelon.

Or toute la partie proprement pédagogique de l'*Éducation des filles* s'applique également aux deux sexes :

Prenons par exemple sa définition du but de l'éducation au chap. XIII : « Le vrai but de l'éducation est de persuader les esprits et d'inspirer l'amour sincère de la vertu. »

Même quand il aborde la technique de l'instruction, il perd de vue la distinction des sexes. Voici un passage bien caractéristique :

« Répondez-lui promptement à sa question, et laissez-lui en faire d'autres à son gré. Entretenez seulement sa curiosité, et faites dans sa mémoire un bon amas de bons matériaux; viendra le temps qu'ils s'assembleront d'eux-mêmes, et que, le cerveau ayant plus de consistance, l'enfant raisonnera de suite », etc. (Chap. V.)

Il lui arrive aussi parfois d'émettre des principes contestables aussi bien dans l'éducation des garçons que dans celle des filles : « Donnez-lui de temps en temps de petites victoires sur ceux dont il est jaloux. » (Chap. V.)

Dans son programme d'études, si remarquable du reste, il faut distinguer entre les matières de l'enseignement éducatif : histoire, lecture, écriture, calcul, orthographe, etc. Celles-ci sont le patrimoine commun des élèves des deux sexes.

Quant aux autres matières d'enseignement, telles que la direction du ménage, la comptabilité, le droit usuel, l'administration des terres, elles constituent une sorte d'enseignement professionnel à l'usage des filles de bonne maison, mais n'ont rien de commun avec l'instruction éducative.

Restent des observations très fines sur les défauts et les qualités propres aux jeunes filles. Celles-ci sont du domaine de l'art pédagogique. Beaucoup de ces observations s'appliquent du reste tout aussi bien aux garçons. Voyez par exemple, cette remarque sur les natures indolentes. (Chap. V.)

« Il faut avouer que de toutes les peines de l'éducation, aucune n'est comparable à celle d'élever des enfants qui manquent de sensibilité. Les naturels vifs et sensibles sont capables de terribles égarements, mais aussi ils ont de grandes ressources. L'instruction est en eux un germe caché qui pousse et fructifie quelquefois. Au moins on sait par où on peut les rendre attentifs, les intéresser à ce qu'on enseigne et les piquer d'honneur, au lieu qu'on n'a aucune prise sur les naturels indolents, etc. »

On voit par ces exemples que l'éducation des filles, en ce qu'elle a de particulier, relève plutôt de la pédagogie pratique que de la pédagogie générale.

**

En général, l'art d'élever la jeunesse présente de grandes difficultés, en raison des obstacles qu'il rencontre dans la pratique, et des rares qualités qu'on exige d'un maître.

La pédagogie générale, loin d'alourdir son fardeau, a pour tâche, non pas de compliquer la tâche de l'éducateur, mais de la faciliter, en lui procurant un soulagement, une assistance, un stimulant. Si la science ou la théorie devait compliquer l'œuvre de l'éducation, il faudrait s'en défier. Mais une science de bon aloi n'est jamais une gêne. Heureux le médecin qui dispose d'un fonds de notions justes, d'observations exactes ! Sans doute ce médecin se montrera dans l'exercice de son art plus réservé, plus timide que tel charlatan. Heureux le malade, si la science a prescrit à son médecin la circonspection et la modestie !

La science de la pédagogie nous engage à renoncer à de trop hautes visées. Elle nous enseigne que le domaine de l'expérience pédagogique est, après tout, fort limité. Si la pédagogie générale n'avait d'autre résultat que de nous apprendre à ne pas tenter l'impossible, à limiter notre activité, et à la concentrer sur des fins réalisables, elle aurait rendu déjà un grand service à la cause de l'éducation.

La même chose s'est produite pour d'autres sciences. Anciennement on attribuait à l'astronomie et à la chimie le pouvoir chimérique de prédire l'avenir ou de trouver la pierre philosophale. Cette croyance a disparu, mais qui oserait mettre en doute que l'essor prodigieux de ces sciences date du jour où elles ont renoncé à de si folles prétentions ?

Il semble vraiment parfois que la pédagogie en soit encore à l'âge où l'on cherche la pierre philosophale. L'instituteur prussien s'est vanté d'avoir gagné la bataille de Sadowa. Et nombre de personnes rêvent pour l'instituteur français un rôle social et politique, une mission presque surnaturelle, tout à fait hors de proportion avec sa fonction réelle. La science de la pédagogie enseignera avant tout à l'éducateur qu'il y a des choses qu'il ne peut pas faire, que l'on doit suivre la nature et ne pas même essayer de lui faire violence, que c'est la société qui dirige l'école, non pas l'école qui transforme la société.

En rétrécissant le domaine de l'éducation, en lui assignant nettement sa tâche, on réussira le plus sûrement à rendre son action plus efficace. Plus l'espace où s'exerce l'initiative humaine est restreint, plus l'homme accomplira de choses grandes et durables, belles et fécondes.

Confiez à un jardinier un terrain illimité, ses efforts se disperseront en pure perte. C'est dans un espace restreint qu'il saura le mieux cultiver des plantes précieuses et leur faire donner des fruits.

L'éducateur qui cultive son petit jardin n'est pas aussi bien partagé que le jardinier. Même dans le cas le plus favorable, il verra difficilement de ses yeux le fruit de ses efforts, et les fleurs qu'il arrose ne porteront peut-être des fruits qu'à une époque où lui-même ne sera plus là pour en jouir. Il sème et d'autres moissonnent. Mais sa récompense n'en sera pas moins belle. Car à force d'élever les autres, il s'élèvera lui-même. Il réalisera en lui-même le type de l'homme de caractère, énergique et persévérant pour le bien, toujours en garde contre le mal. Les élèves qui lui seront confiés échapperont difficilement à l'ascendant de sa personnalité, au prestige de son exemple, au charme de sa parole. Sa maîtrise s'exercera avec un succès égal dans le domaine de sa propre conscience, et dans le cœur des nombreuses générations qui auront reçu l'empreinte ineffaçable de son enseignement et gardé le vivant souvenir de ses vertus.

RÉPERTOIRE ALPHABÉTIQUE

DES MATIÈRES TRAITÉES DANS CET OUVRAGE

(Les chiffres indiquent les pages.)

Analyse, 203 ss.
Aperception, 110, 113, 179.
Art (à l'école), 193 ss.
Art (de l'éducation), 14 ss., 18, 75.
Ascétisme, 135.
Association, 96, 99,
Attention, 103 ss., involontaire, 105.
— volontaire, 104, 130-132.
— primitive, 106.
— aperceptive, 106, 111.
— partagée, 135.
— directe et indirecte, 133.

Bain Alex., 94, 104, 155, 159.
Bible, 38.
Bienveillance, 257.
But de l'éducation, 22 ss., 139.

Calcul, 189.
Caractère (moral), 9, 66, 231, 249.
— objectif et subjectif, 229 ss., 233 ss., 235 ss., 242.
Chant, 194.
Châtiments disciplinaires, 221.
— pédagogiques, 262, 266.
Choix, 43, 253, 267.
Clarté, 95, 98, 211.
Compayré, 105, 127.
Comte Aug., 17.
Concentration, 193 ss.

Contes, 143, 176.
Contraste, 108, 211.
Cournot, 5, 7, 20, 21, 89, 92, 149, 160, 169, 183, 186 ss., 190.

Définition de la pédagogie, 21, 30, 82.
Dessin, 141, 185, 193.
Déterminisme, 39, 44.
Devoir, 261, 263, 253.
Discipline, 8, 219 ss.
Dualisme, 40.

École spéciale, 88 ss., 273.
— éducative, 88 ss., 273.
Écriture, 191.
Éducation particulière, 27, 30, 86.
— esthétique, 162, 192, 214.
— physique, 8, 57, 225.
— morale, 24, 142, 249, 253.
Emerson, 254.
Empirisme, 15, 52.
Épopée, 144, 174.
Exemples, 161, 213, 214, 216.
Expérience pédagogique, 15, 51 ss.
Évolutionnisme, 76 ss.

Fable, 178.
Facultés, 73.
Faibles (enfants), 226.
Fatalisme, 31, 73.
Fénélon, 144, 168, 275.
Fichte, 16.
Formes, 141, 185.

Génie, 62, 152, 178, 226.
Géographie, 192.
Géométrie, 57, 115, 186 ss.
Gœthe, 152 ss. 179.
Grammaire, 165, 168, 179.
Gymnastique, 192.

Habitude, 239.
Herbart, 29, 44, 64, 80, 95, 104, 141, 253, 254.
Herbert Spencer, 16, 76, 94, 115, 155, 223, 266.
Histoire de la pédagogie, 55 ss.
Histoire sainte, 151.
Historique (enseignement), 144 ss., 149.

Idées morales, 254, 256.
Imagination, 96.

Impératif catégorique, 251.
Individualité, 4, 67.
Instruction éducative, 6, 7, 88 ss., 139.
— spéciale, 88 ss., 93, 224.
Intérêt, 90 ss.

Jugement, 212 ss., 254, 270.
Justice, 254, 255, 256.

Kant, 41, 212 ss., 251, 254.

La Bruyère, 48, 180-181, 222, 244.
Langage, 141, 163.
Langues, 57, 179, 180, 208.
Langues mortes, 175, 182, 184.
Leçons de choses, 207.
Lecture, 98, 168, 179.
Leibnitz, 44, 79.
Liberté transcendantale, 41.
— déterminée, 43 ss.
Limites (de la pédagogie), 48, 53, 276.
Littérature ancienne, 170.
— moderne, 171.
Lutte intérieure, 242, 251, 269.

Marion, 45, 66, 72, 104, 240.
Matérialisme, 35.
Matières de l'enseignement, 87, 138.
Maximes, 233, 238, 247, 250.
Mémoire, 57, 125, 127, 267, 209.
— de la volonté, 239, 241.
Métaphysique, 3, 16, 75.
Méthode, 97, 101, 160.
— socratique, 206.
Monades, 4, 78.
Morale, 16, 25, 252, 274.
Multiplicité (de l'intérêt), 196 ss.

Nature, 47, 57, 63.
Nature (science de la), 46, 140, 154 ss.
Naturel, 47, 66.

Objets du vouloir, 243 ss.
Observation, 131.
Origène, 41, 42.

Panthéisme, 35.
Pascal, 170.
Patience, 242-246.

Péché originel, 38-39.
Pédagogie générale, 16, 60.
Perfection, 257.
Physique, 92, 157.
Platon et platonisme, 40, 57, 173, 255.
Pessimisme, 31.
Pestalozzi, 63, 141, 170.
Poésie populaire, 174.
Possibilité de l'éducation, 47.
Psychologie, 2, 16.
Punitions, voyez CHATIMENTS.

Rabelais, 56, 91, 98 ss.
Règles de l'attention primitive, 107.
— de l'attention aperceptive 118 ss.
Renouvier, 42.
Reproduction (faculté de), 128.
Rétention (faculté de), 125.
Rousseau, 25 ss., 46 ss., 49, 59 ss., 91, 98 ss., 117, 121, 146, 157, 158, 215, 227, 266.

Schleiermacher, 255.
Science de l'éducation, 14 ss., 48 ss.
Sentiment, 89, 140, 263.
Signes, 140, 163.
Solidarité, 39.
Souverain Bien, 255, 258.
Spiritualisme, 35.
Suggestion, 32, 225.
Surveillance, 222.
Synthèse, 203 ss., 209 ss.
Système, 96, 101.

Tarde (G.), 33, 79.
Tempéraments, 74.
Travail manuel, 224.

Verbe (Le), 167.
Vertu, 24.
Volonté, 9, 85, 92, 139, 156 ss., 264.

Ziller, 64, 92, 141, 156, 157, 163, 164, 169.

TABLE DES MATIÈRES

AVANT-PROPOS

La pédagogie générale ou philosophique est distincte de la pédagogie pratique. La pédagogie générale, science dérivée, dépend de la morale et de la psychologie. Nécessité de traiter dans une introduction les problèmes métaphysiques. Division de la pédagogie générale : introduction, éducation indirecte, éducation directe. 1

LIVRE PREMIER

INTRODUCTION A LA PÉDAGOGIE GÉNÉRALE

CHAPITRE PREMIER

DE LA PÉDAGOGIE GÉNÉRALE

§ 1. *La pédagogie comme art et comme science.* — La science est universelle et tend à l'unité. L'art embrasse la variété. La pédagogie générale est une science; elle ne se substitue pas aux manuels de pédagogie pratique. La pédagogie générale est indispensable à l'art de l'éducation. Opinion de Cournot sur les rapports de l'art et de la science de l'éducation. 13

§ 2. *Le but de l'éducation.* — Définition de l'éducation d'après Cournot. La vertu comme but de l'éducation. Le but social ou individuel de l'éducation d'après Rousseau. Éducation domestique et institutions éducatives publiques. 21

§ 3. *L'éducation est-elle possible?* — Éducation, pessimisme, fatalisme. Rôle de la suggestion. Idées de G. Tarde. Panthéisme, monisme, matérialisme. Les défauts et les mérites du matérialisme; le réalisme biblique. Dangers et mérites du spiritualisme.

Dualisme de Platon, l'ascétisme, et l'éducation. Kant et la liberté transcendantale. La liberté déterminée : Leibnitz, Herbart, Marion.

Possibilité et limites de l'éducation d'après Rousseau ... 30

§ 4. *La science de l'éducation.* — Les adversaires de la science pédagogique. Du succès en matière pédagogique. Utilité de la science. La méthode expérimentale. L'empirisme, son utilité et ses dangers. Les limites de l'expérience pédagogique.

Utilité de l'histoire de la pédagogie générale. Le moyen âge, Rabelais, Rousseau, Pestalozzi, Herbart, Ziller. . . . 48

CHAPITRE II

DE L'INDIVIDUALITÉ

§ 1. *Description de l'individualité.* — Naturel et caractère d'après M. Marion. L'individualité d'après Herbart. Nécessité de respecter l'individualité tout en la cultivant. 66

§ 2. *Qu'est-ce que l'individualité?* — Propriétés de l'individualité. La doctrine des facultés. La variété des individualités et leur classement. Les tempéraments. 72

§ 3. *Un peu de métaphysique à propos de l'individualité.* — L'individualité et la personne. Insuffisance de la théorie de l'évolution pour expliquer la diversité des êtres. Les monades, d'après G. Tarde, Leibnitz, Herbart. Nouvelle définition de l'éducation. 75

LIVRE II

L'ÉDUCATION PAR L'INSTRUCTION

CHAPITRE PREMIER

L'INTÉRÊT ET L'ATTENTION

§ 1. *L'instruction spéciale et l'instruction éducative.* — Éducation directe et indirecte. Instruction privée et publique. L'École, l'État, la famille. Écoles spéciales. Écoles éducatives. 85

§ 2. *Du rôle de l'intérêt dans l'instruction éducative.* — Instincts, curiosité, intérêt. L'intérêt d'après Rabelais et Rousseau. Enseignement professionnel ou éducatif. L'intérêt est le ressort de l'éducation.................... 89

§ 3. *L'intérêt comme principe directeur de l'instruction.* — Exposé logique des sciences. Méthode d'instruction basée sur l'intérêt. Discussion sur les règles de Herbert Spencer et de A. Bain........................... 93

§ 4. *Les quatre degrés de l'intérêt.* — Clarté, association, système, méthode, d'après Herbart. Les mêmes, d'après Rabelais et Rousseau....................... 95

§ 5. *L'intérêt et l'attention.* — Différences entre les aptitudes des enfants. Tous sont susceptibles de devenir attentifs. Définition de l'attention. Nécessité d'étudier l'attention involontaire avant l'attention volontaire............ 102

§ 6. *De l'attention spontanée primitive.* — Quelques cas d'attention spontanée primitive, aperception. Attention primitive naturelle; concertée. Règles de l'attention primitive. L'éducation des sens....................... 106

§ 7. *De l'attention par aperception.* — Définition de l'aperception. Aperception d'un défaut ou d'une lacune. L'aperception concertée. Mécanisme de l'aperception...... 110

§ 8. *Quelques exemples de l'instruction par l'aperception.* — L'enseignement de la géométrie d'après M. Wyse. Exemple tiré de l'*Émile*............................. 115

§ 9. *Les règles de l'attention aperceptive concertée.*........ 118

§ 10. *De l'attention volontaire. Aperception, mémoire, observation.*—Comment l'attention spontanée devient volontaire. La mémoire, faculté de rétention. La culture de la mémoire. La faculté de reproduire les idées. Connaître et reconnaître. L'observation et la faculté de reproduction.......... 123

§ 11. *L'attention directe ou indirecte. L'attention partagée.* — Définition de l'attention directe. Dangers de l'attention indirecte ou intéressée. Utilité de l'attention indirecte dans certains cas............................. 133

CHAPITRE II

LES MATIÈRES DE L'ENSEIGNEMENT ÉDUCATIF

§ 1. *Choix et classement des matières de l'enseignement.* — Les matières de l'enseignement sont imposées. Toutes peuvent servir à l'éducation. Cinq classes des matières de l'enseignement éducatif........................ 138

§ 2. *L'instruction qui cultive le cœur.* — L'expérience qui résulte des relations avec les êtres animés. La science du pays natal. Les récits historiques.   142

§ 3. *L'enseignement historique.* — L'histoire poétique. L'épopée. L'histoire vraie. Opinion de Rousseau.   144

§ 4. *Comment il faut enseigner l'histoire.* — Les biographies. L'histoire enseignée aux petits et aux grands. Opinions de Rousseau et de Cournot.   147

§ 5. *La valeur éducative de l'histoire ancienne.* — L'histoire donne l'enseignement moral. Avantages de l'histoire ancienne. L'histoire sainte. Opinion de Gœthe.   149

§ 6. *La science de la nature.* — Impossibilité de se servir de la classification des sciences de H. Spencer. Utilité de la science de la nature, d'après Ziller.   154

§ 7. *La marche de l'enseignement des sciences.* — Attention primitive. Éducation des sens. Observation. Discernement des identités et des différences. Rôle des expériences scolaires. La science et le sentiment religieux, moral, esthétique. . .   158

§ 8. *Des signes.* — Qu'est-ce qu'un signe? Le rôle du langage. Les concepts et les mots. Utilité du langage. Le langage et le goût.   163

§ 9. *Vocabulaire, grammaire, rhétorique.* — Abus de la grammaire. Les mots et les choses. Enrichir le vocabulaire. Rhétorique pratique. Utilité des exercices de grammaire. . .   165

§ 10. *De l'instruction littéraire.* — Principe de Pestalozzi. Littératures grecque, romaine, moderne. Littérature enfantine. Excellence de la littérature ancienne. Jugement de Platon sur les poètes. Les grandes épopées nationales. Les contes populaires. Les fables.   169

§ 11. *De l'enseignement des langues vivantes et des langues mortes.* — Règle de l'enseignement des langues. Jugement de La Bruyère, de Cournot. L'instruction éducative au moyen de sciences artificielles.   178

§ 12. *Les formes.* — Dessin d'imitation, industriel, géométrique. Observations de Cournot. Rôle éducatif de la géométrie. Les chiffres; valeur éducative du calcul. L'écriture. . .   185

§ 13. *Des autres branches de l'enseignement éducatif.* — La géographie. La gymnastique, le dessin artistique, le chant. .   192

§ 14. *De la multiplicité de l'intérêt et la double concentration.* — Que penser du *Non multa sed multum?* Multiplicité de l'intérêt; unité de la personne. Concentration des matières de l'enseignement. Plan d'études par cycles concentriques. Concentration intérieure chez l'élève.   196

CHAPITRE III

LA MÉTHODE DE L'ENSEIGNEMENT ÉDUCATIF

§ 1. *L'analyse et la synthèse.* — Synthèse et procédé synthétique. Analyse et procédé analytique. Insuffisance de l'analyse.................................... 203

§ 2. *Le fonctionnement de l'analyse.* — L'analyse par la méthode socratique. L'analyse et les leçons de choses. L'analyse et l'enseignement des sciences............. 206

§ 3. *Le fonctionnement de la synthèse.* — La synthèse et la mémoire. Synthèse et aperception. Perception des contrastes. La synthèse dans l'enseignement des langues et du calcul; dans la géométrie; dans l'éducation du sentiment. Le jugement d'après Kant. La synthèse et l'éducation du sens esthétique. Le rôle des exemples..................... 209

LIVRE III

DE L'ÉDUCATION DIRECTE DU CARACTÈRE MORAL

CHAPITRE PREMIER

LA DISCIPLINE ET L'ÉDUCATION PHYSIQUE

§ 1. *Le gouvernement ou la discipline.* — Différence entre éducation et discipline. Nécessité de la discipline. Les châtiments disciplinaires et leurs inconvénients. La surveillance, son utilité et ses inconvénients. Le travail manuel. La suggestion................................... 219

§ 2. *Quelques remarques sur l'éducation physique.* — Le traitement des enfants débiles. Le danger des sports. Le danger de la méthode d'endurcissement. Utilité des exercices physiques d'après Rousseau........................ 225

CHAPITRE II

COMMENT SE FORME LE CARACTÈRE MORAL

§ 1. *Le caractère objectif et le caractère subjectif.* — L'éducation directe commence avant l'instruction. Difficulté de former un caractère énergique et moral. Description du caractère objectif et du caractère subjectif.................. 228

§ 2. *Comment se forme le caractère en général.* — L'éducation doit agir sur le caractère objectif avant de former le caractère subjectif. Du rôle des maximes sur la formation du caractère. 235

§ 3. *La mémoire de la volonté.* — L'habitude et son rôle d'après Marion. La mémoire de la volonté d'après Herbart. Accord et désaccord entre les deux côtés du caractère. 239

§ 4. *Les objets du vouloir.* — Agir, posséder, jouir. La patience. Le choix. L'évolution des maximes. 243

§ 5. *La formation du caractère moral.* — La lutte intérieure. Qu'est-ce que le Bien? Réponses diverses. Jugements moraux et jugements esthétiques. Les cinq idées morales d'après Herbart. Le Souverain Bien d'après Platon; d'après Schleiermacher. La Justice. La Bienveillance. La Perfection. L'enfant est une fin en soi. Le devoir enfantin. 249

CHAPITRE III

LES MOYENS DE L'ÉDUCATION DU CARACTÈRE MORAL

§ 1. *Des châtiments pédagogiques.* — Mécanisme de la transformation des idées en forces. Le choc moral. Châtiments pédagogiques. 262

§ 2. *De l'action directe du maître sur le caractère moral.* — Diriger, avertir. Discussion amicale. Entourage calme. Délicatesse du sens moral. Exhortations. Approbation et blâme. 267

CONCLUSION

La pédagogie est une science. — Justification de quelques lacunes apparentes. L'éducation des filles. Les limites de la Pédagogie générale 275

B — 7373. — Libr.-Impr. réunies, 7, rue Saint-Benoît, Paris.

FÉLIX ALCAN, ÉDITEUR

EXTRAIT DU CATALOGUE

PÉDAGOGIE

BERTRAND (A.), professeur à l'Université de Lyon. — **L'enseignement intégral.** 1 vol. in-8. 5 fr.
— **Les études dans la démocratie.** 1 vol. in-8 . . . . 5 fr.
BOIRAC, recteur de l'Académie de Dijon, et MAGENDIE (G.), directeur de l'École normale de Chartres. — **Leçons de psychologie appliquée à l'éducation,** avec extraits d'auteurs, indications de lectures et sujets de dissertations. 4ᵉ édit. 1 vol. in-8. *(Ouvrage couronné par l'Institut).* . . . . 4 fr.
CELLÉRIER (L.). — **Esquisse d'une science pédagogique.** *Les faits et les lois de l'éducation.* 1 vol. in-8 *(Récomp. par l'Institut).* . . . . 7 fr. 50
COMPAYRÉ (G.), de l'Institut. — **L'adolescence.** *Étude de psychologie et de pédagogie.* 2ᵉ édit. 1 vol. in-16. . . . . 2 fr. 50
DELVAILLE, professeur agrégé de philosophie. — **La vie sociale et l'éducation.** 1 volume in-8. . . . . 3 fr. 75
Éducation de la démocratie (L'), par MM. E. Lavisse, A. Croiset, Ch. Seignobos, P. Malapert, G. Lanson, J. Hadamard. *(École des Hautes Études sociales.)* 2ᵉ édit. 1 vol. in-8, cart. à l'angl. . . . . 6 fr.
DUPROIX, professeur à l'Université de Genève. — **Kant et Fichte et le problème de l'éducation.** 2ᵉ édit. 1 vol. in-8. *(Couronné par l'Académie française)* . . . . 5 fr.
Enseignement et démocratie, par MM. Appell, J. Boitel, A. Croiset, A. Devinat, Ch.-V. Langlois, G. Lanson, A. Millerand, Ch. Seignobos. *(École des Hautes Études sociales, 1903-1904).* 1 vol. in-8, cart. à l'anglaise. . . . . 6 fr.
GUEX (F.), directeur des Écoles normales vaudoises, professeur à l'Université de Lausanne. — **Histoire de l'instruction et de l'éducation.** 1 volume gr. in-8, illustré . . . 6 fr.
GUYAU. — **Éducation et hérédité.** 6ᵉ édit. 1 vol. in-8. . . . . 5 fr.
HERBERT SPENCER. — **Classification des sciences.** 1 vol. in-18 . . . . 2 fr. 50
KANT. — **Traité de pédagogie.** Traduction Barni. Préface de R. Thamin, recteur de l'Académie de Bordeaux. 2ᵉ édit. 1 vol in-12 . . . . 1 fr. 50
LAISANT (C.). — **L'éducation fondée sur la science.** Préface de A. Naquet. 2ᵉ édit. 1 vol. in-16. . . . . 2 fr. 50
LANESSAN (J.-L. de), professeur agrégé à la Faculté de médecine de Paris, ancien ministre. — **L'éducation de la femme moderne.** 1 vol. in-16 . . . . 3 fr. 50
LYON (Georges), recteur de l'Académie de Lille. — **Enseignement et religion.** 1 vol. in-8. 3 fr. 75
MAUXION (Marcel), professeur à la Faculté des lettres de Poitiers. — **L'Éducation par l'instruction** *et les théories pédagogiques de Herbart.* 2ᵉ édit. 1 vol. in-16. . . . . 2 fr. 50
MENDOUSSE (P.), doct. ès lettres, prof. au lycée de Digne. — **L'âme de l'adolescent.** 1 vol. in-8. . . . . 5 fr.
— **Du dressage à l'éducation.** 1 vol. in-16. . . . . 2 fr. 50
MOLINARI (G. de), correspondant de l'Institut, rédacteur en chef du *Journal des Économistes.* — **La viriculture.** 1 vol. in-18 . . . . 3 fr. 50
PAYOT (Jules), recteur de l'Académie d'Aix. — **L'éducation de la volonté.** 35ᵉ édit. 1 volume in-8 . . . . 5 fr.
PHILIPPE et PAUL-BONCOUR (G.). — **Les anomalies mentales chez les écoliers.** 2ᵉ édit. 1 vol. in-16. . . . . 2 fr. 50
PINLOCHE (A.), professeur au lycée Charlemagne. — **Principales œuvres de Herbart** (Pédagogie générale). Esquisse de leçons pédagogiques. Aphorismes et extraits divers. 1 vol. in-8. . . . . 7 fr. 50
— **Pestalozzi et l'éducation populaire moderne.** 1 vol. in-12 . . . . 2 fr. 50
PROAL, conseiller à la Cour de Paris. — **L'éducation et le suicide des enfants.** 1 vol. in-16 . . . . 2 fr. 50
QUEYRAT (Fr.), professeur au Collège de Mauriac. **L'abstraction, son rôle dans l'éducation intellectuelle.** 2ᵉ édit. 1 vol. in-16 . . . . 2 fr. 50
— **La logique chez l'enfant et sa culture.** 2ᵉ édit. 1 vol. in-16 . . . . 2 fr. 50
— **Les jeux des enfants.** 2ᵉ édit. 1 vol. in-16. . . . . 2 fr. 50
SULLY (James). — **Études sur l'enfance.** Préface de G. Compayré. 1 vol. in-8 . . 10 fr.
THAMIN (R.), recteur de l'Académie de Bordeaux. — **Éducation et positivisme.** 3ᵉ édit. 1 vol. in-8. . . . . 2 fr. 50
THOMAS (P.-F.), professeur au lycée de Versailles. — **La suggestion, son rôle dans l'éducation intellectuelle.** 4ᵉ édit. 1 vol. in-12 . . . . 2 fr. 50
— **L'éducation des sentiments.** 4ᵉ édit. 1 vol. in-8. . . . . 5 fr.
— **La dissertation pédagogique.** Choix de sujets portant sur les matières inscrites aux programmes des examens et concours de l'Enseignement primaire et primaire supérieur. 3ᵉ édit. 1 vol. in-8. . . . . 4 fr.
— **L'éducation dans la famille.** *Les péchés des parents.* 5ᵉ édit. 1 vol. in-16 *(Couronné par l'Institut)*. . . . . 3 fr. 50

www.ingramcontent.com/pod-product-compliance
Lightning Source LLC
Chambersburg PA
CBHW071141160426
43196CB00011B/1974